La boîte à outils du Bien-être au travail

Avec 5 vidéos d'approfondissement

Clotilde Huet
Gaëlle Rohou
Laurence Thomas

DUNOD

Crédits iconographiques :

p. 52 : © mast3r –Fotolia ; p. 84 : © Gstudio Group, © Nikolai Titov, © djvstock, © M.studio – Fotolia ; p. 92 : © peshkova –Fotolia ; p. 100 : © belyjmishka, © avgust01 © Maksim Kostenko – Fotolia ; p. 114 : © belyjmishka –Fotolia ; p.184 : © zera93, © lil_22, © Brad Pict –Fotolia

Maquette de couverture : Caroline Joubert
Photo de la boîte : © Mega Pixel
Picto 1 : © Vector pro-Shutterstock.com
Picto 2 : © Gregor Cresnar-The Noun Project
Picto 3 : © Corpus Delicti-The Noun Project
Traduction des résumés : Stanley Hanks
Dessins : © Elcé
Mise en page : Belle Page

11 rue Paul Bert, 92240 Malakoff
www.dunod.com

ISBN 978-2-10-075846-3

Remerciements

Nous remercions sincèrement Valérie Briotet ainsi qu'Odile Marion pour leur confiance. Merci à Stanley Hanks pour sa curiosité et son esprit avisé qui rendent si pertinentes ses traductions. Merci également à Sophie Le Moigne pour son professionnalisme dans le suivi de la réalisation de l'ouvrage.

Un grand merci à Elcé pour les bulles de bien-être illustrées qui jalonnent cet ouvrage.

Un merci particulier à...

Toute l'équipe de l'Institut du NeuroCognitivisme (INC), et en particulier Céline Butin, Directrice de la Communication & des Relations Institutionnelles de l'INC France qui nous a témoigné son enthousiasme et son soutien tout au long du projet ; ainsi que Pierre Vandenheede, Directeur pédagogique de l'INC, pour sa relecture minutieuse et pédagogique des fiches consacrées à l'Approche Neurocognitive et Comportementale.

Suzel Harauchamps, facilitatrice en intelligence collective et coach, pour sa précieuse contribution, son engagement et son goût insatiable du mot juste ;

Françoise Keller, coach certifiée et fondatrice de la société Concertience, pour son implication enthousiaste et son expertise - (http://concertience.fr) ;

Anne-Sophie Thiry et Jean-Marie Hotot, consultants et formateurs au sein de L'Autrement Dit et créateurs de la « roue des émotions© », pour leur précieuse contribution, leur facilitation et la qualité de nos échanges ;

Dr Ilona Boniwell, fondatrice dirigeante de Positran, pour sa confiance, sa créativité et ses passionnants enseignements en psychologie positive.

Merci par ailleurs à tous les auteurs qui nous ont inspirées : la bibliographie proposée en fin d'ouvrage se veut un hommage humble et sincère à toute la richesse qu'ils livrent généreusement pour ouvrir le champ des possibles...

Toute notre gratitude va également à nos clients, pour leur confiance dans l'expérimentation partagée de ces outils lors de nos séances de travail. Qu'ils soient ici salués pour leur esprit parfois innovant à promouvoir ou restaurer en entreprise des valeurs de bienveillance et de prévenance, convaincus comme nous-mêmes qu'elles sont les premiers et meilleurs ingrédients de la performance !

Nous partageons mutuellement (Clotilde, Gaëlle et Laurence) une profonde gratitude pour cette collaboration fluide et constructive, et le plaisir partagé à co-construire ce projet : expérience symbolique porteuse de sérénité, de bienveillance et d'enthousiasme, en un mot de bien-être partagé !

Un merci bien sincère à nos proches, familles et amis, pour leur soutien et leurs encouragements tout au long de ce projet d'écriture.

Enfin, merci à tous ceux qui, d'une manière ou d'une autre, ont contribué à rendre notre projet fluide et porteur de sens, inspirateurs, facilitateurs, catalyseurs... Chacun se reconnaîtra !

Avant-propos

Dès 1975 émergeait dans un premier accord national interprofessionnel la question de l'amélioration des conditions de travail. Dix-huit ans après, un nouvel ANI incite en 2013 à une négociation collective destinée à favoriser « une politique d'amélioration de la qualité de vie au travail ». La QVT, depuis lors au cœur de bien des débats, est définie par cet accord comme « *un sentiment de bien-être au travail perçu collectivement et individuellement, et qui englobe l'ambiance, la culture de l'entreprise, l'intérêt du travail, les conditions de travail, le sentiment d'implication, le degré d'autonomie et de responsabilisation, l'égalité, le droit à l'erreur accordé à chacun, la reconnaissance et la valorisation du travail effectué* ».
L'on mesure ici combien la notion de bien-être dépasse de très loin la simple question de l'ergonomie des postes de travail et le confort de son fauteuil...

Des « managers du bonheur » importés des États-Unis aux espaces de bien-être dans des locaux réaménagés en salons cosy, les entreprises rivalisent d'initiatives plus ou moins heureuses... L'institut Great Place to Work s'attache à valoriser les entreprises « où il fait bon vivre », et apporte ainsi une bouffée d'oxygène en démontrant qu'il est possible de concilier performance sociale et économique. Si globalement 46 % seulement des salariés se sentent bien au travail et 41 % s'y rendent avec plaisir, les entreprises lauréates du classement 2016 peuvent s'enorgueillir de 84 % de salariés heureux au travail...

Parallèlement, Robert Emmons, docteur en psychologie spécialiste de la psychologie positive, s'est dès les années 1980 intéressé aux dimensions psychologiques du bonheur, avant d'orienter ses recherches sur la gratitude. Son expérience emblématique consistant à se centrer sur « ce qui va bien » et ce durablement, a mis en évidence l'impact de la gratitude sur le bien-être physique et psychologique. Bien plus, les heureux participants à l'expérience, eurent le sentiment d'être alors favorisés par les événements, et de développer spontanément certaines facilités sociales ainsi qu'une forme d'attractivité relationnelle. C'est dire si la question du bien-être est multidimensionnelle.

L'ambition de cette *Boîte à Outils* est ainsi de visiter quelques-unes des dimensions du bien-être, des plus immédiates aux plus innovantes... et plus particulièrement au travail.

De considérations liées à l'organisation personnelle et à la gestion des priorités (dossier 1) aux apports de l'intelligence émotionnelle (dossier 2), elle s'intéresse également à l'incidence de relations pacifiées et assertives (dossier 3).

À la croisée de la psychologie positive et de la programmation neurolinguistique, elle propose des outils pour cultiver un esprit ouvert et positif (dossier 4) ainsi que des ressources positives (dossier 6).

Dans une perspective de prévention du stress, elle évoque quelques exercices phare de la méditation « pleine conscience » (dossier 5), non sans lien avec les dernières recherches issues des neurosciences et modélisées dans le cadre de l'approche neurocognitive et comportementale (dossier 7). Enfin, elle propose des outils et techniques d'animation destinés à favoriser la coopération et l'intelligence collaborative (dossier 8), puissants catalyseurs d'un bien-être co-construit et partagé.

Sommaire

Remerciements 3
Avant-propos 4
Mode d'emploi 8

Dossier 1 **Y voir clair dans son organisation** 10
- Outil 1 La matrice d'Eisenhower 12
- Outil 2 Le mindmapping (ou carte heuristique) 14
- Outil 3 Les « boucles » et le « déparasitage » 16
- Outil 4 Les 5 S 20
- Outil 5 L'agenda 22
- Outil 6 La technique Pomodoro® 24

Dossier 2 **Développer son intelligence émotionnelle** 28
- Outil 7 Les 6 émotions fondamentales (avec vidéo ▶) 30
- Outil 8 La roue des émotions® 34
- Outil 9 Les 6 attitudes de Porter 36
- Outil 10 La « life map » (ou carte de vie) 40
- Outil 11 Le tableau de bord du bonheur® 44
- Outil 12 La courbe du changement 46
- Outil 13 La dissociation simple 48
- Outil 14 Les pièges émotionnels 50
- Outil 15 Les signes de reconnaissance 52

Dossier 3 **Prendre sa place face à autrui** 54
- Outil 16 L'assertivité 56
- Outil 17 Le triangle dramatique 60
- Outil 18 Le sauvetage (avec vidéo ▶) 62
- Outil 19 Les positions de perception 64
- Outil 20 La synchronisation 66
- Outil 21 Le message JE 68
- Outil 22 La Communication NonViolente® 70

Dossier 4 **Cultiver un esprit positif et ouvert** 72
- Outil 23 Les « Trois Belles Choses » 74
- Outil 24 Le recadrage de sens positif 76
- Outil 25 La sérendipité 80
- Outil 26 Les options possibles 84
- Outil 27 La négociation entre les parties 86
- Outil 28 La visualisation positive 88
- Outil 29 Le « pont sur le futur » (ou préparation mentale) 92

Dossier 5 **Prendre de la hauteur et calmer son mental** 94
- Outil 30 Le journal de bord 96
- Outil 31 Le débriefing et la pause pour se recentrer 100

Outil 32 La cohérence cardiaque 104
Outil 33 Les « 5 minutes de respiration » (avec vidéo ▶) 106
Outil 34 La méditation contemplative 110
Outil 35 La méditation de compassion 114

Dossier 6 **Se connecter à ses ressources et clarifier ses objectifs** 116
Outil 36 L'objectif SMARTE (avec vidéo ▶) 118
Outil 37 La matrice S.C.O.R.E. 120
Outil 38 La roue des valeurs fondamentales 124
Outil 39 La restructuration d'histoire de vie 126
Outil 40 Les croyances aidantes 128
Outil 41 Le Cercle des Objectifs (avec vidéo ▶) 130
Outil 42 L'ancrage de ressources 132
Outil 43 Le Carré Magique 136
Outil 44 Le Core Process 140
Outil 45 Les niveaux logiques 142

Dossier 7 **Réguler son stress et renforcer sa motivation** 144
Outil 46 Le mode mental Adaptatif 146
Outil 47 L'échelle des modes mentaux 148
Outil 48 Le Martien 152
Outil 49 La multiplication des points de vue 154
Outil 50 Les pensées alternatives 156
Outil 51 La pyramide Moyens / Exigences 158
Outil 52 Les structures de motivation® 162
Outil 53 Le Pack Aventure ® 166

Dossier 8 **Favoriser la coopération et cultiver l'intelligence collaborative** 168
Outil 54 Les 4 niveaux d'autonomie 170
Outil 55 L'animation déléguée 172
Outil 56 L'Investigation Appréciative 174
Outil 57 Le Codéveloppement professionnel 178
Outil 58 Le « shadow meeting » 180
Outil 59 Le World Café 182
Outil 60 Le Forum Ouvert 184
Outil 61 La Théorie U® 186

Bibliographie et webographie 190

La Boîte à outils, mode d'emploi

Comment utiliser les QR codes de ce livre ?

1. Téléchargez un lecteur de QR code gratuit et ouvrez l'application de votre smartphone.
2. Photographiez le QR code avec votre mobile.
3. Découvrez les contenus interactifs sur votre smartphone.

   Si vous n'avez pas de smartphone, saisissez l'URL indiquée sous le QR code dans la barre d'adresse de votre navigateur Internet.

Les outils sont classés par dossier

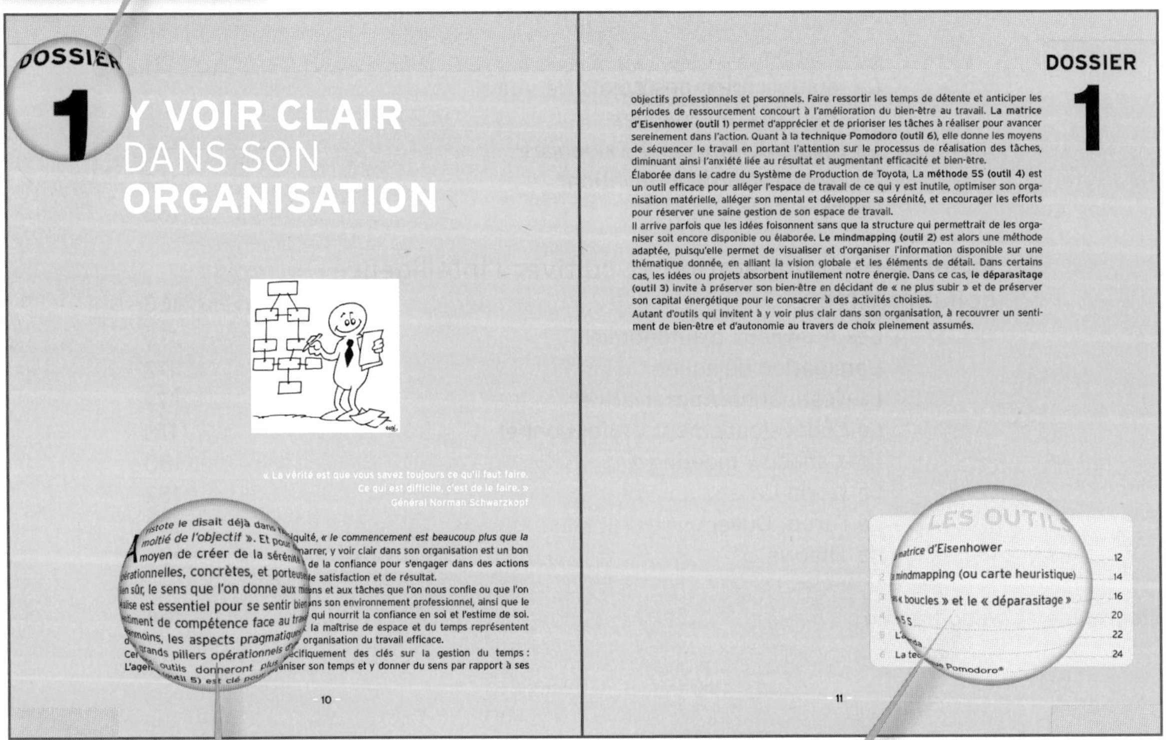

L'intérêt de la thématique vu par un expert

Un menu déroulant des outils

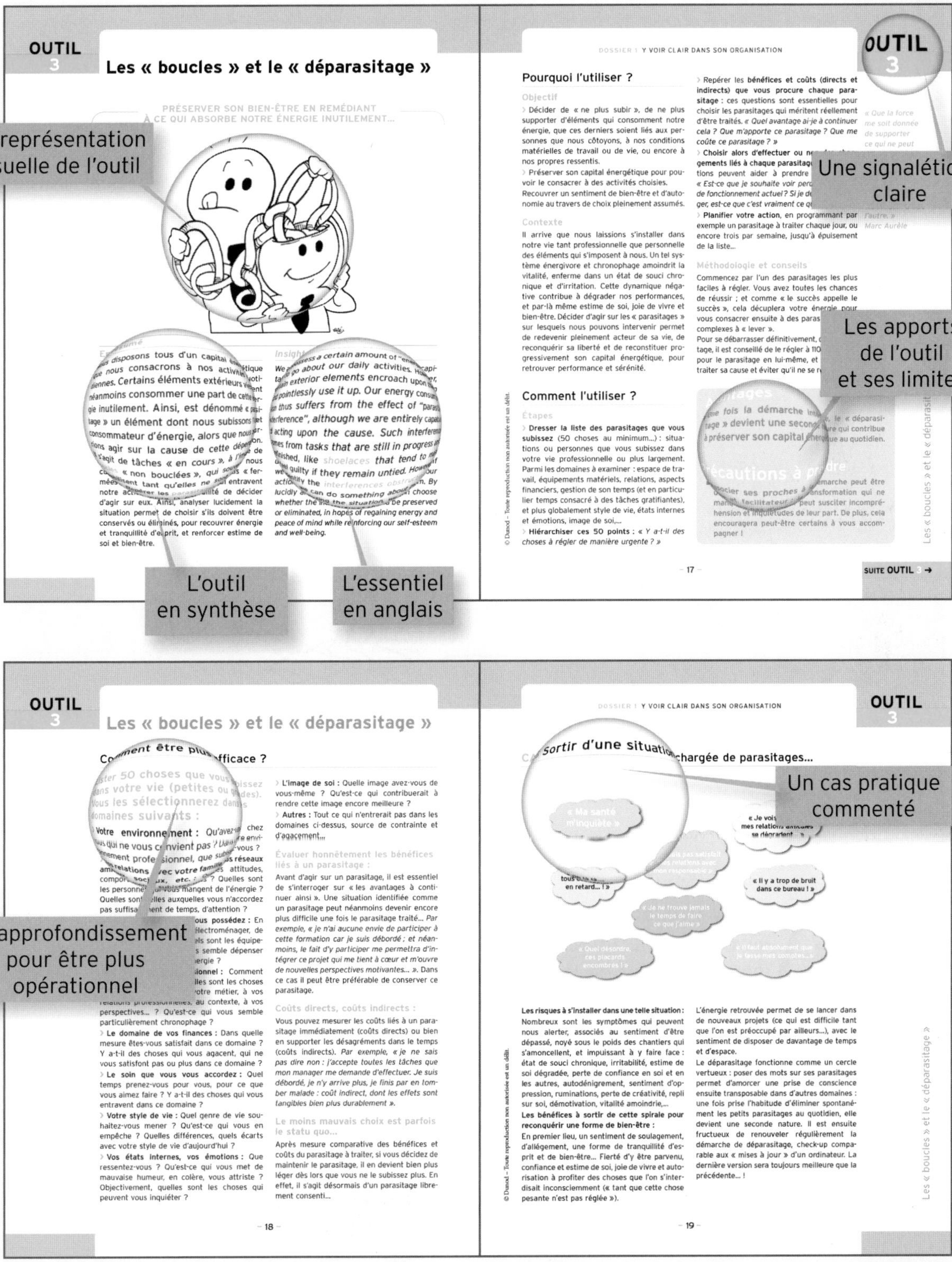
OUTIL 3
Les « boucles » et le « déparasitage »
La représentation visuelle de l'outil
Une signalétique claire
Les apports de l'outil et ses limites
L'outil en synthèse
L'essentiel en anglais
Un approfondissement pour être plus opérationnel
Un cas pratique commenté

DOSSIER

1 Y VOIR CLAIR DANS SON ORGANISATION

« La vérité est que vous savez toujours ce qu'il faut faire.
Ce qui est difficile, c'est de le faire. »
Général Norman Schwarzkopf

Aristote le disait déjà dans l'Antiquité, *« le commencement est beaucoup plus que la moitié de l'objectif »*. Et pour démarrer, y voir clair dans son organisation est un bon moyen de créer de la sérénité et de la confiance pour s'engager dans des actions opérationnelles, concrètes, et porteuses de satisfaction et de résultat.

Bien sûr, le sens que l'on donne aux missions et aux tâches que l'on nous confie ou que l'on réalise est essentiel pour se sentir bien dans son environnement professionnel, ainsi que le sentiment de compétence face au travail, qui nourrit la confiance en soi et l'estime de soi. Néanmoins, les aspects pragmatiques et la maîtrise de espace et du temps représentent deux grands piliers opérationnels d'une organisation du travail efficace.

Certains outils donneront plus spécifiquement des clés sur la gestion du temps : **L'agenda (outil 5)** est clé pour organiser son temps et y donner du sens par rapport à ses objectifs professionnels et personnels. Faire ressortir les temps de détente et anticiper les périodes de ressourcement concourt à l'amélioration du bien-être au travail. **La matrice d'Eisenhower (outil 1)** permet d'apprécier et de prioriser les tâches à réaliser pour avancer sereinement dans l'action. Quant à la **technique Pomodoro (outil 6)**, elle donne les moyens de séquencer le travail en portant l'attention sur le processus de réalisation des tâches, diminuant ainsi l'anxiété liée au résultat et augmentant efficacité et bien-être.

Élaborée dans le cadre du Système de Production de Toyota, La **méthode 5S (outil 4)** est un outil efficace pour alléger l'espace de travail de ce qui y est inutile, optimiser son organisation matérielle, alléger son mental et développer sa sérénité, et encourager les efforts pour réserver une saine gestion de son espace de travail.

Il arrive parfois que les idées foisonnent sans que la structure qui permettrait de les organiser soit encore disponible ou élaborée. **Le mindmapping (outil 2)** est alors une méthode adaptée, puisqu'elle permet de visualiser et d'organiser l'information disponible sur une thématique donnée, en alliant la vision globale et les éléments de détail. Dans certains cas, les idées ou projets absorbent inutilement notre énergie. Dans ce cas, **le déparasitage (outil 3)** invite à préserver son bien-être en décidant de « ne plus subir » et de préserver son capital énergétique pour le consacrer à des activités choisies.

Autant d'outils qui invitent à y voir plus clair dans son organisation, à recouvrer un sentiment de bien-être et d'autonomie au travers de choix pleinement assumés.

LES OUTILS

1 La matrice d'Eisenhower 12
2 Le mindmapping (ou carte heuristique) 14
3 Les « boucles » et le « déparasitage » 16
4 Les 5 S 20
5 L'agenda 22
6 La technique Pomodoro® 24

OUTIL 1

La matrice d'Eisenhower

APPRÉCIER ET PRIORISER LES TÂCHES À RÉALISER POUR AVANCER SEREINEMENT DANS L'ACTION

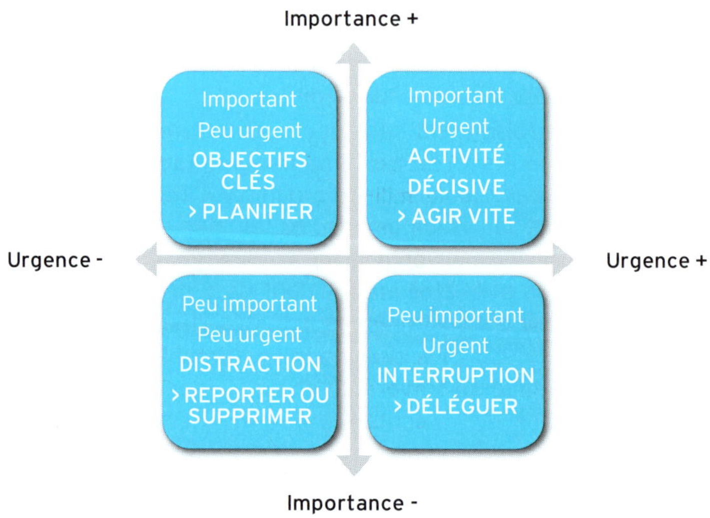

En résumé

La confusion entre l'urgence et l'importance est une « pathologie » fréquente de nos jours et signe une gestion du temps insatisfaisante, source de stress et de manque à gagner en termes d'efficacité. La matrice d'Eisenhower est un outil de gestion et d'organisation du temps qui passe par la priorisation des tâches à réaliser. Son but est de nous faire gagner du temps, tout en augmentant le sens (tant la signification que la direction) de nos actions. En outre, savoir apprécier les tâches à accomplir en priorité permet de se mobiliser sur les actions pour lesquelles nous disposons des compétences et de la légitimité immédiate à agir. Identifier les actions qui seront les plus contributrices à la production d'un résultat concret et souhaité est une source importante de bien-être. De même, se départir des tâches peu utiles permet de libérer de l'énergie et du temps pour faire autre chose !

Insight

Mistaking urgency for importance is a frequent "pathological reaction". Not only is it a sign of inadequate time-management; it is also a source of stress, and reduces our efficiency. The Eisenhower Matrix is a time management and organization tool that helps us assign priority to certain tasks. Its goal is to help us gain time while adding meaning to our actions and determining their direction. The matrix helps us focus our energy on those actions for which we possess the skills and the immediate authority to act: it points out which ones need to be accomplished first. Choosing the actions most likely to produce a concrete, desired result can also serve as an important source of well-being. Learning to forego tasks that are less useful can help free up energies and time to do something else instead!

Pourquoi l'utiliser ?

Objectif

Classifier les tâches à accomplir afin de pouvoir les prioriser et gagner en bien-être au travail. Gagner en confort et en impact en se consacrant prioritairement aux tâches décisives et en identifiant ce qui peut être délégué, planifié, reporté, arrêter.

Contexte

Le général Eisenhower a construit et utilisé cette matrice comme outil de stratégie militaire, pour piloter la logistique de l'opération Overlord, débarquant et parachutant les forces alliées en Normandie en juin 1944. Appliqué au management d'une activité, deux critères simples sont utilisés pour permettre de décider rapidement ce qui doit être priorisé : **l'importance de la tâche**, en liaison avec les objectifs stratégiques (par exemple : chiffre d'affaires, fidélisation client) et **l'urgence de la tâche**, comme indicateur de la nécessité d'agir rapidement ou non (par exemple : payer ses impôts avant la date butoir).

Comment l'utiliser ?

Étapes

1. **Lister les tâches à accomplir et les placer sur la matrice :** estimer l'impact de l'action à mener sur les objectifs stratégiques pour évaluer l'importance, ainsi que le délai le plus pertinent pour que le bénéfice généré par l'action soit supérieur aux inconvénients.
2. **Prioriser les tâches importantes et urgentes :** l'action est à entreprendre immédiatement et généralement à assurer par soi-même, l'enjeu étant estimé comme essentiel. Par exemple, aller rencontrer son plus gros client lors d'une négociation en cours.
3. **Enclencher les tâches importantes et non urgentes :** il s'agit d'anticiper en semant les graines que l'on souhaite voir pousser pour le futur. S'accorder du temps pour préparer l'avenir, et planifier les rencontres et les jalons clés, pour que l'important non urgent ne bascule pas subrepticement dans l'important urgent !
4. **Déléguer les tâches urgentes et non importantes :** Elles peuvent souvent attendre ou être déléguées. Il est important de comprendre d'où vient l'urgence et de tirer les leçons qui permettront d'éviter la répétition de la situation.
5. **Supprimer ou reporter les tâches ni urgentes, ni importantes :** Certaines tâches deviennent inutiles et mieux vaut tout simplement les abandonner (exemple des flâneries sur le net) ou les reporter à une période plus calme (rangement d'été du bureau par exemple).

« Nous sommes pressés. Ralentissons ! »
Maréchal Joffre

Méthodologie et conseils

› Pour qu'une action importante connue de longue date soit traitée avec l'anticipation qu'elle mérite, cela vaut le coup d'apprendre à limiter la procrastination et à gérer ses émotions.

› Face à une urgence, se demander quel est l'enjeu, ce qu'il y a à gagner à faire… ou à ne pas faire. Puis qui est le mieux placé pour la réaliser, s'il est possible de négocier un délai ou la réalisation partielle dans un premier temps de la tâche. ■

Avantages

- Cette matrice aide à garder le contrôle de sa charge de travail et à utiliser sa valeur ajoutée à bon escient, pour donner sens et plaisir à son travail !

Précautions à prendre

- Cet outil demande de savoir prendre du recul pour évaluer les tâches avec objectivité, et de maîtriser la dimension émotionnelle et subjective du temps. Lorsqu'il devient nécessaire d'approfondir l'analyse pour affiner les priorités, il peut paraître réducteur ou limité.

Le mindmapping (ou carte heuristique)

ORGANISER SA PENSÉE ET SON ACTION POUR GAGNER EN BIEN-ÊTRE DANS SON TRAVAIL

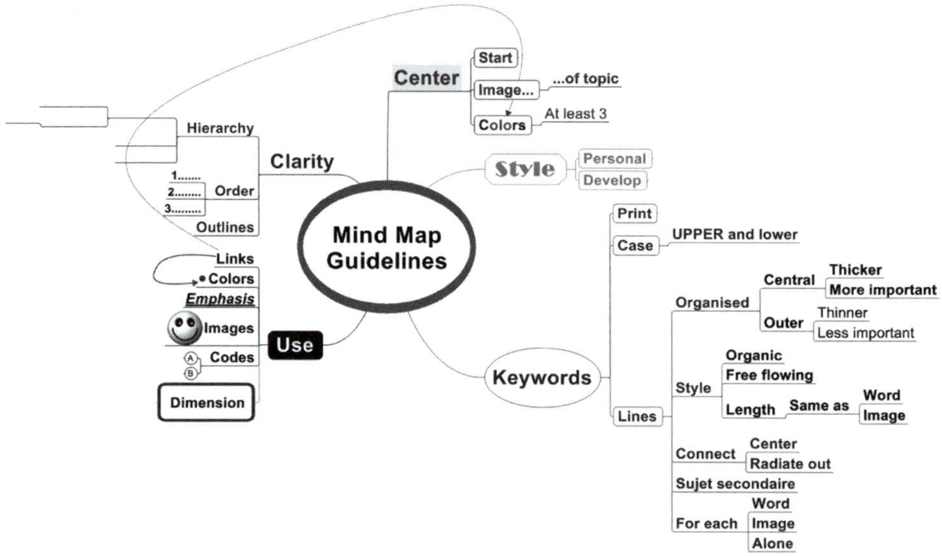

Source : Wikimedia Commons

En résumé

Attrayant par son côté ludique et stimulant, le Mind Mapping est une méthode créative et logique, un outil particulièrement efficace d'extraction, de visualisation et de mémorisation des informations. Encore appelée topogramme, carte mentale ou carte heuristique, la Mind Map permet de prendre des notes et de consigner des idées en les cartographiant visuellement.

Miroir externe de la réflexion interne, la carte heuristique représente une véritable ressource pour structurer sa pensée, y voir plus clair et faire les liens entre différentes facettes d'un même sujet. En conciliant la vision globale et l'accès aux détails, le mindmapping permet de tirer parti des incroyables facultés du cerveau humain et fournit un moyen simple et coloré pour gagner en efficacité tout en restant zen et mobilisé !

Insight

With its playful, stimulating approach, Mind Mapping is both attractive, creative and logical: a particularly effective method for extracting, visualizing and memorizing information. Also referred to as the topograph *or* heuristic diagram, *the mind map enables us to take notes and place our ideas on a visual diagram.*

As an external representation of our inner musings, the mind map is a resource that enables us to structure our thinking, obtain a clearer overview and make connections among different aspects of the same topic. By reconciling a global approach with access to details, Mind Mapping helps us take advantage of the incredible faculties of the human brain, providing us with a simple, colorful way of increasing our efficacy while remaining both calm and alert.

Pourquoi l'utiliser ?

Objectif

Structurer et visualiser l'information disponible sur une thématique donnée, en alliant vision globale et éléments de détail.
Gagner en confort et en efficacité dans la prise de notes, en connectant plusieurs idées autour d'une thématique centrale.

Contexte

La mind map permet d'allier les fonctionnalités de l'hémisphère droit du cerveau, c'est-à-dire tout ce qui a trait à l'imagination, la créativité et l'appréhension synthétique d'une situation, et celles de l'hémisphère gauche, à savoir le langage, l'ordre et la logique. D'ailleurs, la forme d'une mind map ressemble à celle de nos neurones : L'information y circule aussi aisément que dans notre cerveau, et c'est là un avantage extraordinaire de rapidité de connexions entre les idées !

Comment l'utiliser ?

Étapes

1. **Choisir le thème à traiter :** Retenir quelques mots évocateurs pour initier la démarche et poser le cadre de départ de l'exercice. Par exemple : « mes objectifs de l'année » ou « to do list de la semaine ».
2. **Démarrer par la phase de « brouillard » :** Mettre « en vrac » les idées qui viennent à l'esprit, sans élimination ni hiérarchisation. À ce stade, il s'agit de faire émerger tout ce qui semble en lien, de près ou de loin, avec votre thématique, spontanément et librement.
3. **Catégoriser les idées par thème et identifier les branches principales** : Utiliser si besoin des codes couleurs pour regrouper les idées par thème. Choisir les options de regroupement les plus pertinentes au regard de l'usage que vous souhaitez faire de la carte. D'autres idées vont apparaître, il est souhaitable de les noter, elles vont alimenter les branches principales, voire faire émerger de nouveaux thèmes.
4. **Continuer à l'identique en affinant au sein des branches secondaires** : laisser émerger, regrouper, classer, ranger et arranger vos idées.
5. **Mettre en scène les données collectées :** Utiliser des couleurs, des symboles et des pictogrammes pour donner plus de lisibilité à la *mind map* et toujours mieux se l'approprier.

« Apprendre à apprendre est la plus importante compétence de la vie. » Tony Buzan

Méthodologie et conseils

› Utiliser une feuille blanche sans lignes et sans carreaux, en format paysage.
› Installer le cœur du sujet au centre de la feuille, de façon ouverte, en couleur, avec une image.
› Un seul mot par branche : Se tenir à cette règle difficile permet de conserver toute son ouverture sur le sujet et favorise la ramification naturelle et rapide des idées. ■

Avantages

- En faisant travailler ensemble les deux hémisphères cérébraux, le mind mapping conjugue le raisonnement logico-déductif et l'imagination et ouvre la voie à des solutions constructives. Lors d'une prise de note « en live », l'outil permet de regrouper toutes les informations par thème, en évitant les pièges de la logique linéaire et des comptes-rendus décousus !

Précautions à prendre

- Cette méthode nécessite quelques entraînements avant d'être utilisée pour une prise de notes « à chaud », pour faire un compte-rendu de réunion par exemple. Bien que biodynamique, il faut laisser au cerveau le temps de se mettre en mode mind mapping !

OUTIL 3

Les « boucles » et le « déparasitage »

PRÉSERVER SON BIEN-ÊTRE EN REMÉDIANT À CE QUI ABSORBE NOTRE ÉNERGIE INUTILEMENT...

En résumé

Nous disposons tous d'un capital énergétique que nous consacrons à nos activités quotidiennes. Certains éléments extérieurs viennent néanmoins consommer une part de cette énergie inutilement. Ainsi, est dénommé « parasitage » un élément dont nous subissons l'effet consommateur d'énergie, alors que nous pourrions agir sur la cause de cette déperdition. Il s'agit de tâches « en cours », à l'image de boucles « non bouclées », qui souvent nous culpabilisent tant qu'elles ne sont pas « fermées ». Repérer les parasitages qui entravent notre action ouvre la possibilité de décider d'agir sur eux. Ainsi, analyser lucidement la situation permet de choisir s'ils doivent être conservés ou éliminés, pour recouvrer énergie et tranquillité d'esprit, et renforcer estime de soi et bien-être.

Insight

We all possess a certain amount of "energy capital" to go about our daily activities. However, certain exterior elements encroach upon them and pointlessly use it up. Our energy consumption thus suffers from the effect of "parasite interference", although we are entirely capable of acting upon the cause. Such interference comes from tasks that are still in progress and unfinished, like shoelaces that tend to make us feel guilty if they remain untied. However, if we identify the interferences obstructing our actions, we can do something about them. By lucidly analyzing the situation, we can choose whether the interferences should be preserved or eliminated, in hopes of regaining energy and peace of mind while reinforcing our self-esteem and well-being.

Pourquoi l'utiliser ?

Objectif

› Décider de « ne plus subir », de ne plus supporter d'éléments qui consomment notre énergie, que ces derniers soient liés aux personnes que nous côtoyons, à nos conditions matérielles de travail ou de vie, ou encore à nos propres ressentis.

› Préserver son capital énergétique pour pouvoir le consacrer à des activités choisies.

Recouvrer un sentiment de bien-être et d'autonomie au travers de choix pleinement assumés.

Contexte

Il arrive que nous laissions s'installer dans notre vie tant professionnelle que personnelle des éléments qui s'imposent à nous. Un tel système énergivore et chronophage amoindrit la vitalité, enferme dans un état de souci chronique et d'irritation. Cette dynamique négative contribue à dégrader nos performances, et par-là même estime de soi, joie de vivre et bien-être. Décider d'agir sur les « parasitages » sur lesquels nous pouvons intervenir permet de redevenir pleinement acteur de sa vie, de reconquérir sa liberté et de reconstituer progressivement son capital énergétique, pour retrouver performance et sérénité.

Comment l'utiliser ?

Étapes

› **Dresser la liste des parasitages que vous subissez** (50 choses au minimum...) : situations ou personnes que vous subissez dans votre vie professionnelle ou plus largement. Parmi les domaines à examiner : espace de travail, équipements matériels, relations, aspects financiers, gestion de son temps (et en particulier temps consacré à des tâches gratifiantes), et plus globalement style de vie, états internes et émotions, image de soi,...

› **Hiérarchiser ces 50 points** : *« Y a-t-il des choses à régler de manière urgente ? »*

› Repérer les **bénéfices et coûts (directs et indirects) que vous procure chaque parasitage** : ces questions sont essentielles pour choisir les parasitages qui méritent réellement d'être traités. *« Quel avantage ai-je à continuer cela ? Que m'apporte ce parasitage ? Que me coûte ce parasitage ? »*

› **Choisir alors d'effectuer ou non des changements liés à chaque parasitage** : deux questions peuvent aider à prendre sa décision : *« Est-ce que je souhaite voir perdurer le mode de fonctionnement actuel ? Si je décide de changer, est-ce que c'est vraiment ce que je veux ? »*.

› **Planifier votre action**, en programmant par exemple un parasitage à traiter chaque jour, ou encore trois par semaine, jusqu'à épuisement de la liste...

« Que la force me soit donnée de supporter ce qui ne peut être changé, le courage de changer ce qui peut l'être, et la sagesse de distinguer l'un de l'autre. »
Marc Aurèle

Méthodologie et conseils

Commencez par l'un des parasitages les plus faciles à régler. Vous avez toutes les chances de réussir ; et comme « le succès appelle le succès », cela décuplera votre énergie pour vous consacrer ensuite à des parasitages plus complexes à « lever ».

Pour se débarrasser définitivement, d'un parasitage, il est conseillé de le régler à 110 % : 100 % pour le parasitage en lui-même, et 10 % pour traiter sa cause et éviter qu'il ne se réinstalle ! ■

Avantages

- Une fois la démarche intégrée, le « déparasitage » devient une seconde nature qui contribue à préserver son capital énergétique au quotidien.

Précautions à prendre

- Associer ses proches à la démarche peut être utile et facilitateur : la transformation qui ne manquera pas d'opérer peut susciter incompréhension et inquiétudes de leur part. De plus, cela encouragera peut-être certains à vous accompagner !

SUITE OUTIL 3 →

Les « boucles » et le « déparasitage »

Comment être plus efficace ?

Lister 50 choses que vous subissez dans votre vie (petites ou grandes). Vous les sélectionnerez dans les domaines suivants :

› **Votre environnement :** Qu'avez-vous chez vous qui ne vous convient pas ? Dans votre environnement professionnel, que subissez-vous ?

› **Vos relations avec votre famille, vos réseaux amicaux, sociaux, etc. :** Quelles attitudes, comportements subissez-vous ? Quelles sont les personnes qui vous mangent de l'énergie ? Quelles sont celles auxquelles vous n'accordez pas suffisamment de temps, d'attention ?

› **Les équipements que vous possédez :** En matière d'informatique, d'électroménager, de voiture, de téléphone..., quels sont les équipements pour lesquels il vous semble dépenser beaucoup de temps et d'énergie ?

› **Votre domaine professionnel :** Comment vous organisez-vous ? Quelles sont les choses qui vous pèsent, liées à votre métier, à vos relations professionnelles, au contexte, à vos perspectives... ? Qu'est-ce qui vous semble particulièrement chronophage ?

› **Le domaine de vos finances :** Dans quelle mesure êtes-vous satisfait dans ce domaine ? Y a-t-il des choses qui vous agacent, qui ne vous satisfont pas ou plus dans ce domaine ?

› **Le soin que vous vous accordez :** Quel temps prenez-vous pour vous, pour ce que vous aimez faire ? Y a-t-il des choses qui vous entravent dans ce domaine ?

› **Votre style de vie :** Quel genre de vie souhaitez-vous mener ? Qu'est-ce qui vous en empêche ? Quelles différences, quels écarts avec votre style de vie d'aujourd'hui ?

› **Vos états internes, vos émotions :** Que ressentez-vous ? Qu'est-ce qui vous met de mauvaise humeur, en colère, vous attriste ? Objectivement, quelles sont les choses qui peuvent vous inquiéter ?

› **L'image de soi :** Quelle image avez-vous de vous-même ? Qu'est-ce qui contribuerait à rendre cette image encore meilleure ?

› **Autres :** Tout ce qui n'entrerait pas dans les domaines ci-dessus, source de contrainte et d'agacement...

Évaluer honnêtement les bénéfices liés à un parasitage :

Avant d'agir sur un parasitage, il est essentiel de s'interroger sur « les avantages à continuer ainsi ». Une situation identifiée comme un parasitage peut néanmoins devenir encore plus difficile une fois le parasitage traité... *Par exemple, « je n'ai aucune envie de participer à cette formation car je suis débordé ; et néanmoins, le fait d'y participer me permettra d'intégrer ce projet qui me tient à cœur et m'ouvre de nouvelles perspectives motivantes... ».* Dans ce cas il peut être préférable de conserver ce parasitage.

Coûts directs, coûts indirects :

Vous pouvez mesurer les coûts liés à un parasitage immédiatement (coûts directs) ou bien en supporter les désagréments dans le temps (coûts indirects). *Par exemple, « je ne sais pas dire non : j'accepte toutes les tâches que mon manager me demande d'effectuer. Je suis débordé, je n'y arrive plus, je finis par en tomber malade : coût indirect, dont les effets sont tangibles bien plus durablement ».*

Le moins mauvais choix est parfois le statu quo...

Après mesure comparative des bénéfices et coûts du parasitage à traiter, si vous décidez de maintenir le parasitage, il en devient bien plus léger dès lors que vous ne le subissez plus. En effet, il s'agit désormais d'un parasitage librement consenti...

CAS Sortir d'une situation chargée de parasitages...

Les risques à s'installer dans une telle situation :

Nombreux sont les symptômes qui peuvent nous alerter, associés au sentiment d'être dépassé, noyé sous le poids des chantiers qui s'amoncellent, et impuissant à y faire face : état de souci chronique, irritabilité, estime de soi dégradée, perte de confiance en soi et en les autres, autodénigrement, sentiment d'oppression, ruminations, perte de créativité, repli sur soi, démotivation, vitalité amoindrie,...

Les bénéfices à sortir de cette spirale pour reconquérir une forme de bien-être :

En premier lieu, un sentiment de soulagement, d'allégement, une forme de tranquillité d'esprit et de bien-être... Fierté d'y être parvenu, confiance et estime de soi, joie de vivre et autorisation à profiter des choses que l'on s'interdisait inconsciemment (« tant que cette chose pesante n'est pas réglée »).

L'énergie retrouvée permet de se lancer dans de nouveaux projets (ce qui est difficile tant que l'on est préoccupé par ailleurs...), avec le sentiment de disposer de davantage de temps et d'espace.

Le déparasitage fonctionne comme un cercle vertueux : poser des mots sur ses parasitages permet d'amorcer une prise de conscience ensuite transposable dans d'autres domaines : une fois prise l'habitude d'éliminer spontanément les petits parasitages au quotidien, elle devient une seconde nature. Il est ensuite fructueux de renouveler régulièrement la démarche de déparasitage, check-up comparable aux « mises à jour » d'un ordinateur. La dernière version sera toujours meilleure que la précédente... !

OUTIL 4

Les 5 S

ORGANISER SON ESPACE DE TRAVAIL ET OPTIMISER SON ORGANISATION MATÉRIELLE POUR ALLÉGER SON MENTAL ET DÉVELOPPER SA SÉRÉNITÉ

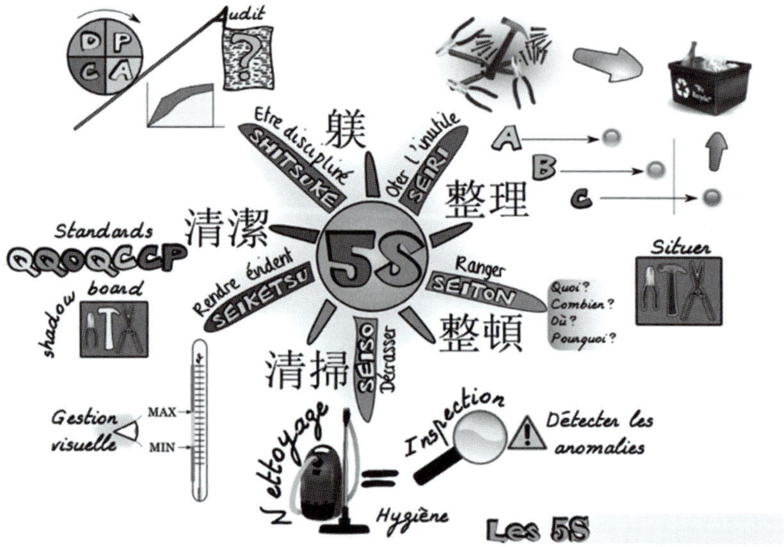

Source : Wikimedia Commons

En résumé

Élaborée dans le cadre du Système de Production de Toyota (TPS), la méthode des 5S tire son nom de la première lettre de cinq termes japonais, caractérisant chacun l'une des opérations successives qui structurent la démarche : Seiri (整理, ranger, supprimer l'inutile), Seiton (整頓, ordonner, situer les choses), Seiso (清掃, nettoyer, faire scintiller), Seiketsu (清潔, standardiser les règles, rendre évident), et Shitsuke (躾, respecter, entretenir avec discipline). Au-delà d'objectifs de gestion de la qualité et de la production, la démarche s'avère profitable à bien des titres à qui met en place ces principes de gestion de l'espace et de management de soi : allègement matériel et psychologique, apaisement mental, disponibilité à soi et à autrui, autant d'ingrédients propices au bien-être

Insight

Elaborated within the framework of the Toyota Production System (TPS), the 5S method derives its name from the first transliterated letter of five Japanese terms that describe each of the approach's successive operations: Seiri (整理, sort out, remove the unnecessary), Seiton (整頓, set in order, arrange), Seiso (清掃, clean and make shiny), Seiketsu (清潔, standardize rules, make evident), and Shitsuke (躾, respect others, remain disciplined). Apart from its usefulness for quality management and production, this approach proves to be worthwhile in many ways for anyone wanting to apply these principles of workspace management and self-discipline: less material and psychological clutter, more peace of mind, remaining at the disposal of oneself and others – ingredients that are conducive to well-being.

Pourquoi l'utiliser ?

Objectif

La méthode des 5S vise à alléger l'espace de travail de ce qui y est inutile, à organiser l'espace de travail de façon efficace et à en améliorer l'état de propreté, ainsi qu'à encourager les efforts pour préserver une gestion de l'espace rationnalisée et optimisée. Elle permet de réduire les dépenses en temps et en énergie. Bien plus, en libérant l'esprit de contraintes logistiques et matérielles, elle restaure un espace de sérénité et de bien-être pour se consacrer pleinement à sa tâche, développer sa créativité, et cultiver une véritable disponibilité à soi et à autrui.

Contexte

La démarche s'avère propice lorsque la dimension matérielle en vient à parasiter l'action : trop d'objets sur le bureau, de documents en attente, de stimulations concomitantes... Remettre de l'ordre autour de soi en réaménageant son espace de travail de manière optimisée permet de se réapproprier ce dernier, et de trouver une forme d'allégement mental et d'apaisement.

Comment l'utiliser ?

Étapes

1. **Seiri :** supprimer. Éliminer de l'espace de travail toute chose qui n'a pas sa place. En fonction de la fréquence d'utilisation du matériel de travail, lui attribuer une place plus appropriée (cf. rubrique Méthodologie).
2. **Seiton :** situer. Aménager l'espace de travail de façon à éviter les pertes de temps et d'énergie : classer les objets par ordre d'utilisation, rendre évident et ergonomique leur placement (objets lourds faciles à prendre),...
3. **Seiso :** nettoyer. Détecter les anomalies, remettre systématiquement en état, supprimer l'anomalie à la source,...
4. **Seiketsu :** standardiser, rendre évident. Définir des règles de rangement, pour faciliter le maintien de l'ordre et de la propreté.
5. **Shitsuke :** soutenir (« sustain ») et être discipliné. Vérifier régulièrement la cohérence du système et son « fonctionnement » rigoureux.

Méthodologie et conseils

La première étape du processus (Seiri) est cruciale et mérite une attention particulière. Elle est souvent énoncée sous forme de « comptine »...

Tout ce qui ne sert pas (ou plus) depuis un an est jeté. De ce qui reste, tout ce qui sert moins d'une fois par mois est remisé à l'écart (archivé). De ce qui reste, tout ce qui sert moins d'une fois par semaine est remisé à proximité (dans l'armoire). De ce qui reste, tout ce qui sert moins d'une fois par jour est au poste de travail (dans le tiroir). De ce qui reste, tout ce qui sert moins d'une fois par heure est au poste de travail, directement à portée de main (sur le bureau). Et ce qui sert au moins une fois par heure est directement sur la personne. ■

« Une place pour chaque chose, et chaque chose à sa place... ! »
Samuel Smiles

Avantages

- La démarche 5S peut également être mise à profit pour classer les supports numériques, dont l'archivage régulier permet de « désengorger » son ordinateur, et de rendre plus ergonomique l'architecture de classement utilisé au quotidien.

Précautions à prendre

- La définition et la mise en place de règles de classement clarificatrices ne produit son effet que si elles sont mises en œuvre au quotidien : la démarche requiert un réel sens de la discipline, et paradoxalement une certaine flexibilité, pour ajuster les règles si nécessaire : ainsi, une rigidité excessive pourrait « bloquer » ce « système », qui gagne à rester vivant et ajustable, dans l'esprit de l'amélioration continue.

OUTIL 5

L'agenda

ORGANISER SON TEMPS ET Y DONNER DU SENS PAR RAPPORT À SES OBJECTIFS PROFESSIONNELS ET PERSONNELS

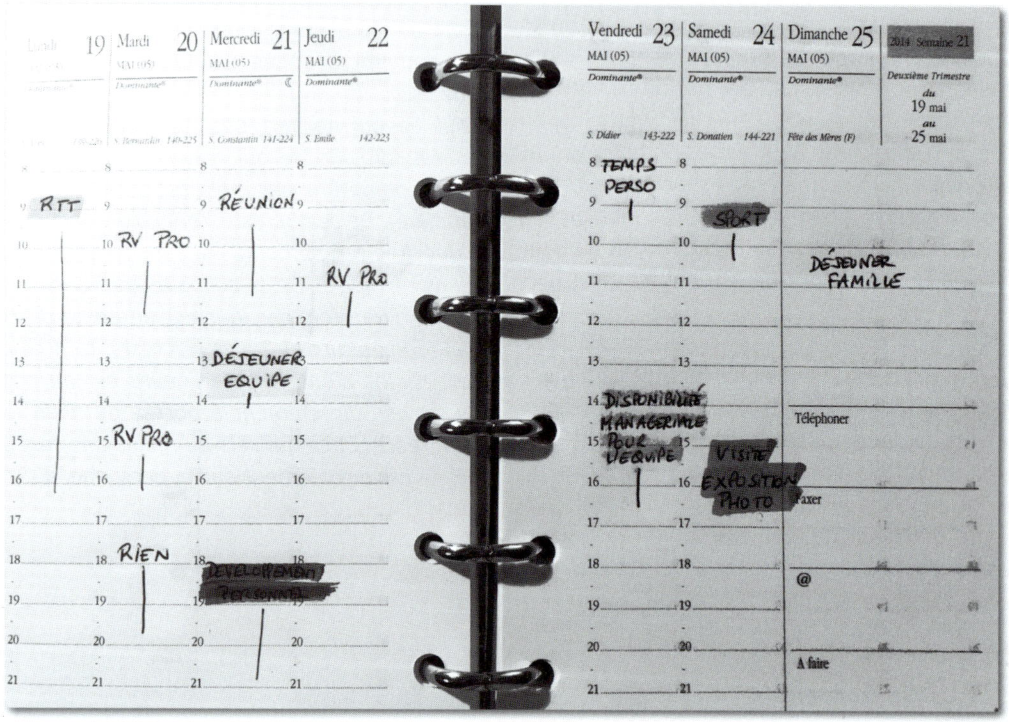

© C. Huet

En résumé

Papier ou électronique, individuel ou partagé, l'agenda s'inscrit comme l'un des outils incontournables de l'organisation professionnelle. Comment faire de cet outil, parfois jugé inutile ou ringard, un allié de son bien-être au travail ? Comment le transformer en une véritable clé de voûte de l'organisation de son temps occupé comme de son temps libre et/ou de détente ? Plus qu'un lieu de stockage d'intitulés de rendez-vous, l'agenda devient moteur de bien-être par l'appropriation que l'on en fait. La question n'est pas « *faut-il un agenda ?* » mais « *comment s'en servir pour donner du sens et se sentir bien ?* ».

Insight

The agenda – whether paper or electronic, individual or shared – has become an essential professional organization tool. Even though it is occasionally regarded as unnecessary or old-fashioned, how can we make this tool an ally of our well-being at the workplace ? How can we transform it into a true key to organize our worktime and free time ? More than a device where we record meaningless appointments, the agenda can become a source of well-being if we use it correctly. The question is not "Do I need an agenda ?" but rather "How can I use it to find meaning and well-being in the midst of my multiple activities ?"

Pourquoi l'utiliser ?

Objectif

› Optimiser l'organisation et la planification de son temps.

› Accroître son bien-être en faisant ressortir les temps de détente et en anticipant les temps de respiration.

Contexte

Dans le flot dense des obligations quotidiennes (professionnelles, familiales, sociales...), pas facile de penser à tout, d'être efficace et, au milieu de tout cela, de prendre du temps pour soi. Dès lors, l'usage d'un agenda devient pertinent voire salutaire. Quel que soit le type d'agenda choisi, l'enjeu est de s'en servir en vue d'allier efficacité et bien-être au travail. C'est pourquoi, visualiser rapidement et simplement la cohabitation de temps de travail et d'autres de loisir ou encore, des plages de temps libres expressément mentionnées permet de réduire le stress d'un agenda parfois (trop) chargé.

Comment l'utiliser ?

Étapes

1. **Planifier, organiser, équilibrer :** gérer un seul agenda pour le professionnel et le personnel peut être judicieux (réduction des risques d'erreur notamment). Y reporter les rendez-vous de la semaine et du week-end. Regarder si temps de contraintes et temps de plaisir s'équilibrent selon ses besoins.

2. **Respirer, s'aérer, oser le vide :** chaque semaine, programmer aussi les temps « vides » qui serviront à réfléchir, s'aérer, se former ou simplement absorber, avec sérénité, les surcharges inopinées... Ces temps pourront être amenés à bouger. L'essentiel est de ne pas les supprimer et de les recaler dans l'agenda.

3. **Identifier, colorier :** pour faire ressortir encore plus la variété des moments de la journée ou de la semaine, associer une couleur à chaque temps et activité : vert pour le sport, bleu pour la culture...

Méthodologie et conseils

Selon notre mode d'appréhension du monde (visuel, auditif ou kinesthésique), il conviendra de choisir l'agenda qui y correspond le mieux. Ainsi, pour une personne « auditive », l'agenda électronique qui permet l'usage de rappels sonores pourra être judicieux. Pour une personne « kinesthésique », un agenda papier qu'elle pourra toucher et manipuler semblera plus adapté. Pour une personne « visuelle », papier ou électronique, l'essentiel sera que l'agenda fasse ressortir visuellement les éléments du calendrier.

Pour ceux qui souhaitent avoir accès à tous les éléments liés à un rendez-vous, privilégier l'agenda électronique qui permet une visualisation synthétique globale à la journée, la semaine ou au mois ; et une visualisation détaillée exhaustive (horaires précis, lieu de réunion, participants, objectifs, ordre du jour, pièces jointes éventuelles...). ■

« Ce n'est pas que nous disposions de très peu de temps, c'est plutôt que nous en perdons beaucoup. »
Sénèque

Avantages

■ Se poser la question « de quoi ai-je besoin pour être bien ? » et y répondre sincèrement, c'est s'autoriser à organiser son temps de « manière écologique », entre obligations et détente. C'est prendre le temps de ne pas se faire broyer par le temps.

Précautions à prendre

■ L'expérience montre que l'on peut avoir à gérer deux types d'agendas, papier (par choix personnel) et électronique (par usage dans l'entreprise). Dans ce cas, prendre le temps, une fois par semaine minimum, de synchroniser les deux calendriers.

OUTIL 6

La technique Pomodoro®

SÉQUENCER LE TRAVAIL ET GAGNER EN EFFICACITÉ ET EN BIEN-ÊTRE

Un Pomodoro dure 25 minutes + 5 minutes de pause. Après 4 Pomodoros, la pause est de 30 minutes.

La technique Pomodoro® - Francesco Cirillo / juin 2007

En résumé

Gagner en efficacité et en bien-être en arrêtant de reporter des tâches fastidieuses, complexes ou rébarbatives. Comment ? En séquençant le travail. D'une part, en le découpant en tâches simples et concrètes ; d'autre part, en alternant les temps de travail et les temps de pause, tout en étant pleinement présent à chaque temps. La technique Pomodoro® a été développée par Francisco Cirillo, dans les années 80, pour améliorer la productivité individuelle. Le nom de la technique Pomodoroâ tire son origine de la première minuterie utilisée pour son application et qui était en forme de tomate (*pomodoro* en italien).

Insight

*Improve your efficiency and well-being by deciding to tackle fastidious, complex or tedious tasks and truly get them done. How ? By breaking up your work into sequences. On the one hand, portion it into simple, concrete tasks. On the other hand, alternate your work-time with breaks, but remain mentally present throughout. The Pomodoro technique® was conceived in the 1980s by Francesco Cirillo in order to improve industrial productivity. The name comes from the first timer he used in the method, which was made to look like a tomato (*pomodoro *in Italian).*

Pourquoi l'utiliser ?

Objectif

› Gérer son temps.

› Gagner en efficacité et en bien-être par rapport à la charge de travail à réaliser.

› Réduire les interruptions dans la réalisation des tâches.

Contexte

En portant son attention sur un processus de réalisation de tâches, on diminue l'anxiété liée au résultat et on augmente l'efficacité et le bien-être. La technique Pomodoro® est une façon différente d'appréhender le temps. Elle contribue ainsi à renforcer l'attention et la concentration en réduisant les interruptions.

Comment l'utiliser ?

Étapes

1. **Décider et lister les tâches à effectuer.** Constituer un tableau de 2 colonnes dont les titres sont « Tâches à réaliser » et « Date du jour et lieu ». Inscrire les tâches, une ligne = une tâche à réaliser.
2. **Lancer le « Pomodoro »** (minuteur) pour une période de 25 minutes.
3. **Travailler sur la tâche à réaliser** jusqu'à ce que le minuteur sonne. Il est important de noter une croix dans la ligne de la tâche en cours à chaque sonnerie. En effet, la satisfaction et le sentiment de bien-être viennent de la réalisation des séquences avant même la réalisation de la tâche. En outre, les croix permettent de visualiser les efforts fournis.
4. **Prendre une pause de 5 minutes** (minutée bien sûr !) pendant laquelle on se dédie à des activités qui relaxent vraiment. L'essentiel est bien de prendre un vrai temps de pause, de se déconnecter du travail et de s'aérer l'esprit.
5. **Tous les 4 Pomodoros, prendre une pause de 15 à 30 minutes.** Cette pause est propice à se consacrer à des activités relaxantes et contributrices de bien-être (sortir, prendre un café, marcher,...).
6. **À la fin de journée, compter les Pomodoros et faire le bilan de la journée.**

Méthodologie et conseils

› L'objectif du Pomodoro est de gagner en efficacité et en bien-être en accomplissant des tâches compliquées ou jugées peu intéressantes.

› Il peut être utilisé comme mode de fonctionnement régulier mais aussi occasionnel pour permettre de passer un cap de charge de travail ou de procrastination. ■

« Ne craignez pas d'avancer lentement, craignez seulement de rester sur place. »
Proverbe chinois

Avantages

- Dans ce processus, la gratification psychologique vient du respect des temps de concentration et du nombre de croix inscrites (donc du nombre de Pomodoros réalisés) sur la période ou dans la journée, et non du résultat produit. L'alternance des temps de travail et des temps de pause est propice au bien-être et à la productivité. À noter que 25 minutes correspondent au temps pendant lequel le cerveau peut se concentrer sur une tâche sans faillir. Le Pomodoro permet donc d'adapter les temps de travail aux capacités effectives de concentration.

Précautions à prendre

- Il est important de ne pas interrompre un Pomodoro. Si une tâche est terminée avant la fin du Pomodoro, deux options se présentent :
  - continuer à travailler sur la tâche en cours, en l'approfondissant ou en l'améliorant ;
  - si la tâche se termine en tout début de Pomodoro, et qu'aucune action complémentaire ne peut être conduite, annuler le Pomodoro en cours et en commencer un nouvel associé à une nouvelle tâche.

SUITE OUTIL 6 →

La technique Pomodoro®

Comment être plus efficace ?

Se poser pour intégrer

Il est important de respecter les temps de pause et particulièrement celle de 5 minutes, même si l'on est tenté de poursuivre la tâche en cours. En effet, le fait de s'aérer l'esprit et de prendre de la distance par rapport à ce que l'on fait permet aussi d'intégrer le travail réalisé pendant les 25 minutes du Pomodoro.

Matérialiser le minuteur

Avoir à portée de vue le minuteur est stimulant psychologiquement. Sa présence met en tension l'esprit et nourrit la détermination à réaliser la tâche. En outre, il agit comme le limitateur de vitesse sur la voiture, l'attention peut se concentrer sur ce que l'on fait, on peut s'y plonger pleinement sans penser à quoi que ce soit d'autre : en cas de dépassement (ici de temps), la sonnerie du Pomodoro avertit de ce dépassement. Il est évident que le minuteur n'a pas besoin d'être sous forme de tomate. Au bureau, la minuterie du téléphone portable peut tout à fait faire l'affaire.

Piloter l'amélioration continue

Francisco Cirrillo préconise de compiler les données à la fin de la journée. Le suivi des données permet, de manière simple et pratique, d'identifier le temps passé sur chaque tâche et de prendre conscience des tâches qui sont les plus consommatrices de temps et aussi, peut-être, les plus complexes ; ce sont celles qui auront comptabilisé le plus de Pomodoros. Dans ce cas, ne pas hésiter à subdiviser ces tâches. Ce suivi permet en outre de mesurer les écarts d'estimation. À partir de cette observation, chacun peut choisir d'optimiser certaines tâches (en étudiant comment réduire le nombre de Pomodoros par tâche), de réorganiser ses journées ou ses semaines pour mieux distribuer et gérer son temps de travail. Quelle qu'en soit l'analyse qui en est faite, la compilation et le suivi des données deviennent des outils pratiques et efficaces de pilotage de la gestion, de l'évaluation et de l'amélioration du temps de travail.

Prendre en compte les interruptions

Penser que, sur une journée, les séquences de travail pourront s'enchaîner de manière fluide et ininterrompue est une utopie. La réalité du travail et de son environnement et aussi la capacité de concentration de chacun, la gestion du stress ou de la fatigue sont autant d'aléas qu'il convient de prendre lucidement en compte. Ainsi, toute pensée parasite sera prise en compte et matérialisée dans le tableau de suivi de l'activité. Ceci, dans un souci d'évaluation objective de la gestion du temps de travail ; ainsi on pourra mieux piloter les futurs temps de travail. Mais aussi dans un souci de bien-être pour ne pas culpabiliser, parce qu'on l'aura identifié et compris, du retard qui pourrait avoir été pris.

Informer pour sereinement gérer

Si le Pomodoro est un mode de fonctionnement permanent, et non occasionnel, il peut être judicieux d'en informer son entourage professionnel direct. Ceci permettra en effet de réduire le risque d'interruptions inopinées et de donner du sens au fait de, temporairement, fermer sa porte de bureau ou de renvoyer son téléphone vers la messagerie téléphonique, par exemple.

EXEMPLE M. Tartempoin gère son temps avec la méthode Pomodoro®

Monsieur Tartempion travaille au département Communication de son entreprise. Chaque matin, il **planifie** sa journée en dressant la liste des tâches quotidiennes à réaliser ainsi que le temps prévisionnel qu'il va passer (matérialisé par des carrés). Au cours de la journée, il réalise le **suivi** de ses activités : pour chaque tâche, il indique le temps passé en comptabilisant le nombre de Pomodoros ; chaque Pomodoro étant matérialisé par une croix. Les interruptions et pensées parasites (penser à passer au pressing, échange avec son manager...) sont indiquées par des apostrophes. Au cours de sa journée, des tâches non programmées peuvent apparaître. Il les liste en y ajoutant la mention NP (pour Non Programmé). Il peut même y ajouter une échéance prévisionnelle. À la fin de sa journée, M. Tartempion dresse le bilan en **compilant** les observations du jour puis en **transformant** les données brutes en information. Enfin, il **met en forme** cette information dans un format qui lui permet de comprendre aisément sa gestion du temps et identifier des pistes d'amélioration.

Monsieur Tartempion part de l'inventaire d'activités mensuelles pour planifier les activités de sa journée qui compte 8 heures.

	Inventaire d'activités mois de juin	
	Construire le budget du Département Communication	
	Élaborer le plan de communication	
	Rédiger le brief de la plaquette institutionnelle	
	Rédiger l'article de Une du magazine trimestriel	
	Choses à faire aujourd'hui	**Bordeaux, 01/06, M. Tartempion**
	Construire le plan de communication interne	x x ☐ ☐ ' '
	Construire le plan de communication externe	☐ ☐ ☐ ☐
	Écrire l'article de Une	☐ ☐
	Relire et corriger l'article de Une	☐
	Rédiger les 2 premières parties du brief de la plaquette institutionnelle	☐ ☐
	Non planifié et urgent	
NP	Appeler l'agence de communication pour le brief	
NP (02/06)	Faire valider l'article de Une par le Directeur de la Communication	
NP	Récupérer les costumes au pressing	
NP	Prendre RV pour la réunion de la voiture	

2 DÉVELOPPER SON INTELLIGENCE ÉMOTIONNELLE

« Être émotionnellement alphabétisé »,
c'est pouvoir gérer ses émotions d'une façon qui augmente votre pouvoir personnel,
améliore votre qualité de vie et celle des gens qui vous entourent. »
Claude Steiner

L'intelligence émotionnelle est un concept développé dans les années 1990 par John Mayer et Peter Salovey. Ils la définissent comme *« la capacité à percevoir l'émotion, à l'intégrer pour faciliter la pensée, à comprendre les émotions et à les maîtriser afin de favoriser l'épanouissement professionnel »*. Nous sommes là au cœur de la thématique du bien-être. C'est le psychologue Daniel Goleman qui a adapté le concept au monde du travail. Les recherches en psychologie des émotions montrent que les compétences de régulation de l'équilibre émotionnel sont liées à la santé physique et mentale, et qu'elles conditionnent également la qualité des décisions prises, des relations professionnelles, de la collaboration et du leadership.

Développer la conscience émotionnelle de soi, par l'identification des **six émotions fondamentales (outil 7)** permet d'obtenir des informations sur ce qui se passe en soi, d'en comprendre les causes et l'utilité pour agir en conscience. **La roue des émotions (outil 8)** quant à elle, favorise la proactivité dans son propre équilibre émotionnel, en facilitant la reconnaissance du lien existant entre les sensations, les émotions et les besoins. Une fois les émotions identifiées et contextualisées, savoir maîtriser ses émotions et appliquer une stratégie adaptée à la situation permet d'être dans la juste posture. **Les six attitudes de Porter (outil 9)** permettent d'ajuster sa posture et de développer une attitude de compréhension empathique.

Deux outils issus de la psychologie positive et des travaux du Dr Ilona Boniwell viennent enrichir ce dossier et faciliter l'identification des leviers d'action pour accroître son niveau de bien-être global, de motivation et d'engagement : La **« *Life Map PERMA* » (outil 10)**, par la mise en perspective des activités du quotidien, et **le tableau de bord du bonheur (outil 11)**, par l'aperçu rapide qu'il permet sur son propre état de bonheur et de bien-être global.

Pour prendre sa place sereinement dans les transformations des organisations et des équipes, **la courbe du changement (outil 12)** met en lumière la dynamique émotionnelle associée au changement et les moyens de se l'approprier. Quant à **la dissociation simple (outil 13)** elle permet de diminuer l'impact émotionnel d'un souvenir désagréable et de gagner en sérénité dans le présent.

Identifier les mécanismes qui empêchent de vivre les émotions du moment présent, **les pièges émotionnels (outils 14)** dans lesquels on se met souvent inconsciemment, redonne le pouvoir d'agir sur ses propres leviers en clarifiant les forces en présence et en positionnant chaque chose à sa juste place. Enfin, ressource naturelle et à la portée de tous, donner et recevoir des **signes de reconnaissance (outil 15)** dans ses interactions, personnelles et professionnelles permet de générer une énergie positive et constructive. C'est à ce titre une source primordiale de bien-être.

Neuf outils opérationnels donc, qui visent à renforcer les compétences émotionnelles et à accroître son niveau de bien-être dans son environnement professionnel.

A également contribué à la relecture de ce dossier, pour la roue des émotions : Anne-Sophie Thiry, consultante et formatrice, et fondatrice de L'Autrement Dit.

LES OUTILS

7 Les 6 émotions fondamentales 30
8 La roue des émotions® 34
9 Les 6 attitudes de Porter 36
10 La « life map » (ou carte de vie) 40
11 Le tableau de bord du bonheur® 44
12 La courbe du changement 46
13 La dissociation simple 48
14 Les pièges émotionnels 50
15 Les signes de reconnaissance 52

Les 6 émotions fondamentales

IDENTIFIER SES ÉMOTIONS AVEC FINESSE ET EN REPÉRER LES MANIFESTATIONS

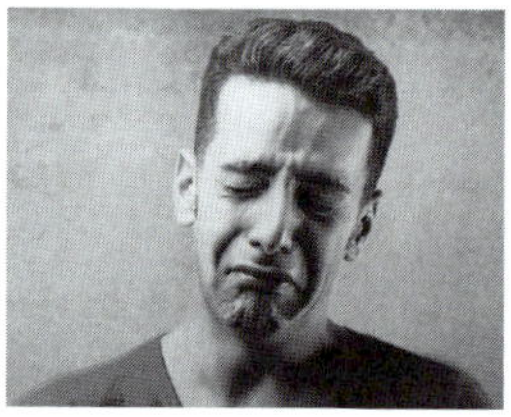

TRISTESSE

DÉGOÛT

PEUR

COLÈRE

JOIE

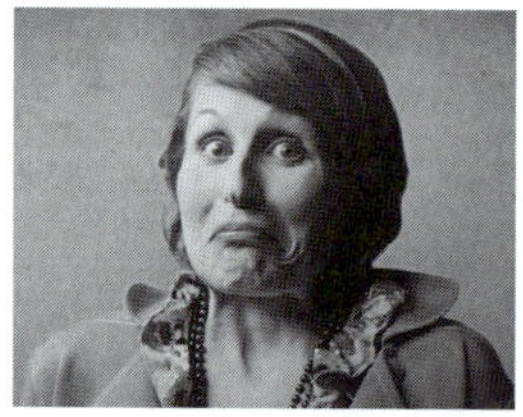

SURPRISE

Source : Photos TTI Success Insights – Les 6 émotions fondamentales en images

En résumé

Claude Steiner écrivait : « Nous sommes tous des analphabètes de l'émotion : nous ne savons ni les lire, ni les écrire ». Les émotions sont des pépites, à condition de savoir les reconnaître et les accueillir ! L'intelligence émotionnelle commence par un travail de décryptage des émotions (les siennes et celles des autres) pour mettre des mots sur les ressentis et se situer dans la juste émotion.

Le psychologue américain Paul Eckman, pionnier dans l'étude de l'expression faciale des émotions, affirme que les expressions du visage ne sont pas déterminées par la culture, mais qu'elles sont universelles. Il dénombre 6 émotions fondamentales qu'il convient d'explorer pour se familiariser avec ces différents registres émotionnels. C'est une étape clé vers une saine utilisation de ses émotions, génératrice de bien-être y compris au travail.

Insight

Claude Steiner once wrote: "When it comes to emotions, we are all illiterates, since we neither know how to read nor write them." Emotions are valuable nuggets, provided we know how to recognize and welcome them. Emotional intelligence starts with learning how to decipher emotions (our own and those of others), and learning how to name them in order to position ourselves within the right emotion.

According to American psychologist Paul Eckman – a pioneer in the study of emotional facial expressions – they are not culturally determined, but universal. He lists six fundamental emotions: it is advisable to explore them and become familiar with their different registers. This is a key step in learning to use one's emotions in a healthy way, which can also lead to increased well-being at the workplace.

https://youtu.be/efCx6zrXfb0
https://goo.gl/RyDps3

En savoir plus (en vidéo)

Pourquoi l'utiliser ?

Objectif

› Obtenir des informations sur ce qui se passe en soi, faire le lien entre le corps et les émotions.

› Identifier avec nuance et précision ses ressentis pour en faire le meilleur usage possible.

Contexte

Nous ressentons en permanence des émotions, à chaque instant. Etymologiquement, le mot émotion vient du latin *motio*, qui signifie « action de mouvoir, mouvement ». C'est donc une énergie qui nous met en mouvement ! Comme un nuancier de couleurs, le vocabulaire émotionnel décrit la palette et l'intensité des émotions, il est utile pour mieux les identifier, mieux se connaître, et les utiliser au service d'une action adaptée à la situation dans laquelle on se trouve.

Comment l'utiliser ?

Étapes

1. **Identifier les manifestations corporelles de l'émotion, les sensations du corps :** Expressions faciales (sourire, bouche bée...), micro-expressions (sourcils froncés, dilatation des pupilles...), modification ou accentuation de la couleur de peau (rougir, blanchir...), manifestation physiques (transpiration, boule dans la gorge...), attitudes corporelles (repli, ouverture...), manifestations physiologiques (accélération du rythme cardiaque par exemple)
2. **Identifier le déclencheur à l'origine de l'émotion :** Il peut être interne (une appréhension, un a priori, une attente de longue date...) ou externe (recevoir des félicitations, se faire agresser, apprendre une mauvaise nouvelle...)
3. **Identifier ce que l'émotion a produit en termes de réaction et de comportements :** fuite, retrait, soumission, agressivité, partage, rire...
4. **Nommer l'émotion ressentie :** Il est possible de s'aider d'une liste d'émotions pour la préciser et la qualifier au mieux, et ainsi élargir son vocabulaire émotionnel.
5. **La positionner dans son registre d'appartenance,** sur une échelle allant de 1 à 10. Par exemple : « Je suis inquiète, registre de la peur, et pour moi cela correspond à 3/10 ».

Méthodologie et conseils

La palette des émotions est riche. Comme un peintre a ses couleurs favorites, chacun a tendance à se focaliser sur une poignée d'émotions qui sont motrices pour lui. Pourtant, la palette des émotions mérite d'être explorée dans toutes ses nuances, pour avoir une conscience encore plus juste et aiguisée de ses émotions et de celles des autres.

Que nous le voulions ou non, nous manifestons nos émotions. Elles s'expriment au travers de mimiques, d'expressions du visage, de postures corporelles, de manifestations physiologiques ou physiques. Etre attentif à a manifestation de ses propres émotions ou en observer les manifestations chez l'autre constitue un atout pour décoder une situation et mieux adapter son comportement. ■

« Sans émotions, il est impossible de transformer les ténèbres en lumière et l'apathie en mouvement. »
Carl Gustav Jung

Avantages

- Les émotions jouent un rôle dans toutes les activités professionnelles. Elles sont nos alliées et nous indiquent nos besoins. Une émotion bien utilisée procure bien-être et énergie. En prendre soin est un fort levier de bien-être au travail.

Précautions à prendre

- Identifier les émotions que l'on ressent nécessite d'accepter de les accueillir et de les ressentir dans son corps. Une approche purement intellectuelle manquera d'efficacité.

SUITE OUTIL 7 →

Les 6 émotions fondamentales

Comment être plus efficace ?

Enrichir son vocabulaire émotionnel

Peur, colère, surprise, tristesse, joie et dégoût sont les 6 émotions fondamentales et universelles. L'utilisation d'outils complémentaires pourra faciliter une expression nuancée des émotions ressenties et un approfondissement de la connaissance de son registre émotionnel. Par exemple, la roue des émotions du psychologue américain Robert Plutchik permet de positionner visuellement les émotions les unes par rapport aux autres et donne des indications quant à leur niveau d'intensité. Autre exemple, les listes d'émotions élaborées par Thomas d'Ansembourg dans son livre *Cessez d'être gentil soyez vrai!* est de nature à faciliter la mise en mots et la nuance des ressentis.

De l'utilité des émotions

Les émotions affectent nos perceptions, nos jugements, nos prises de décision et induisent des comportements. Elles nous livrent des indicateurs sur nos états internes. Véritables « clignotants », elles nous délivrent un message. Il s'agit moins de les maîtriser que de les accueillir pour décoder ce message et choisir d'agir en connaissance de cause, plutôt que de se laisser agir par l'émotion. Ce tableau apporte un éclairage sur le registre des besoins et actions réflexes associés aux 6 émotions fondamentales.

	Déclencheurs	Besoins associés	Comportements réflexes mobilisés
Colère	Obstacle, injustice, frustration, agression	Compréhension, obtenir réparation	Attaque, changement, réparation
Dégoût	Substance toxique, comportement nuisible	Prise de distance, se tenir à l'écart	Évitement, rejet
Joie	Réussite, satisfaction	Réciprocité	Partage, maintien ou renouvellement de la situation
Peur	Danger, situation inconnue	Protection, être rassuré	Prudence, fuite, attaque
Surprise	Inconnu, imprévu, changement inopiné	Temps	Sursaut, suspension de l'action en cours
Tristesse	Perte, changement	Réconfort, soutien	Retrait, repli sur soi

ÉTUDE DE CAS Émotions et gestion de projets

Contexte

Marion pilote trois projets transverses. Depuis le départ de sa responsable, elle se dit stressée par les demandes complémentaires fréquentes, le manque d'arbitrage et les relations tendues avec certains acteurs du projet. Elle choisit d'éclairer la situation par une approche de ses émotions.

Travail réalisé

Après avoir **identifié les registres émotionnels qui dominent dans son quotidien** : la peur *(« je suis inquiète, on ne va jamais y arriver »)* et la colère *(« je ne suis vraiment pas aidée, ça m'exaspère »)*, **elle situe ses ressentis sur une échelle de 1 à 10** : 8/10 pour la colère et 4/10 pour la peur.

Elle affine **ses ressentis** par un champ lexical élargi et **identifie ce qu'indiquent ces clignotants et les registres d'action** appropriés. Enfin, elle **agit** pour utiliser avec efficacité l'énergie de ses émotions. (cf. fig. ci-dessous)

Résultats

« Des leviers d'action retrouvés. Une énergie canalisée dans la direction souhaitée. Une prise de recul salutaire. »

Figure : Mettre sa dynamique émotionnelle au service de son travail

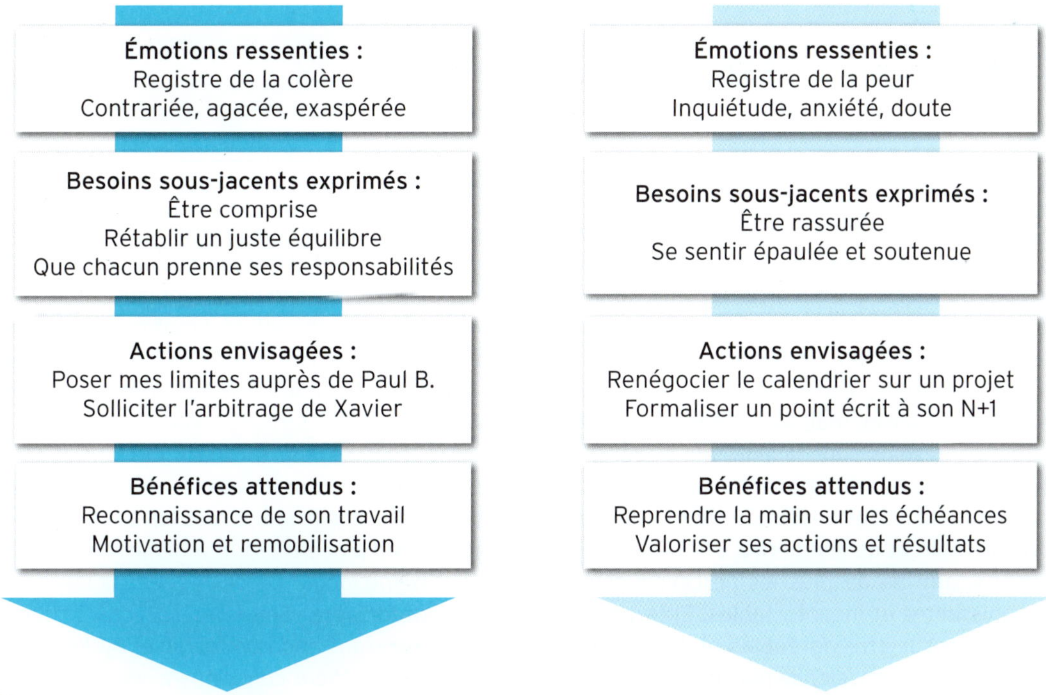

OUTIL 8

La roue des émotions®

NOMMER SES RESSENTIS ET SES ÉMOTIONS ET LES RELIER À SES BESOINS

Source : L'Autrement Dit © - www.lautrementdit.net

En résumé

Nous ressentons en permanence des émotions, de nature et d'intensités différentes, et il peut arriver que cette grande diversité émotionnelle apporte confusion et inconfort. La roue des émotions est un outil qui encourage non seulement à prendre conscience de ses émotions et à les verbaliser, mais également à identifier le ou les besoins sous-jacents qui s'expriment au travers de nos émotions. Ainsi, en nommant ses émotions et ses besoins, il est possible d'en prendre soin et de les mettre à la « bonne distance », afin de ne plus les percevoir comme envahissantes et inconfortables. Elles peuvent aussi bien sûr être agréables et confortables, et les vivre en conscience permet de les savourer davantage.

Insight

We are constantly experiencing emotions. Since they are of different nature and intensity, their diversity can engender confusion and discomfort. The Wheel of Emotions is a tool that encourages us not only to become aware of our emotions and verbalize them, but also to identify the underlying need or needs that express themselves through our emotions. Thus, by naming our emotions and our needs, we can take them into account; at the same time, we can place them at a healthy distance, so that we no longer perceive them as invading or uncomfortable. Emotions, of course, can also be pleasant and comfortable: by learning to experience them consciously, we can enjoy them more.

Pourquoi l'utiliser ?

Objectifs

› Être proactif dans son propre équilibre émotionnel.

› Faciliter la mise en mots de ses sensations physiques et des émotions associées.

› Reconnaître le besoin associé aux émotions ressenties.

Contexte

Carl Rogers, puis Marshall Rosenberg avec l'approche Communication Non Violente, ont mis en évidence que **toute émotion correspond à un ou plusieurs besoins**, satisfaits ou insatisfaits. Prendre conscience des besoins associés à ses émotions permet d'apaiser l'émotion, et de l'utiliser comme **une source d'énergie au service d'une action appropriée**, plutôt que de la subir.

Pour concevoir et réaliser la roue des émotions, Anne-Sophie Thiry et Jean-Marie Hoton se sont inspiré des travaux de la Communication Non Violente, de Plutchik, de l'approche de la psychologie positive et de la Mindfulness.

Comment l'utiliser ?

Étapes

1. **Identifier les sensations physiques en utilisant le cercle du milieu** (le plus petit), point de départ de la démarche. Il invite l'utilisateur à écouter et à ressentir les indices donnés par son corps dans l'instant présent : « je me sens tendu », « j'en ai plein le dos… », « j'ai chaud », etc.

2. **Associer l'émotion qui correspond à cette sensation**, grâce au deuxième cercle de la roue, en l'affichant dans l'encadré du milieu : il s'agit de l'émotion ressentie dans le moment présent, par exemple : « soucieux », « mécontent », « enthousiaste », etc.

3. **Ajuster enfin le troisième cercle, le plus grand, qui propose de nommer le besoin sous-jacent à l'émotion,** comme « stabilité », « partage », « considération » ou encore « autonomie »

4. **Trouver ensuite le moyen de répondre à ce besoin de façon adaptée et congruente**, soit par le biais d'actions à mettre en œuvre, soit par le biais de demandes à formuler auprès des personnes concernées par la situation.

Méthodologie et conseils

› Identifier la séquence sensation/émotion/besoin permet de moins subir la réactivité émotionnelle et de devenir proactif. La métaphore d'Anne-Sophie Thiry et Jean-Marie Hoton est de nature à bien expliquer le phénomène : Quand le témoin de votre jauge d'essence s'allume sur votre tableau de bord, vous savez que vous avez besoin de trouver une pompe à essence. Se contenter de nommer l'émotion reviendrait à dire : « *Tiens, le témoin de mon réservoir est allumé* » et à continuer sa route !

› Néanmoins, il n'est pas toujours possible de satisfaire le besoin identifié. Reconnaître précisément quel est son besoin et accepter qu'il n'est pas possible, pour le moment, de le satisfaire, est déjà de nature à apporter plus de sérénité et d'aisance dans le vécu de la situation. ■

« L'émotion est la source principale de toute prise de conscience. »
Carl Gustav Jung

Avantages

- **Plus nous sommes à même d'identifier facilement nos émotions et nos besoins, mieux nous sommes équipés pour faire face efficacement à notre stress, et plus nous avons accès à des émotions positives aisément.**

Précautions à prendre

- **L'outil propose des registres variés mais non exhaustifs de sensations, émotions et besoins. Lorsque le mécanisme d'identification sensation/émotion/besoin est acquis, il peut être utile de se créer son propre référentiel.**

OUTIL 9

Les 6 attitudes de Porter

DÉVELOPPER LA COMPRÉHENSION EMPATHIQUE DANS SES RELATIONS À AUTRUI

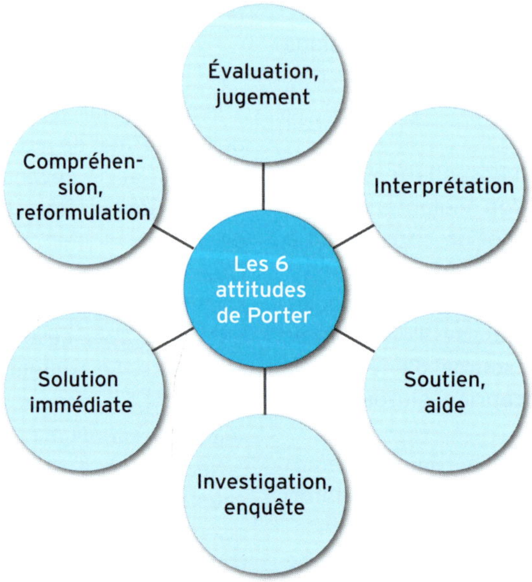

En résumé

L'empathie et les relations interpersonnelles sont deux piliers de l'intelligence émotionnelle. L'empathie permet d'être plus à l'écoute de l'autre et de mieux le comprendre. Elle est intuitive mais la développer peut s'apprendre. Cela suppose de s'intéresser sincèrement à l'autre, indépendamment de ce que nous souhaiterions pour lui. Quant aux relations interpersonnelles, l'envie de travailler avec les autres s'entretient au quotidien et une communication de qualité y a toute sa place. En ce sens, les six attitudes de Porter constituent une grille de lecture intéressante pour entretien et développer ces deux dimensions. En prenant conscience de son mode de fonctionnement et en choisissant d'adopter les attitudes appropriées aux situations et aux personnes, chacun peut créer les conditions d'amplification des talents d'autrui et d'un bien-être au travail.

Insight

Empathy and interpersonal relationships are two pillars of emotional intelligence. Thanks to empathy, we become more receptive and comprehensive towards others. Empathy is an intuitive faculty, but one can learn to develop it. It requires a sincere interest in others, independently of what we wish for them. The desire to work with others is something one can cultivate on a daily basis, particularly thanks to quality communication. The listening behaviors classified by Elias Porter can serve as an interesting guide to help us cultivate empathy and interpersonal relationships. By becoming aware of our own mode of functioning, and by choosing to adopt the appropriate attitudes towards people and situations, we can create conditions that encourage others' talents and increase our own well-being at the workplace.

Pourquoi l'utiliser ?

Objectifs

› Connaître les différentes attitudes et les réactions qu'elles peuvent induire.

› Développer l'attitude de compréhension empathique et de reformulation.

Contexte

Dans les années 50, le psychologue américain Elias Porter, collaborateur de Carl Rogers, a mis en évidence une typologie de six grandes familles d'attitudes auxquelles nous avons spontanément recours dans nos relations interpersonnelles, ainsi que les effets possibles sur la personne à qui l'on s'adresse.

1. Évaluation, jugement.
2. Interprétation.
3. Soutien, aide.
4. Investigation, enquête.
5. Solution immédiate.
6. Compréhension, reformulation.

Comment l'utiliser ?

Étapes

1. **Choisir une situation interpersonnelle** avec une personne de son entourage professionnel et délimiter une séquence dans le temps. Par exemple, un point avec votre collègue Léa sur tel dossier.
2. **S'auto-observer lors de cette interaction professionnelle,** porter attention aux phrases dites, aux questions posées, et si possible noter ses propres interventions « en live », ou très rapidement à l'issue.
3. **Qualifier chaque intervention** ainsi que la réaction qu'elle a suscitée chez l'autre et son impact en termes d'esprit constructif et de bien-être au travail.
4. **Envisager les alternatives** de nature à améliorer la qualité de la relation et l'efficacité de l'interaction dans la durée. Écrire les phrases et questions qui pourront être utilisées lors d'un prochain échange.
5. **Mettre en application** lors d'un prochain échange.

Méthodologie et conseils

Questionner/investiguer, reformuler, soutenir sont des attitudes par lesquelles la personne cherche à comprendre le modèle du monde de l'autre, à faire émerger et recueillir des informations. Evaluer/juger, interpréter et conseiller (solution immédiate) sont des attitudes qui mobilisent la vision du monde de la personne qui les utilise. Elles peuvent permettre de donner du sens dès lors qu'elles sont respectueuses du monde de l'autre et proposées comme des suggestions (et non imposées).

Pour reformuler et être dans une attitude de compréhension empathique, il s'agit de résumer avec succès le point de vue de l'autre, c'est-à-dire de faire la synthèse de ce qui a été dit et ressenti, sans ajouter d'information. La reformulation peut être introduite par exemple par « Si je vous ai bien compris... », « Vous vous demandez comment/pourquoi... », « L'idéal pour vous serait de... ». L'indicateur d'une reformulation réussie pourra être un « Oui, c'est ça ! » spontané et congruent avec le non verbal de la personne. ■

« Nous devons apprendre à vivre ensemble comme des frères, sinon nous allons mourir tous ensemble comme des idiots. »
Martin Luther King

Avantages

- Les attitudes de Porter sont très utiles lorsqu'il s'agit de travailler sur la qualité de l'écoute, l'empathie et l'amélioration des relations interpersonnelles.

Précautions à prendre

- Bien que la classification soit simple, développer une attitude de compréhension empathique est coûteuse en attention et en énergie et demande de l'entraînement.

SUITE OUTIL 9 →

Les 6 attitudes de Porter

Comment être plus efficace ?

Savoir reconnaître et apprécier la situation et ses enjeux permet d'identifier l'attitude la plus appropriée à utiliser dans la relation interpersonnelle, en ayant conscience des effets produits possibles, positifs et négatifs.

Attitudes	Description	Réactions possibles
Jugement, évaluation	Porter un jugement, une critique positive ou négative. Institue un « juge » et un « jugé ».	☺ Se sentir valorisé et satisfait en cas de jugement connoté positivement ☺ Progresser à partir d'un jugement connoté « négativement » (sous réserve que l'évaluation concerne des faits et non la personne elle-même) ☹ Eviter les situations d'évaluation ☹ Critiquer son « juge » ou s'opposer à lui ☹ Vouloir rester à la hauteur des évaluations positives
Interprétation	Expliquer ce qui vient d'être dit par des suppositions, hypothèses, causes implicites. Institue un « sachant » et un « apprenant-interprété »	☺ Obtenir un éclairage différent, aller plus loin dans la compréhension ☹ Bloquer la communication en cas d'interprétation hâtive ou sauvage ☹ S'opposer à la personne qui cherche à l'interpréter
Soutien, aide	Faire preuve de sympathie, de réconfort moral, d'adhésion émotionnelle et/ou intellectuelle. Institue un « aidant » et un « aidé »	☺ Etre rassuré, consolé, pris en charge au moment où l'on en a besoin ☹ Se sentir dévalorisé ☹ Refuser l'aide et le soutien ☹ S'opposer au donateur trop intrusif
Investigation, enquête	Poser des questions pour en savoir plus, pour vérifier des intuitions. Institue un « enquêteur » et un « questionné »	☺ Mieux cerner le sujet, élargir sa vision des choses ☹ Vivre les questions comme un interrogatoire ☹ Modifier les réponses que la personne aurait données spontanément ou omettre de tout dire ☹ S'opposer au « policier » qui l'empêche de parler librement et veut soutirer des réponses
Solution immédiate	Proposer très vite une solution. Indiquer à autrui ce qu'il devrait faire. Institue un « décideur » et un « assisté »	☺ Agir rapidement dans la mise en œuvre d'actions ☹ Résister ou refuser la solution ☹ S'opposer au « décideur » qui n'a pas pris le temps de l'écouter jusqu'au bout
Compréhension, reformulation	Exprimer ce qui est perçu et compris des sentiments et idées d'autrui. Comprendre autrui avec empathie. Institue un « écoutant » et un « écouté »	☺ S'exprimer en se sentant écouté et compris ☺ Faciliter l'approfondissement de ce que la personne a à dire ☺ Etre invité à chercher ses propres solutions ☹ Se sentir en insécurité si cette modalité d'écoute est peu fréquente ou nouvelle

ÉTUDE DE CAS Cartographie des attitudes de Porter de Didier

Contexte

Didier est Directeur Administratif et Financier au sein d'une entreprise de 400 personnes et encadre 5 personnes. Dans le cadre d'un programme de développement managérial, il bénéficie d'un feedback 360° qui met en évidence des axes de progrès dans le développement de son équipe, ainsi que dans les relations interpersonnelles. Il a travaillé sur l'identification de ses attitudes à partir du modèle de Porter. Il a représenté dans des bulles claires ce qui est de nature à améliorer la qualité des relations avec ses collaborateurs, et dans des bulles foncées ce qui pourrait la réduire.

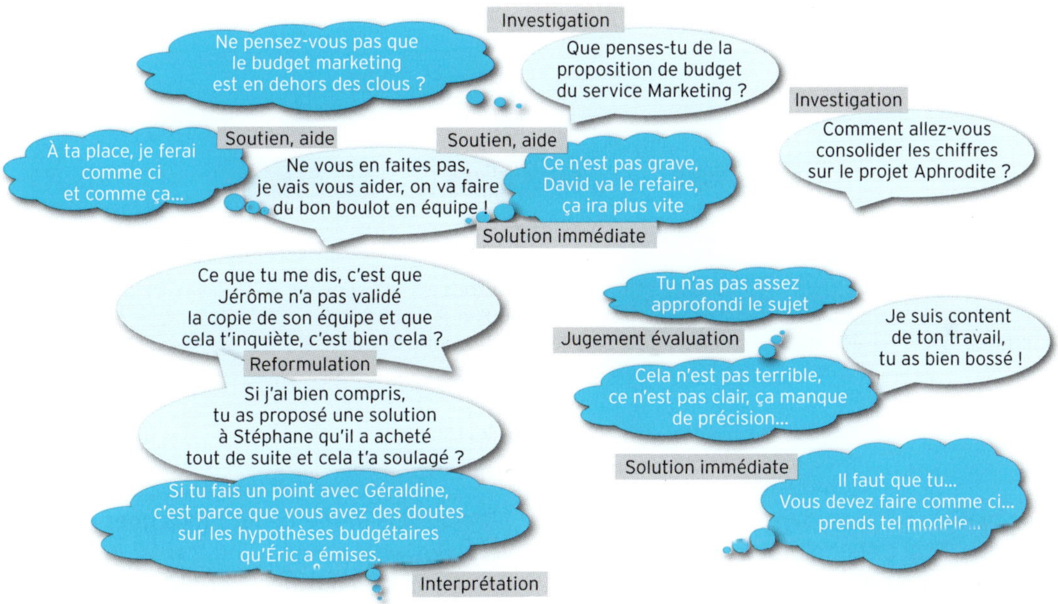

Résultats obtenus

› Une prise de conscience : l'utilisation fréquente du jugement, de l'évaluation et de l'interprétation ; le repli et la rébellion que cela provoque dans l'équipe ; l'effet limitant sur la prise d'initiative ; l'impact généré sur l'accroissement de sa propre charge (réelle et mentale) de travail

› Des points d'appui : sa capacité à repérer les efforts, les progrès et le travail est bien fait ; une aisance plus grande dans la reformulation lorsqu'il est en face à face.

› Des choix de posture et de comportements pour améliorer le bien-être au travail : limiter les évaluations et les remplacer par des questions exploratoires pour renforcer le lien avec ses collaborateurs ; reformuler plutôt qu'interpréter, et attendre le « oui » de l'autre avant d'aller plus loin.

OUTIL 10

La « life map » (ou carte de vie)

ACCROÎTRE SON BONHEUR EN REVISITANT SES ACTIVITÉS QUOTIDIENNES

Activités de la journée du..../..../........	Moments Magiques	Activités Absorbantes	Projet Ayant Du Sens	+ ou - ou =
Activité A	✓	✓	✓	+
Activité B	×	×	×	-
Activité C	×	×	×	-
Activité D	✓	×	×	=
Activité E	✓	✓	✓	=
Activité F	×	✓	×	+
Activité G	×	×	✓	-
...				

PLAISIR ENGAGEMENT SENS

En résumé

« Le diable se trouve dans les détails », dit le proverbe. Et si c'était plutôt le bien-être au travail que l'on pouvait y trouver ?! La « life map » créée par le Dr Ilona Boniwell invite à cartographier chacune des activités de son quotidien professionnel, en s'interrogeant sur le plaisir que l'activité suscite, sur l'engagement qu'elle génère, et sur le sens qu'elle véhicule. Fondée sur le modèle PERMA de Martin Seligman, cette « Life Map » mobilise l'attention de la personne sur ce qui peut être vecteur de bien-être et d'efficacité sur le plan professionnel. Ainsi, il devient possible d'accroître son niveau de bonheur au travail en revisitant ses activités quotidiennes.

Insight

"The devil is in the detail": thus goes the proverb. But what if well-being *is what is hiding in the unsuspected aspects of our workday ? Dr. Ilona Boniwell's Life Map invites us to plot all of our daily professional activities on a diagram and to question ourselves about the pleasure we can derive from each activity, the commitment it inspires, and the meaning it transmits. Based on Martin Seligman's PERMA model, the Life Map directs our attention to aspects that can provide renewed impulse for our well-being and our efficiency on a professional level. Thus, you can increase your level of happiness by simply passing your daily activities under review.*

Pourquoi l'utiliser ?

Objectif

› Accroître son bonheur en identifiant les leviers d'action dans les activités du quotidien.

› Mettre en perspective les différentes activités de son quotidien et leur donner du relief.

Contexte

Créée par le Docteur en Psychologie Ilona Boniwell, fondatrice de Positran la « Life Map » s'appuie sur le modèle PERMA développé par Martin Seligman, acteur majeur de la psychologie positive et professeur à l'université américaine de Pennsylvanie. PERMA signifie : Emotions **P**ositives, **E**ngagement, **R**elations, le sens (**M**eaning) et l'**A**ccomplissement.

Comment l'utiliser ?

Étapes

1. **Passer en revue sa journée** (ou une journée typique de sa vie) **et compléter toutes les activités réalisées, de façon la plus exhaustive possible,** y compris les activités comme « prendre le métro » ou encore « discuter à la cafétéria avec Malika »
2. **Pour chaque activité, préciser si c'est un moment magique** (source de plaisir) **et/ou un moment absorbant** (dans lequel l'engagement était total) **et/ou un projet ayant du sens** (au regard de ce qui est important pour chacun) : Cela peut être les trois, aucun des trois, ou une combinaison !
3. Indiquer pour chaque activité si le souhait est qu'elle se produise davantage (+), moins (-) ou que cela reste à l'identique (=)
4. **À partir de ce travail, identifier ce que l'on va faire plus ou mieux, ce que l'on va réduire ou arrêter, ce que l'on va continuer de faire à l'identique,** et prendre un engagement avec soi-même pour le lendemain d'agir selon ces axes… et s'y tenir !
5. **Ajuster ainsi sur une semaine et observer l'évolution de votre bien-être.** Célébrer les améliorations et les victoires du quotidien et apprécier les moments agréables et constructifs.

Méthodologie et conseils

› L'analyse des relations de travail est un axe transversal à la « Life Map » qu'il peut être intéressant d'intégrer à l'étude de la journée décrite, en regardant quelles sont les personnes, ou les typologies de personnes, qui sont liées aux activités procurant plaisir, engagement et sens au travail.

› Pour une meilleure efficacité de la « Life Map », il est conseillé de lister toutes les activités du quotidien, y compris celles qui sortent du champ professionnel, comme « se brosser les dents » ou « lire tel roman dans le métro ». En effet, les bonnes idées en lien avec le champ professionnel peuvent apparaître en dehors du travail, et que le temps passé au travail peut être ponctuellement l'occasion d'activités plutôt personnelles, génératrices de bien-être. ■

« Pour bien vivre, il ne suffit pas d'être heureux. L'important, c'est de faire les choses qui nous obligent à nous dépasser, à évoluer, à exprimer pleinement notre potentiel. »
Mihaly Csikszentmihalyi

Avantages

■ La « Life Map » utilise les activités du quotidien pour identifier les « pépites » et les « parasites » qui influent sur le bien-être au travail. Elle apporte ainsi un éclairage très concret sur les leviers opérationnels et relie la réflexion à l'action pour faire changer les choses… en mieux !

Précautions à prendre

■ La « Life Map » doit faire l'objet d'une approche holistique de la personne et de ses activités. Il n'est pas pertinent de « classer » définitivement telle type d'activité dans « à supprimer » ou « à accroître), car les actions sont toujours à mettre en lien avec un contexte à un moment donné.

SUITE OUTIL 10 →

La « life map » (ou carte de vie)

Comment être plus efficace ?

Le modèle PERMA a été développé par Martin Seligman, acteur majeur de la psychologie positive et professeur à l'université américaine de Pennsylvanie, dans son livre *Flourish* en 2011. Ce modèle PERMA est constitué de cinq éléments essentiels afin que chacun puisse pleinement jouir d'un bien-être durable : les émotions positives, l'engagement, les relations, le sens et l'accomplissement.

P comme *Positive Emotions* (émotions positives)

L'expression de la gratitude, de la satisfaction, du plaisir, de l'espoir et de l'amour entre dans cette catégorie. Exprimer des émotions positives aussi souvent que possible renforce la réussite, la santé, la résilience (capacité de l'individu à faire face à une situation difficile) et décuple le sentiment de satisfaction.

Réfléchir aux moments, aux personnes, aux actions qui apportent le plus de satisfaction au travail favorise donc le bien-être au travail, alors allons-y !

E comme *Engagement*

En s'engageant dans un projet, la concentration dans l'action mobilise toutes les ressources cognitives et émotionnelles et devient totale. Ainsi, la préoccupation de soi-même s'atténue, ce qui favorise l'émergence d'un sentiment de contribution à quelque chose de plus large et d'accomplissement de soi en tant que professionnel. Restreindre les sources de distraction et œuvrer sur des challenges passionnants est gage de bien-être !

R comme *Relationships* (Relations aux autres)

Entretenir des relations positives avec autrui (ses collègues, ses amis, sa famille, ses voisins, les commerçants du quartier...) participe au sentiment de bien-être global et impacte significativement la qualité de vie au travail.

Apprécier l'autre tel qu'il est, pratiquer l'écoute active, soigner ses relations en y consacrant du temps est bénéfique à l'édification de relations saines et constructives.

M comme *Meaning* (Recherche de sens)

Les valeurs, les projets de vie, les croyances entrent dans cette rubrique, en colorant chaque action de filtres propres à chacun, en lien avec son histoire. Donner du sens à son travail est un élément essentiel à l'expression du bien-être.

A comme *Achievement* (Accomplissement, réalisation de soi)

Atteindre un ou des objectifs importants à ses yeux et se réaliser en tant que professionnel et plus largement en tant que personne, favorise la plénitude et contribue au bien-être au travail.

ÉTUDE DE CAS La « life map » de Nicolas

Contexte

Nicolas est directeur de projets au sein d'une société de conseil et d'intégration IT. Il passe la plupart de son temps en réunion et souhaiterait optimiser son temps et retrouver la motivation et l'engagement qu'il avait à ses débuts dans ce poste. Conscient d'être plus réactif que proactif ces derniers temps, il souhaite prendre du recul sur son activité au quotidien pour identifier les leviers d'action.

Extrait de la « life map » de Nicolas

Activités de la journée	Moments Magiques	Activités Absor-bantes	Projet Ayant Du Sens	+ ou - ou =
Relecture dossier Ximot au petit déjeuner	×	×	×	-
Métro pour aller bosser	×	×	×	=
Saluer mes collègues de l'étage	✓	×	✓	=
Prendre un café avec ma boss pour préparer réunion Ximot	✓	×	×	-
Réunion projet Ximot	×	×	✓	=
Café débriefing de la réunion avec FXD, AD et SD	×	✓	✓	+
Entretien recrutement	×	✓	✓	=
Échange tel avec la RH	×	×	✓	+
Déjeuner extérieur avec mon ami JB	✓	×	✓	+
Lecture/traitement mails avec café	×	×	×	+
Réunion projet Clarinette	✓	✓	✓	=

Quelques conclusions tirées par Nicolas

Assez peu de moments magiques et d'activités absorbantes, même si les actions menées ont majoritairement du sens.

Du plaisir et de l'intérêt trouvés dans les moments partagés alors qu'il a tendance à limiter les temps d'échange pour avancer sur les dossiers.

Actions décidées par Nicolas

Multiplier les échanges informels propices à éclairer sa réflexion.

Se ménager un temps seul après le repas, pour le traitement de ses mails.

Préparer ses réunions importantes en amont pour éviter l'effet « dernière minute ».

Résultats obtenus

Nicolas reçoit davantage de feedback, ce qui renforce l'alliance avec les contributeurs et impacte favorablement le pilotage de son projet. Il est plus efficace dans le traitement de ses mails même quand il sort prendre l'air le midi.

OUTIL 11

Le tableau de bord du bonheur®

MESURER SON ÉTAT DE BIEN-ÊTRE GLOBAL POUR L'AMÉLIORER AVEC EFFICACITÉ

Source : Tableau de bord du bonheur © Dr Ilona Boniwell, Docteur en Psychologie - www. positran.fr

En résumé

Le « tableau de bord du bonheur » a été conçu par Ilona Boniwell, Docteur en Psychologie, pour donner à chaque utilisateur un aperçu visuel rapide de son état de bien-être global, grâce à des indicateurs établis et validés scientifiquement par la psychologie positive. Les sept indicateurs proposés sont présentés de manière facile à saisir et visuellement attrayante. Comme le tableau de bord d'une voiture ou le cockpit d'un avion, ce « tableau de bord du bonheur » utilise une gamme d'instruments permettant de fournir une image complète du bien-être de chacun. C'est un repère utile dans le milieu professionnel, pour faciliter l'identification de ce qui peut agir comme équilibrant dans les périodes difficiles, ainsi que ce qui est de nature à entretenir le réservoir de bien-être et d'engagement dans le quotidien.

Insight

Applying a series of indicators that are well established and have been scientifically validated by positive psychology, Dr. Ilona Boniwell's "Happiness Dashboard" provides each user with a rapid visual overview of his/her general state of well-being. The seven proposed indicators are visually attractive and easy to grasp. Like an airplane cockpit or car display, the Happiness Dashboard features an array of instruments that can provide each user with an all-encompassing overview of his/her well-being. It can serve as a useful reference in a professional environment: in difficult times, it serves to identify the factors that help us regain our balance; in our daily work, we can identify the elements that feed the reservoir of our well-being and motivation.

Pourquoi l'utiliser ?

Objectif

› Disposer d'un aperçu rapide de son état de bien-être global.

› Développer les leviers du bonheur et de l'engagement dans son environnement professionnel.

Contexte

Peut-on réellement mesurer le bonheur ? En se référant aux études scientifiques et aux échelles spécifiques sur le sujet, Ilona Boniwell nous montre qu'il est possible d'établir des indicateurs communs à tous pour mesurer le bonheur. Ces indicateurs permettent d'en former une image complète et donnent des éléments objectifs sur ce qui est de nature à impacter durablement le bonheur, ainsi que le bien-être au travail.

Comment l'utiliser ?

Étapes

Il s'agit de s'auto-positionner sur les sept dimensions du « Tableau de Bord du Bonheur » :

1. **Le niveau d'énergie :** Quel est mon niveau d'énergie en ce moment, sur une échelle allant de 1 (très bas) à 10 (très élevé) ?
2. **Le réservoir émotionnel :** Comment s'équilibre mon balancier émotionnel entre les émotions positives et les émotions négatives ? Quel pourcentage pour chacun des deux plateaux ?
3. **L'organisation du temps :** Comment se répartit mon temps entre ce que j'apprécie comme du « temps subi » et ce que j'apprécie comme du « temps choisi » ?
4. **La qualité de vie :** Tout bien considéré, à quel niveau se situe ma vie aujourd'hui, sur une échelle allant de 1 (pire vie possible) à 10 (meilleure vie possible) ?
5. **La zone de satisfaction :** Quel est le degré de satisfaction en ce qui concerne la santé ? les loisirs ? le travail ? les relations ? l'argent ?
6. **Le compteur de stress :** L'aiguille de mon compteur de stress est-elle en zone « cool », élevé ou en zone rouge ?
7. **Le bien-être eudémonique :** Dans l'ensemble, puis-je considérer que les activités de ma vie sont chargées de sens et de valeur, absorbantes et engageantes ?

Méthodologie et conseils

› Le « tableau de bord du bonheur » allie les deux versants du bonheur : le bonheur hédonique, celui qui touche à la satisfaction des plaisirs et au fait de se sentir bien dans sa vie (appréciation cognitive et versant affectif) ; et le bonheur eudémonique, ou « bonheur du processus », celui qui renvoie à la recherche de sens et au désir de bien faire, au bonheur que l'on trouve dans le fait de mobiliser un effort et de parcourir un chemin.

› Il est également possible de créer son propre tableau de bord du bonheur avec des indicateurs personnalisés, dont vous savez avec certitude qu'ils sont de nature à influencer votre propre niveau de bonheur et de bien-être au travail ! ■

« Les optimistes sont ceux qui arrivent à tout. Les pessimistes sont ceux à qui tout arrive. »
Martin Seligman

Avantages

■ C'est un outil simple, visuel, intuitif, dont les indicateurs sont validés par la recherche en psychologie positive et par les études scientifiques, qui permet de faire réfléchir chacun sur sa représentation du bonheur et sur les leviers pour y parvenir.

Précautions à prendre

■ Un point de vigilance : Cet outil n'est pas un outil de comparaison entre les personnes qui l'utilisent, car les mesures prévues peuvent varier en fonction des cultures, des caractéristiques démographiques et à travers les âges.

La courbe du changement

COMPRENDRE LES ÉTAPES DU CHEMIN DE L'ACCEPTATION D'UN CHANGEMENT

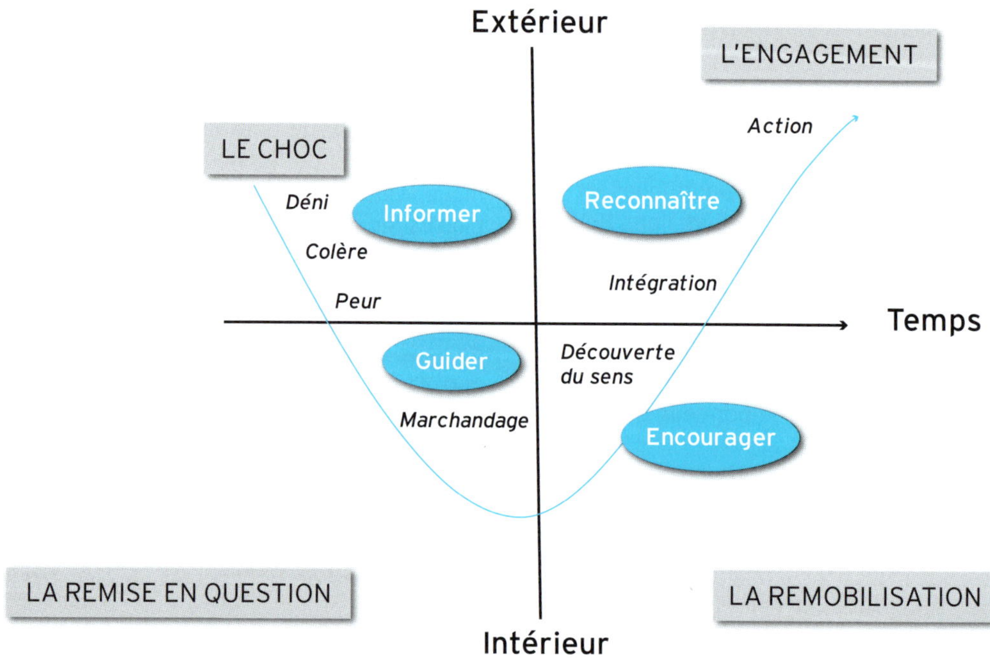

Source : Courbe du deuil d'Elisabeth Kübler-Ross adaptée à la conduite du changement

En résumé

Le changement est partout, l'adaptabilité et l'agilité sont devenues des vertus cardinales dans le monde du travail. Par ailleurs, chacun d'entre nous ressent en permanence des émotions et le changement est un déclencheur majeur d'émotions. Issue des travaux d'Elisabeth Kübler-Ross sur l'acceptation de situation difficiles, comme la maladie ou la perte d'un être cher, la courbe du changement illustre le cheminement émotionnel que traverse toute personne dans un changement, qu'il soit heureux ou moins heureux. En s'appropriant son propre vécu sur la courbe, la personne est prête à avancer pas à pas avec plus de confort et de bienveillance envers elle-même et envers les autres, ce qui sera générateur de mieux-être au travail.

Insight

Change is everywhere: adaptability and agility have become cardinal employee virtues. Moreover, each one of us is constantly experiencing emotions, and change is a major catalyst thereof. Based on Elisabeth Kübler-Ross's studies of the acceptance of difficult situations (such as illness or the loss of a loved one), the Change Curve illustrates the emotional path followed by anyone who is undergoing change, whether welcome or not. By tracing his/her own experience on the curve, the person will become more ready to start advancing step by step, with improved well-being and increased kindness toward oneself and others. This will also help create a greater sense of well-being at the workplace.

Pourquoi l'utiliser ?

Objectif

› Permettre un usage conscient et approprié de ses émotions pour mieux vivre le changement.

› Faciliter l'identification de ses propres ressentis et besoins associés.

Contexte

La courbe du changement peut être utilisée pour expliquer et mieux faire comprendre les mécanismes psychologiques qui sont en jeu dans le changement. Elle permet de donner du sens aux ressentis de chacun et de rassurer, le cas échéant, quant à la normalité de la largeur du registre émotionnel mobilisé.

Comment l'utiliser ?

Étapes

1. **Nommer précisément le changement dont il s'agit.** Par exemple : déménagement du lieu de travail ou changement de poste.

2. **S'accorder un temps d'accueil et d'observation de ses propres ressentis** (enthousiasme, inquiétude, agacement…), de ses sensations corporelles (tensions musculaires, légèreté, boule dans la gorge…), de ses pensées (« Youpi, ça va enfin se faire ! », « J'ai l'impression qu'on va dans le mur avec ce nouvel outil »…)

3. **Nommer les émotions ressenties dans la période présente :** si besoin, utiliser une liste descriptive d'émotions pour apporter la juste nuance dans l'expression de ses ressentis.

4. **Repérer leur registre d'expression sur la courbe du changement :** L'agacement et l'irritation rejoignent en général le registre de la colère, tandis que l'inquiétude et l'anxiété rallient celui de la peur. L'excitation peut indiquer la découverte du sens et l'impatience signifier l'envie de passer à l'action.

5. **Visualiser le chemin déjà parcouru et s'en féliciter :** certaines étapes ont peut-être déjà été franchies et c'est utile de le valoriser comme une avancée dans le processus de changement.

6. **Visualiser le chemin qui reste à parcourir avec auto-bienveillance**, les ressentis à venir, l'étape à laquelle cela correspond (choc, remise en question, remobilisation, engagement) et les modalités d'accompagnement les plus adéquats (informer, guider, encourager, reconnaître).

« Rien n'est permanent, sauf le changement. »
Héraclite d'Éphèse

Méthodologie et conseils

En période de changement, des émotions différentes cohabitent, comme la peur et l'envie ou la colère et la tristesse. Il est important de clarifier ce qui compose son réservoir émotionnel, quelle que soit la nature des émotions ressenties, et d'accepter cette cohabitation comme une des caractéristiques du changement.

Plusieurs changements peuvent coexister, dans ce cas il est préférable de faire l'exercice pour chaque changement séparément, puis de superposer les courbes pour visualiser et mieux comprendre ce qui se joue émotionnellement à l'intérieur de soi. Il est possible d'être à la fois en colère en raison de la nouvelle organisation du service et enthousiaste de prendre de nouvelles responsabilités. ■

Avantages

- La courbe du changement permet de faire le lien entre les étapes du changement et la dynamique émotionnelle individuelle. Elle donne des clés de lecture des réactions humaines et les moyens de mieux l'accompagner.

Précautions à prendre

- Comprendre la dynamique émotionnelle du changement est un premier pas mais ne suffit pas à bien le vivre. Il est nécessaire de savoir accueillir et utiliser à bon escient ses émotions pour améliorer le bien-être au travail dans les périodes de changement.

OUTIL
13

La dissociation simple

DÉSACTIVER LA CHARGE ÉMOTIONNELLE D'UN SOUVENIR « POLLUANT »

Source : Pixabay – FlickR (images libres de droit yc pour usage commercial)

En résumé

Nos souvenirs sont encodés dans notre cerveau émotionnel au travers de nos cinq sens : images, sons, sensations, odeurs, goûts. Ils peuvent ressurgir lorsque nous associons les éléments mémorisés à la situation présente, de façon agréable, à l'instar de la madeleine dégustée par Marcel Proust qui avait le pouvoir de raviver les souvenirs heureux de son enfance, mais aussi de façon désagréable, comme le passage par ce rond-point qui à chaque fois provoque des tensions musculaires depuis que vous y avez eu un accident de voiture. La dissociation permet de séparer la partie sensitive (visuelle, auditive, olfactive…) et le contexte d'un souvenir de son impact émotionnel. En ce sens, elle apporte une saine distance génératrice de mieux-être.

Insight

Our memories are encoded in our emotional brain via the five senses: images, sounds, touch, smell, taste. They can resurge whenever we associate memorized elements with our present situation. This can occur in an enjoyable way (as when the taste of tea-soaked madeleine cake revived Marcel Proust's happy childhood memories) or in a disagreeable way (as when you feel muscular tension each time you drive around the roundabout where you had that car accident). Kinesthetic dissociation enables you to separate the sensitive element (visual, aural, olfactory) and the context of a remembered event from its emotional impact. Thus it helps you gain a healthy distance from former events - which contributes, in turn, to increased well-being.

Pourquoi l'utiliser ?

Objectifs

› Désamorcer un automatisme émotionnel lié à un souvenir.

› Diminuer l'impact émotionnel d'un souvenir désagréable et gagner en sérénité.

Contexte

Développée par Milton Erickson et Richard Bandler, la dissociation est utile dans le traitement des peurs, des phobies ou des traumatismes. Elle facilite l'élimination d'une réponse indésirable et le rétablissement d'un confort au quotidien.

Comment l'utiliser ?

Étapes

1. **Identifier la situation problématique et son déclencheur** (mots, odeur, événement...)
2. **Qualifier le ressenti relatif à cette situation** : inquiétude, peur de ceci, colère, repli, pleurs...
3. **Si besoin, faire un état séparateur**, c'est-à-dire une action qui permet de se mettre dans un état émotionnel neutre. Par exemple, boire un verre d'eau ou dire son numéro de téléphone à l'envers
4. **Identifier et ancrer un état ressource (cf. outil 42)** : Prendre le temps de choisir un état ressource approprié. Il n'est pas nécessaire que ce soit diamétralement opposé à l'état souvenir. Il s'agit de trouver l'état ressource qui apportera de la confiance et du bien-être.
5. **Imaginer un écran de projection cinématographique blanc,** et se visualiser assis confortablement et situé à la bonne distance, ni trop près, ni trop loin.
6. **Projeter sur cet écran le film de la situation en activant l'ancre** de l'état ressource. Revoir ainsi la situation problématique en étant « dissocié », et commenter l'ensemble des paramètres de la scène en position de spectateur, d'analyste.
7. **Vérifier l'impact de la dissociation** : en évoquant la situation problématique et son déclencheur, les ressentis négatifs ont disparu ou se sont fortement atténués et la sérénité doit être accrue.
8. **En option, faire un pont vers le futur** (cf. outil 29) : trouver plusieurs situations à venir analogues à celle qui était problématique et vérifier qu'aucune réaction émotionnelle négative ne soit suscitée.

Méthodologie et conseils

Pour être efficace, la dissociation simple doit s'appliquer sur une situation concrète et bien contextualisée : situer les détails du lieu et de l'environnement, les mouvements de la scène, les couleurs, le temps qu'il faisait ce jour-là, les bruits environnants, les personnes présentes, leur âge, leur tenue, les odeurs... Plus la visualisation de la scène est précise et réaliste, plus la technique sera efficace.

Lors de l'étape de projection du film sur l'écran, il est conseillé de se mettre dans la peau du metteur en scène : vous avez la main sur tous les éléments de la scène pour la rendre plus sereine et agréable : le son, l'image, les couleurs, la vitesse de projection, le recadrage...

Enfin, le choix de l'ancre ressource est clé. Elle doit être choisie en lien avec le besoin : confiance, sérénité, détente... ■

La première chose à faire est de ne pas essayer de contraindre l'être humain à modifier sa manière de penser ; il est préférable de créer des situations dans lesquelles l'individu modifiera lui-même volontairement sa façon de penser. »
Milton Erickson

Avantages

- Devenir spectateur d'une situation permet de mettre à distance la charge émotionnelle associée et de « reprendre la main » sur l'analyse de la dynamique en jeu dans les réactions mobilisées.

Précautions à prendre

- Si la charge émotionnelle est trop forte, la dissociation simple la diminuera mais sera insuffisante. D'autres approches pourront être envisagées, comme l'EMDR par exemple.

Les pièges émotionnels

VIVRE PLEINEMENT ET SEREINEMENT SES ÉMOTIONS DANS LE PRÉSENT

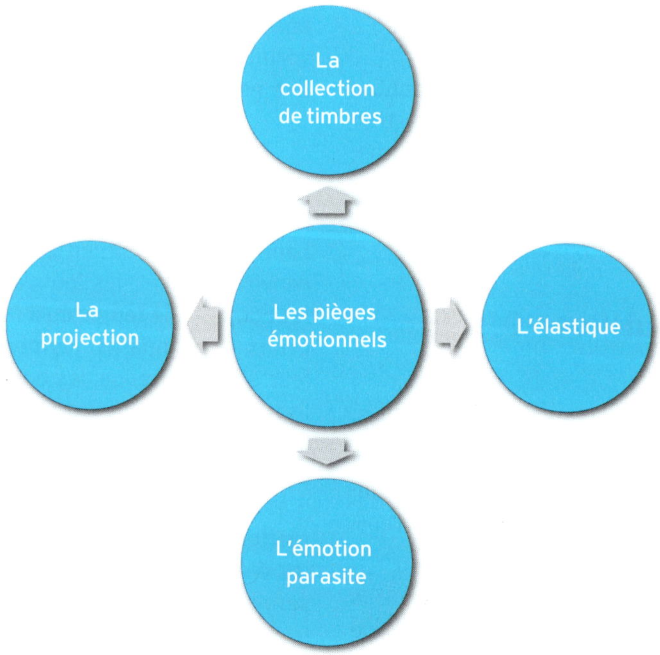

En résumé

Avez-vous déjà été surpris par une émotion disproportionnée à la situation ? Vous arrive-t-il de vous laisser embrouiller par des émotions parasites qui rendent peu lisible la situation ? Il arrive que nous nous heurtions aux émotions vécues dans l'enfance : fond latent d'inquiétude liée à une surprotection, sentiment de tristesse lié à une critique exacerbée... Faire preuve d'intelligence émotionnelle, c'est aussi savoir décrypter ces mécanismes et les déjouer, afin d'agir avec plus d'équilibre et un meilleur sens des responsabilités, pour vivre plus sereinement et utilement ses émotions dans le présent.

Insight

Have you ever been surprised by an emotion disproportionate to the situation ? Do parasitical emotions occasionally muddle your attempt to correctly interpret a situation ? Sometimes we are suddenly confronted with emotions we experienced in childhood: latent anxiety associated with overprotection, or a feeling of sadness caused by harsh criticism, etc. We can prove our emotional intelligence by learning to decipher and elude those mechanisms. If we learn to act with increased emotional stability and greater responsibility, we can experience our emotions more serenely and productively in the present moment.

Pourquoi l'utiliser ?

Objectif

› Identifier les mécanismes qui empêchent de vivre les émotions du moment présent.

› Utiliser à bon escient sa propre dynamique émotionnelle pour accroître son bien-être.

Contexte

Sortir d'un piège émotionnel nécessite d'être en mesure de le décrypter. C'est donc un outil qui peut être utilisé dès lors que l'on est à même d'accueillir ses émotions avec bienveillance et de les nommer.

Comment l'utiliser ?

Étapes

On distingue quatre mécanismes qui empêchent de vivre les émotions du moment présent :

› **La collection de timbres :** Quand il y a accumulation de frustrations, colères, vexations... jusqu'au trop-plein, l'émotion peut devenir disproportionnée par rapport à la situation. La collègue qui vous emprunte l'agrafeuse pour la première fois pourra ainsi recevoir une décharge d'agressivité, pleine des « emprunts sans retour » des autres collègues !

› **L'élastique :** Quand une émotion semble démesurée, c'est souvent parce qu'elle est liée à une situation passée qui ressurgit. La situation présente réactive une émotion ancienne restée prisonnière, qui revient tel un élastique qui se tend et claque.

› **L'émotion parasite ou racket émotionnel :** Elle se substitue à une autre émotion et la masque. Ce mécanisme se met en place dans l'enfance, quand l'émotion authentique n'est pas entendue ou déclarée dangereuse ou interdite. Par exemple, faire mine d'être inquiet en lieu et place de la colère provoquée par une décision.

› **La projection :** Elle consiste à attribuer aux autres, à notre insu, ce qui nous appartient : des pensées, des émotions, des besoins... Être gêné par la colère de l'autre est souvent le signe que l'on s'interdit soi-même de se mettre en colère !

Méthodologie et conseils

Pour détacher les élastiques : Utiliser la disproportion comme un indice et rechercher la situation passée, afin de faire la part des choses entre la part du passé et celle du présent.

Pour sortir du racket émotionnel : S'entraîner à reconnaître l'émotion juste en utilisant les manifestations émotionnelles physiques et physiologiques et décrypter les émotions déconcertantes, qui « sonnent faux » en situation. Puis, verbaliser le registre émotionnel réellement concerné puis l'émotion première.

Pour sortir de la collection de timbres : Exprimer l'émotion au fur et à mesure et utiliser son énergie au service d'une action constructive. En cas d'accumulation, restituer les timbres en clarifiant un dysfonctionnement est de nature à sortir de ce piège émotionnel.

Pour sortir du mécanisme de projection : Accueillir ce que l'on ressent au sujet des autres comme une invitation à revisiter le sujet pour soi et vérifier ses hypothèses ou intuitions en écoutant l'autre exprimer sa vision des faits. ■

« Ne coupe pas les ficelles quand tu pourrais défaire les nœuds. »
Proverbe indien

Avantages

■ Au travail, savoir « démêler » ses émotions et déjouer les pièges émotionnels libère une quantité importante d'énergie et permet de mettre chacun dans son périmètre de responsabilité. Cela facilite la mobilisation des forces et l'émergence d'une ambiance de travail propice au bien-être.

Précautions à prendre

■ Sortir des pièges émotionnels prend du temps et peut nécessiter l'aide d'un professionnel pour éviter de se faire prendre à ses propres pièges !

Les signes de reconnaissance

FAVORISER DES INTERACTIONS CONSTRUCTIVES GÉNÉRATRICES DE BIEN-ÊTRE

En résumé

La qualité d'une communication s'apprécie en examinant les signes de reconnaissance (ou *strokes*) échangés entre les personnes. Chacun a besoin d'avoir des contacts et d'être reconnu de façon appropriée. L'analyse transactionnelle nous aide à mieux comprendre et gérer nos échanges de signes de reconnaissance. Lorsqu'ils sont positifs, ils représentent les ingrédients fondamentaux de l'estime de soi et du bien-être. Savoir demander, donner, recevoir, refuser et se donner des signes de reconnaissance permet d'avoir une interaction constructive avec son interlocuteur et d'être acteur dans l'émergence du bien-être.

Insight

One can assess the quality of a message exchanged between two people by examining the units of recognition or strokes *it contains: everyone wants to have contacts and be appreciated! Transactional analysis (TA) helps us better grasp and manage the way we exchange strokes: positive strokes are fundamental ingredients of self-esteem and well-being. Knowing how to ask, give, receive, refuse and offer strokes enables us to enjoy constructive interchange with our interlocutors while actively contributing to a collective sense of well-being at the workplace.*

Pourquoi l'utiliser ?

Objectif

› Donner et recevoir des signes de reconnaissance dans ses interactions professionnelles.

› Adapter sa communication en générant une énergie positive et constructive.

Contexte

Éric Berne, fondateur de l'Analyse Transactionnelle, utilise le terme de « stroke », qui désigne une unité de reconnaissance. Il distingue quatre types : positifs, négatifs, conditionnels, inconditionnels. Un signe de reconnaissance conditionnel est factuel, précis, circonstancié et concerne le « faire », alors qu'un signe inconditionnel est relatif à « l'être » de la personne dans sa globalité. Un signe de reconnaissance peut être verbal (un mot, « bonjour ») ou non verbal (un client d'œil, un sourire).

Comment l'utiliser ?

Étapes

L'utilisation des signes de reconnaissance ou *strokes* est à adapter en fonction des objectifs que la personne se donne :

1. **Le stroke positif conditionnel :** Il est utile pour valoriser une action, un résultat, ou pour conforter un comportement. Il développe la confiance en soi. Exemple : « Bravo, tu as réalisé une excellente présentation ! »
2. **Le stroke négatif conditionnel :** Il est nécessaire pour réaliser une critique constructive ou pour recadrer. Il se doit d'être précis et de décrire uniquement les faits, sous peine de ne pas être compris et donc rejeté. Exemple : « Le document que tu m'as remis comporte des fautes d'orthographe. »
3. **Le stroke positif inconditionnel :** Il porte un jugement de valeur positive et favorise la responsabilité. Il permet de valoriser le travail de l'autre. Exemple : « J'ai beaucoup apprécié ton intervention, merci à toi, tu es une excellente oratrice ! »
4. **Le stroke négatif inconditionnel :** Il est dévalorisant voire destructif et amène sur le chemin de la rupture relationnelle. À ce titre il est à proscrire. « Tu es nul ! »

Méthodologie et conseils

Les signes de reconnaissance obéissent à une règle humaine fondamentale : mieux vaut un signe de reconnaissance négatif que pas de signe de reconnaissance du tout. Au travail, un salarié qui se sent mis à l'écart lors d'une réunion d'équipe pourra se faire remarquer en faisant du bruit ou en pianotant ostensiblement sur son smartphone !

Il n'y a pas de bons ou de mauvais signes de reconnaissance, hormis les strokes inconditionnels négatifs. Il est aussi important de féliciter un collègue qui vient de boucler un dossier que de marquer son désaccord sur une action ou critiquer (constructivement) une présentation. ■

« Toute interaction entre personnes est motivée par la recherche de signes de reconnaissance. »
Claude Steiner

Avantages

- Les signes de reconnaissance sont une ressource naturelle et à la portée de tous. Le stroke positif génère une véritable boucle vertueuse et est un élément clé du bien-être au travail. Comme le dit Claude Steiner, « à mesure que nous constatons combien nos signes de reconnaissance sont appréciés, nous commençons à en recevoir en retour et mesurons l'absurdité des règles de l'Economie des Signes de Reconnaissance ».

Précautions à prendre

- Un signe de reconnaissance doit être honnête et pas artificiel, sinon il générera de la confusion et sera contre-productif.

DOSSIER

3 PRENDRE SA PLACE FACE À AUTRUI

Prendre sa place face à autrui n'est pas toujours simple. Et ce d'autant moins que, lorsqu'il y a des enjeux dans les relations, s'installent inconsciemment et instinctivement des rapports de force. Or, l'entreprise constitue un environnement privilégié pour les relations à enjeux et les rapports de force. Pour s'affirmer dans le respect de soi et de l'autre, on peut :

› Chercher à comprendre ce qui se joue dans un groupe. L'assertivité et le positionnement grégaire (outil 16), modèle proposé par l'IME (Institut de Médecine Environnementale), permettent de regarder ce qui se joue dans un groupe selon que la confiance en soi et la confiance en l'autre sont plus ou moins fortes voire excessives. De la position de chacun sur ces deux axes va dépendre la qualité de la relation entre les membres d'un groupe. Certaines personnes vont avoir tendance à chercher à dominer ou à se soumettre. Cette attitude, si elle est répétée voire assez systématique, constitue le terreau de jeux psychologiques que Stephen Karpman a schématisé dans le triangle dramatique (outil 17). Savoir que chacun peut devenir acteur du triangle dramatique et identifier la relation étroite qui lie les rôles impliqués permet de désamorcer les jeux psychologiques, donc les tensions et, ainsi, maintenir le bien-être au travail ;

› Prendre conscience qu'au lieu d'apporter une aide véritable, correspondant à une demande explicite, on entre parfois en sauvetage (outil 18) ; ce qui n'est vertueux ni pour soi ni pour la personne « sauvée » ;

› Élargir sa vision du monde en s'ouvrant à celle de son interlocuteur par la pratique des Positions de perception (outil 19). Cet exercice permet de se mettre à la place de chaque acteur de la relation tout en regardant également la relation elle-même ;

› Apprendre à entrer volontairement en relation avec l'autre en se mettant sur la même longueur d'onde par la synchronisation (outil 20) ;

› Communiquer en respectant ses besoins et ceux de l'autre. Le message-JE (outil 21) propose une première approche d'identification et de formulation de ses besoins. La communication NonViolente® (outil 22), elle, invite à développer la créativité à prendre soin des besoins de tous.

A également contribué à la rédaction de ce dossier : Françoise Keller (outil 22), coach certifiée Coach & Team, formatrice certifiée par le CNVC, agréée par le Centre Français de Sociocratie et fondatrice de la société Concertience.

LES OUTILS

16 L'assertivité 56
17 Le triangle dramatique 60
18 Le sauvetage 62
19 Les positions de perception 64
20 La synchronisation 66
21 Le message JE 68
22 La Communication NonViolente® 70

L'assertivité

CONSTRUIRE UN ÉQUILIBRE ENTRE CONFIANCE EN SOI ET CONFIANCE EN L'AUTRE ET PRENDRE SA PLACE AVEC RESPECT

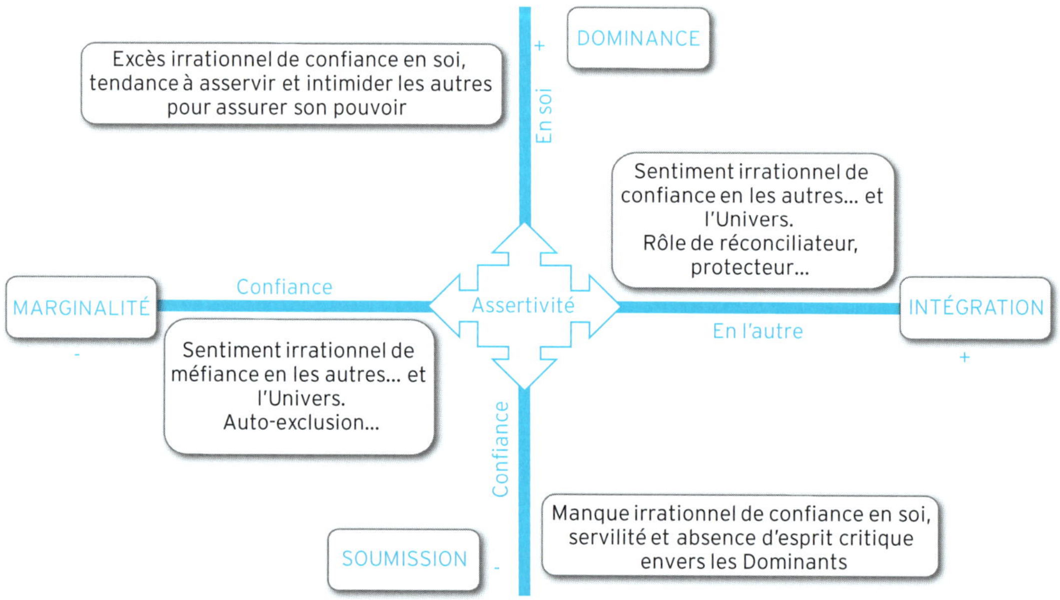

Sources : IME (Institut de Médecine Environnementale) - Positionnement grégaire
INC (Institute of NeuroCognitivism) - A.N.C. (Approche Neurocognitive et Comportementale)

En résumé

Comprendre ce qui se joue inconsciemment et instinctivement dans un groupe permet de limiter les rapports de force et faciliter la coopération. Le modèle du positionnement grégaire, proposé par l'IME (Institut de Médecine Environnementale), met en correspondance la confiance en soi (dominance ou soumission) et la confiance en l'autre (marginalité ou intégration). La position de chacun sur ces deux axes va dépendre de son vécu, des circonstances et de la nature du groupe dans lequel il va se trouver. Étant entendu que l'assertivité est l'aptitude de chacun à faire valoir au mieux ses intérêts et son bien-être tout en respectant le groupe.

Insight

By understanding what is going on unconsciously and instinctively within a group, we can limit the influence of power relationships, while encouraging cooperation among group members. The "gregarious positioning" model proposed by the Paris Institute of Environmental Medicine (IME) relates self-confidence (dominant vs. submissive) with trust in others (marginality vs. integration). Each individual's position on those two axes depends on what he/she has experienced, and on the circumstances and nature of the group. In this context, assertiveness can be defined as the ability to affirm one's interests and well-being while respecting the group's specific traits.

Pourquoi l'utiliser ?

Objectif

- Savoir s'affirmer dans le respect de soi et des autres.
- Comprendre ce qui se joue dans un groupe.
- Gagner en bien-être dans la relation.

Contexte

S'affirmer n'est pas prendre le pouvoir sur quelqu'un ou défendre ses opinions de manière agressive. L'assertivité, définie par Alberti et Emmons, correspond aux capacités d'une personne lui permettant d'agir au mieux dans son intérêt, de défendre son point de vue sans anxiété exagérée, d'exprimer avec sincérité et aisance ses sentiments et d'exercer ses droits sans dénier ceux des autres. S'affirmer c'est donc tenir sa place au sein d'un groupe dans le respect de soi et du groupe. C'est également construire un équilibre entre confiance en soi et confiance en l'autre.

Comment l'utiliser ?

Étapes

1. **Comprendre ce qui se joue dans un groupe :** entre deux personnes comme dans tout groupe, dès qu'il y a des enjeux, il y a des rapports de force. Certains sont rationnels, logiques (défendre les intérêts de son entreprise, par exemple) ; d'autres sont irrationnels. C'est dans le cadre de ces rapports de force que vont s'exprimer les polarités du modèle du positionnement grégaire de l'IME. Selon que l'on se sent supérieur ou inférieur aux autres, on va exercer de la dominance ou se soumettre. Selon que l'on est confiant ou méfiant vis-à-vis du groupe, on va chercher à s'intégrer ou à se tenir à l'écart.
2. **Prendre conscience de son propre mode de fonctionnement :** l'expression du positionnement grégaire est très intuitive et instinctive. On peut « sentir » ce qui se joue pour nous mais on ne peut pas le contrôler. Il convient donc d'observer comment on agit, selon les interlocuteurs, les circonstances, les enjeux... Apprendre à se connaître pour développer la confiance en soi et gagner en bien-être dans la relation.
3. **Cultiver l'assertivité :** s'affirmer, c'est cultiver l'assertivité ; c'est donc être en mesure d'évoluer sur les 2 axes du modèle du positionnement grégaire de l'IME. Lorsque, en situation d'enjeu, l'instinct grégaire est mis en action, on ressent, en présence d'autrui, une tension qui pousse à l'action ou, au contraire, du stress qui invite au retrait psychologique ou physique. Pour cultiver une assertivité saine et vertueuse, on peut, avant d'agir, prendre un temps pour prendre conscience de ce que l'on ressent et s'assurer que c'est en accord avec ce que l'on souhaite plus qu'avec ce que l'on défend.

« On peut répandre la lumière de deux façons : être la bougie, ou le miroir qui la reflète. »
Édith Wharton

Méthodologie et conseils

Connaître ses réactions face à certaines personnalités ou dans certains contextes (réunions...) permet d'anticiper et de mieux se préparer à ces situations/relations à fort enjeu. ■

Avantages

- Pour un manager, comprendre ce qui se passe dans un groupe, avoir conscience des rapports de force qui se jouent permet de les prendre en compte pour animer le groupe, dans le respect de chacun.

Précautions à prendre

- Le comportement grégaire est inconscient et instinctif. Il se contrôle difficilement.

SUITE OUTIL 16 →

L'assertivité

Comment être plus efficace ?

Entendre et voir le positionnement grégaire

Le positionnement grégaire s'exprime autant dans la communication verbale que non-verbale d'une personne. En observant, on peut donc décoder ce qui se passe pour les participants à une réunion, par exemple. Si l'on est manager ou animateur de la réunion, on peut s'appuyer sur ces observations pour faire avancer le groupe, toujours dans le respect de chacun. L'enjeu n'est pas de pointer un comportement mais de le prendre en compte et de l'amener à considérer un point de vue moins pulsionnel et plus objectif sur la situation / le point de discussion… Pour cela, il convient de questionner sans remettre en cause (voir page suivante).

Un mode de fonctionnement inconscient et difficilement contrôlable

Le positionnement grégaire est un mode de fonctionnement, il peut donc s'appliquer à toute relation et toute situation pour peu que celles-ci engagent un rapport de force. Il répond à une pulsion instinctive et est difficilement contrôlable. La plupart des individus sont généralement centrés, assertifs. Les niveaux les plus extrêmes de chaque axe du modèle proposé par l'IME concernent moins de 1 % de la population.

Réalité et vécu du comportement grégaire : deux positions opposées

On se vit généralement à l'inverse de ce que l'on est : un comportement dominant aura peur de ne jamais prendre assez de place ; un comportement soumis de toujours en prendre trop. Un comportement intégré aura peur d'être trop méfiant et un comportement marginal d'avoir trop confiance.

Pour repérer un comportement dominant chez une personne, on pourra prêter attention à la recherche récurrente par cette personne à intimider ou manipuler (en jouant la fausse victime) son entourage.

Régulation interne du positionnement grégaire

Dès qu'une personne s'éloigne trop de son positionnement naturel et spontané, une réaction automatique va la ramener à ce point d'équilibre en la faisant passer, d'abord, par l'autre côté du point d'équilibre. C'est l'autorégulation. Ainsi, une personne dominante qui va faire l'expérience de l'humiliation reviendra à son point d'équilibre (naturellement dominant) en passant par une phase d'excès de dominance.

Gérer une personnalité dominante

En tant que manager ou salarié, pour gérer une personnalité dominante, il convient de rester neutre, ferme et centré sur son objectif. Il ne faut pas essayer de convaincre ni même de discuter ; il faut en dire le moins possible. Rester calme, détendu, faire comme si la situation est normale et ne pas montrer sa peur éventuelle. En termes d'échange, si nécessaire ou contraint, pratiquer le ni oui / ni non et la répétition factuelle et continue de la consigne ou de l'information (effet « disque rayé »). Ces situations ne sont pas simples à gérer et peuvent générer du stress ou de la colère. Dans ce cas, autant que faire se peut, mieux vaut se taire jusqu'à ce que l'émotion se soit apaisée.

EXEMPLE De gestion relationnelle du positionnement grégaire

Faire confiance et introduire un doute constructif	
Positionnement grégaire	**Modalités de questionnement**
Dominance	• Il est possible qu'on ne reconnaisse pas suffisamment tes qualités, quels sont les éléments qui te font dire cela ? • Peut-être que cette personne exagère, qu'est-ce qui te fait dire cela ?
Soumission	• Peut-être as-tu oublié quelque chose, qu'est-ce qui te fait dire cela ? • Et si c'était moi qui avais fait cette erreur, qu'est-ce que tu me ferais comme reproche ?
Intégration	Il t'a regardé de travers ? C'est possible, à quoi vois-tu vraiment cela ? On nous cache quelque chose, peut-être, mais quoi exactement ?
Marginalité	Tu le sens bien, tant mieux, mais quels sont les éléments objectifs qui te donnent confiance ? C'est vrai que les intuitions sont importantes, et quels sont les éléments qui te disent que tu es vraiment dans le juste ?

Source : IME - INC (Institute of NeuroCognitivism) / Positionnement Grégaire

Parce qu'il est pulsionnel, face à un comportement grégaire, il convient de :

› Se détendre ; de rester neutre et objectif ;

› Reconnaître avec bienveillance les comportements ; faire confiance et faire réfléchir en introduisant un doute constructif.

Dans le tableau ci-dessus, sont répertoriés quelques questionnements pour mettre en doute sans remettre en question une personne selon les quatre dimensions du modèle du positionnement grégaire proposé par l'IME.

Le positionnement grégaire est un comportement autorégulé. Comme il se construit dans l'enfance et se fige à l'âge adulte, il ne peut pas être modifié. S'il est déstabilisé, l'autorégulation gèrera le déséquilibre et fera en sorte de redonner au positionnement grégaire son équilibre naturel. C'est pourquoi, en termes de gestion du positionnement grégaire, il faut accepter que celui-ci ne disparaît jamais. Pour un manager, il peut être judicieux d'encourager les comportements qui essaient de tendre vers plus d'assertivité.

Il n'est pas facile de gérer un positionnement grégaire. Ne pas hésiter à pratiquer à froid avant de le faire en situation.

Le triangle dramatique

PRENDRE CONSCIENCE DES RAPPORTS DE FORCE ET DES MÉCONNAISSANCES ASSOCIÉES POUR DÉJOUER LES JEUX PSYCHOLOGIQUES

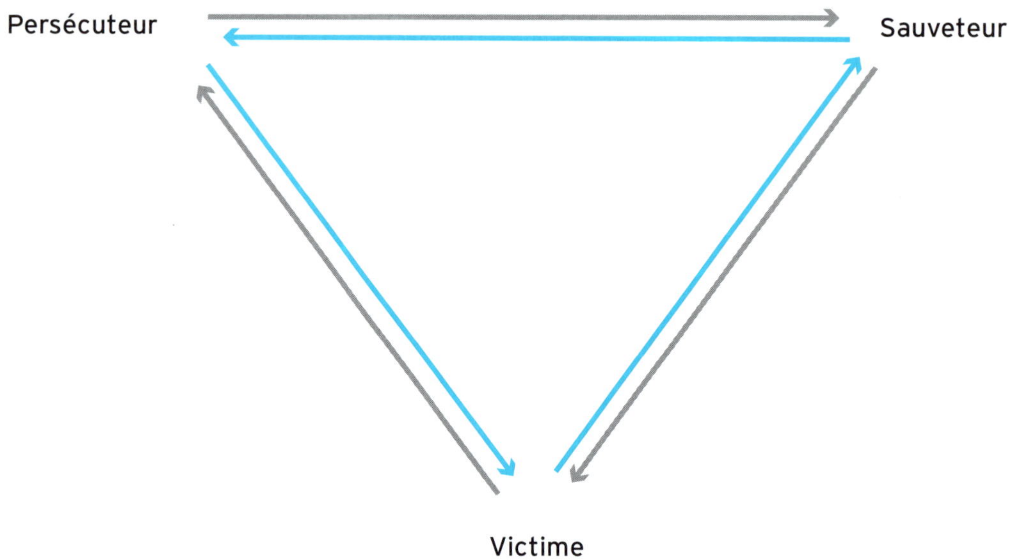

Source : Triangle Dramatique - Stephen D. Karpman M.D.

Le jeu psychologique repose à la fois sur une relation déséquilibrée par l'introduction d'un rapport de force, et sur les méconnaissances de chacun des protagonistes par rapport à la situation. Une méconnaissance correspond, en Analyse Transactionnelle, à un mécanisme inconscient qui conduit à ne pas voir la réalité telle qu'elle est (déni de réalité).

En résumé

En 1968, Stephen Karpman, psychologue américain spécialisé en Analyse Transactionnelle, schématise un jeu psychologique basé sur les rapports de force et mettant en scène trois rôles étroitement liés : la Victime, le Persécuteur et le Sauveteur. Chacun de nous est susceptible, de manière inconsciente, d'endosser l'un ou l'autre de ces rôles selon le contexte, l'environnement et son état d'esprit. Dès lors qu'il y a recherche de victimisation ou de domination dans une relation, il y a potentiellement un risque de jeu psychologique, source de déséquilibre dans la relation, de tension et de malaise.

Insight

In 1968, Stephen Karpman, an American psychologist specialized in TA (Transactional Analysis), mapped a psychological game based on power relationships. It features three roles that are closely related: the Victim, the Persecutor and the Rescuer. Each one of us can unconsciously adopt one of those roles depending on the context, the work environment and our current emotional state. Whenever someone tries play the Victim or the Persecutor in a relation, there is a risk of starting a psychological "game" that can destabilize the relation, leading to tension and a sense of unease.

Pourquoi l'utiliser ?

Objectif

› Identifier les jeux de rôles pour les éviter.

› Redevenir acteur de son bien-être dans les relations de rapport de force.

Contexte

Le triangle dramatique de Karpman repose sur ce qu'Éric Berne, fondateur de l'Analyse Transactionnelle, appelait « les 4 mythes » : « J'ai le pouvoir de rendre les autres heureux » (Sauveteur en recherche d'une Victime) ; « Les autres ont le pouvoir de me rendre heureux » (Victime en recherche d'un Sauveteur) ; « J'ai le pouvoir de rendre les autres malheureux » (Persécuteur en recherche d'une Victime) ; « Les autres ont le pouvoir de me rendre malheureux » (Victime en attente d'un Persécuteur). Ces mythes, inconscients, alimentent les méconnaissances et la motivation qui poussent les personnes à endosser un rôle et à entrer en relation sur la base du jeu psychologique. Il y a Triangle Dramatique dès lors que les acteurs changent de rôle au sein d'une même relation.

Comment l'utiliser ?

Étapes

Trois raisons (parmi d'autres) favorisent l'entrée dans un jeu psychologique.

Voici quelques croyances et besoins dont l'expression relationnelle associée à un déni de la réalité peut faire basculer la relation dans un jeu psychologique :

1. **Je n'ai pas confiance en moi :** je n'ai pas conscience de mes capacités à m'en sortir seul, je suis en souffrance (réelle ou imaginaire) et je remets en l'autre le pouvoir de savoir ou de faire à ma place, systématiquement. Je me plains et cherche à apitoyer mon entourage. Rôle de Victime.

2. **J'aime exercer mon autorité :** je suis convaincu d'avoir raison, j'aime ressentir que je détiens le pouvoir, je suis dans le jugement et j'aime la rivalité que je prends plaisir à alimenter. J'ai besoin de me sentir le plus fort et de dominer mon entourage. Je me fiche de respecter mon interlocuteur. Rôle de Persécuteur.

3. **J'aime être utile :** je veux améliorer les choses et je rends service ou je viens en aide à mon entourage… alors que personne ne m'a rien demandé. J'aime me sentir apprécié. Je nie les capacités des personnes concernées à agir et je suis convaincu que moi seul peux les aider. Rôle du Sauveteur.

« Quand on rentre en soi-même, on s'aperçoit qu'on possède exactement ce que l'on désirait. »
Simone Weil

Méthodologie et conseils

À la base d'un jeu psychologique se trouvent généralement des besoins inassouvis (souvent liés à la reconnaissance) ou des émotions non assumées, parce que, parfois, non identifiés.

La communication NonViolente© (outil 22), les signes de reconnaissance (outil 15), le Sauvetage (outil 18), le développement de l'intelligence émotionnelle, la reconnaissance de ses propres besoins ou le développement et le renforcement de l'estime de soi constituent autant de remparts efficaces à l'entrée dans un jeu psychologique. ■

Avantages

- Savoir que chacun peut être Victime, Persécuteur ou Sauveteur invite à développer sons sens de l'observation pour déceler rapidement les bases d'un jeu psychologique.

Précautions à prendre

- Il ne faut pas confondre les situations où il y a urgence ou danger réels avec celles où l'urgence et le danger sont le fruit de la perception faussée d'une réalité par un individu.

Le sauvetage

COMPRENDRE CE QUI POUSSE À ENTRER EN AIDE ET ÉVITER LE SAUVETAGE RELATIONNEL

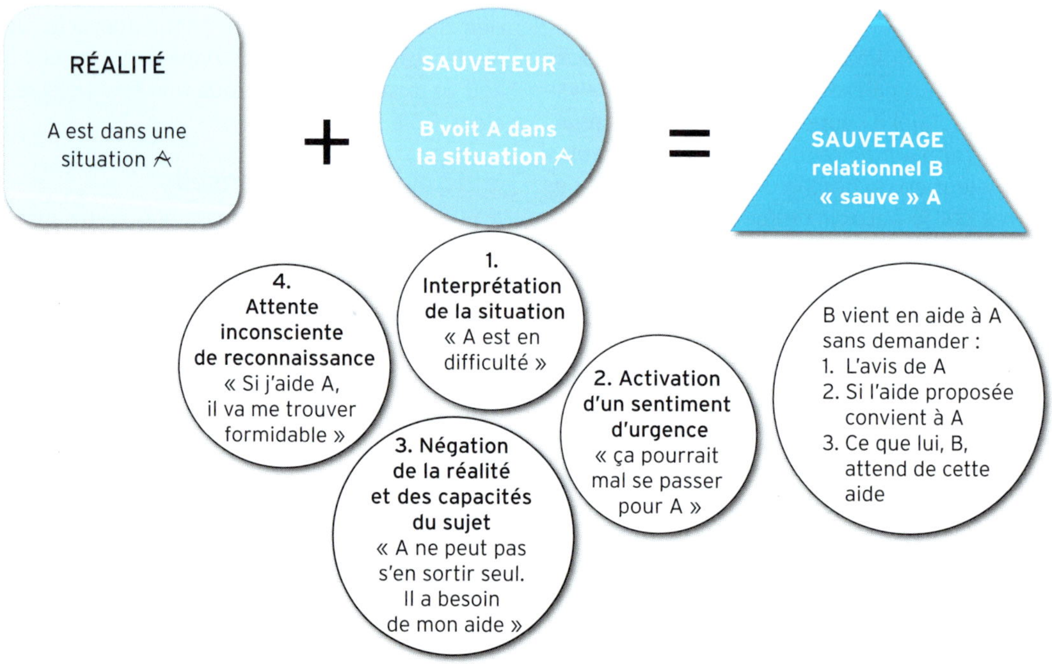

Source : Analyse Transactionnelle (A.T.)

En résumé

Vouloir faire le bonheur de l'autre malgré l'autre et en ne respectant les attentes ni de soi ni de l'autre, revient, en Analyse Transactionnelle, à entrer en sauvetage. Cette attitude, a priori aidante, n'aboutit généralement qu'à une dégradation de la relation entre Sauveteur et Sauvé(e) : celui qui est sauvé n'a pas été réellement aidé ; et celui qui sauve n'obtient pas la reconnaissance inconsciente recherchée. Le Sauvetage peut être facilement mis à jour par un questionnement court. Il peut donc ainsi être évité et permettre le maintien d'une qualité de relation et de bien-être au travail.

Insight

As Transactional Analysis shows, wanting to help someone else despite their own wishes - and without respecting our own or their own expectations - amounts to playing the role of a rescuer. Although intending to help, the Rescue attitude ends up damaging the relationship between the Rescuer and the Rescued/Victim: the Rescued/Victim has not really been helped, and the Rescuer does not obtain the recognition he was unconsciously expecting. The Rescue script can be easily identified via a short questionnaire. We can thus learn to avoid it, thereby ensuring better quality in our relationships.

https://youtu.be/IIZW35WMcBO
https://goo.gl/Zd9G2u

En savoir plus (en vidéo)

Pourquoi l'utiliser ?

Objectif

› Respecter son interlocuteur et se respecter soi-même.

› Maintenir bien-être, équilibre et justesse dans la relation.

Contexte

Le sauvetage se définit, en Analyse Transactionnelle, par le fait de faire pour quelqu'un, quelque chose qu'il n'a pas demandé, sans préoccupation de savoir si cela lui convient et sans identification préalable des attentes du sauveteur et du sauvé. Ce processus revient à nier la réalité de la situation et des protagonistes et génère souvent un malaise chez les protagonistes et dans la relation.

Comment l'utiliser ?

Étapes

L'objectif est d'introduire de l'objectivité et de la lucidité dans la perception de la situation.

1. **Identifier une situation d'aide, passée ou à venir :** dans le cadre du travail, par exemple, trouver une situation où l'on a aidé un collègue ou une situation pour laquelle on souhaiterait l'aider en le déchargeant d'une partie de son travail ou en le remplaçant dans une réunion…

2. **Répondre à 4 questions clés par oui ou par non :** d'éminents Analystes Transactionnels, comme Claude Steiner ou Gisa Jaoui, ont identifié un questionnement court et efficace pour éviter d'entrer dans le rôle de sauveteur :

› Ai-je reçu une demande explicite et claire de la part de mon interlocuteur ?

› Est-ce de ma responsabilité, de ma compétence ? Ai-je les moyens, le temps, l'énergie… pour aider la personne ?

› Ai-je véritablement envie d'aider la personne ?

› Dans la résolution du problème, la contribution de la personne aidée est-elle plus importante que la mienne ?

3. **Faire le bilan** : s'il y a 4 « oui », il n'y a pas sauvetage. Le risque de sauvetage est réel s'il y a au moins 2 « non » ou même s'il y a un seul « non » à la première question.

4. **Prendre une décision** : fort de ce bilan on peut choisir, en conscience, d'entrer ou pas en sauvetage.

« Quand un homme a faim, mieux vaut lui appendre à pêcher que de lui donner un poisson. »
Confucius

Méthodologie et conseils

Sauver n'est pas aider. Le sauvetage donne l'illusion d'avoir réglé une situation mais il n'a pas réglé le problème. Et s'il est répété, il a pour effet de maintenir la personne aidée en état de dépendance vis-à-vis d'aides extérieures et en incapacité potentielle à résoudre son problème.

L'élan d'aide et potentiellement de sauvetage est une tendance naturelle et impulsive. Prendre conscience de cet élan est le premier pas primordial pour ajuster ses limites et agir dans le respect de l'Autre et de soi. ■

Avantages

- Regarder et prendre en compte objectivement la réalité de la situation, celle des personnes en présence, leurs demandes explicites et leurs capacités effectives, permet de poser les meilleures conditions possibles pour apporter une aide réelle et efficace.

Précautions à prendre

- La vérification en 4 points est une première approche mais elle ne suffit pas toujours car le sauvetage peut être un « appel » intérieur irrésistible en réponse à une situation que l'on a du mal à supporter.
- Un manager veillera à identifier les sauveteurs et les sauvés dans son équipe et, par son management, à permettre aux uns de poser leurs limites avec justesse et aux autres de gagner en autonomie.

Les positions de perception

OUVRIR SON CHAMP DE COMPRÉHENSION ET D'ACCEPTATION ET RENFORCER LA QUALITÉ DE LA RELATION

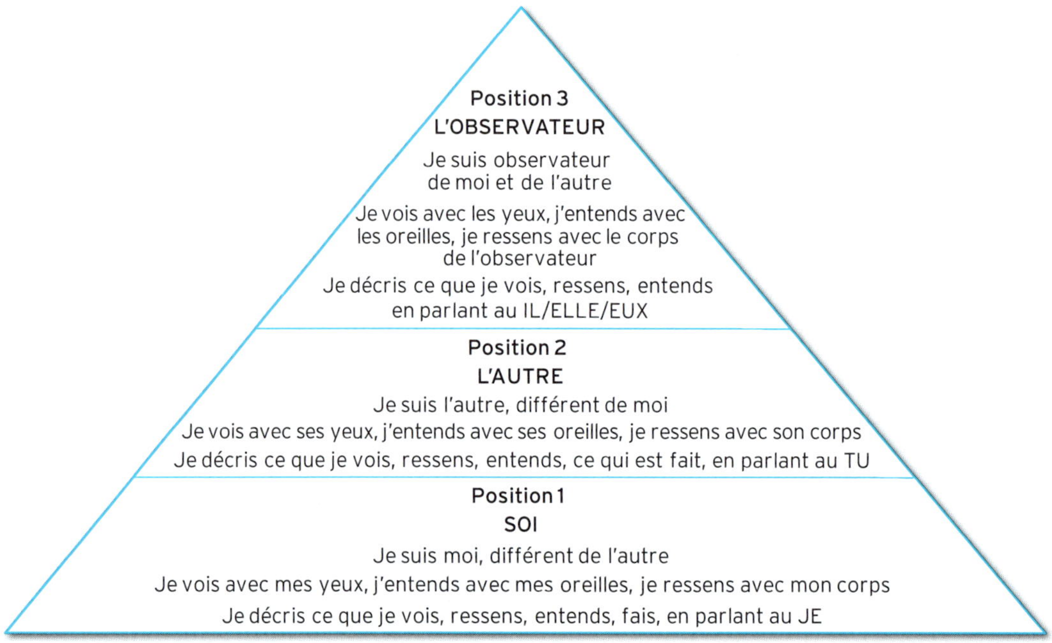

Source : PNL - Programmation Neuro-Linguistique

En résumé

Notre perception du monde et de sa réalité est limitée car subjective. Pour la PNL, les filtres sont d'ordre sensoriels (voir, entendre, ressentir, sentir) et cognitifs (culturels, personnels). Se limiter à sa propre « carte du monde » peut engendrer incompréhensions, méconnaissances voire tensions et conflits. Pour générer, entretenir ou rétablir une qualité de relation et de communication, la PNL propose d'élargir son point de vue, de s'ouvrir à l'autre et à sa vision du monde. Ce sont les « positions de perception », issues de la Gestalt et approfondies et modélisées par John Grinder et Judith Delozier.

Insight

Our perception of the world is subjective, therefore limited. According to NLP, our filters are sensorial (seeing, hearing, feeling) and cognitive (cultural, personal). Limiting oneself to one's own "map of the world" can lead to incomprehension, misunderstanding, tensions and conflicts. In order to generate, maintain or reestablish a good quality in our relationships and our mutual communication, NLP suggests that we expand our perspective by opening ourselves up to others and to their worldview. These are the "perceptual positions" that had their origin in Gestalt psychology and were further developed by John Grinder and Judith Delozier.

Pourquoi l'utiliser ?

Objectif

› Développer une écologie de la relation : respect et bien-être des protagonistes et de leur relation.

› Développer et renforcer la qualité de communication.

› Désamorcer et gérer des situations de tension ou de conflit.

› Préparer et accompagner le changement.

Contexte

En PNL, deux présuppositions fondamentales sont :

1. chacun a sa représentation limitée de la réalité, sa « carte du monde » ; sachant que « *la carte n'est pas le territoire* » (Alfred Korzybski) ;

2. tout comportement a une intention positive.

Fort de ces éléments, pour améliorer la qualité d'une relation ou désamorcer un conflit, la PNL invite chacun à multiplier les points de vue sur la situation.

Comment l'utiliser ?

Étapes

1. **À partir d'une situation passée ou à venir, identifier le sujet** : nommer la problématique ou les enjeux de la situation.

2. **Matérialiser le sujet à traiter et les 3 positions :** la matérialisation peut se faire avec des papiers au sol (1 papier par position + 1 papier pour la problématique) ou avec des objets.

3. **Se mettre en position 1 :** décrire la situation à partir de soi, de son regard, de ses croyances, ses opinions, ses ressentis, son expérience. Dire JE. Dans cette position, il est demandé d'être au plus juste de soi, dans l'authenticité.

4. **Se mettre en position 2 :** décrire la situation à partir de l'Autre, de son regard, de ses croyances, ses ressentis... Dire TU. Elle invite à l'ouverture, à la sincérité et à l'humilité.

5. **Prendre un temps :** la position 2 est une visite dans l'univers de l'Autre. Elle n'a pas vocation à durer. Pour préparer la position 3, il est recommandé de prendre de la distance (y compris physiquement) avec la position 2, pour en sortir enrichi des expériences vécues en 1 et 2.

6. **Se mettre en position 3 :** décrire la situation que l'on voit, en étant neutre (extérieur aux émotions de Soi et de l'Autre), de manière objective. Dire IL/ELLE/EUX. C'est un observateur extérieur qui pose son regard sur ce qui se passe.

7. **Faire le bilan :** tirer les apprentissages de cet exercice. Qu'ai-je appris ? Qu'est-ce qui m'est apparu ? Qu'ai-je compris ?

Méthodologie et conseils

Pour chaque position 1, 2, et 3 se positionner physiquement sur les emplacements matérialisés au sol. Cela aide à changer d'angle de vue et à se mettre dans la peau du « personnage » à incarner. Pour le bilan, se mettre hors du système représenté.

S'il y a plusieurs protagonistes de la situation, les matérialiser et répéter la position 2 autant que d'interlocuteurs. Entre chaque « interlocuteur », répéter l'étape 5. ■

« L'humanité se divise en trois catégories : ceux qui ne peuvent pas bouger, ceux qui peuvent bouger et ceux qui bougent. »
Benjamin Franklin

Avantages

- Même si l'on ne peut jamais exactement savoir ce qui se passe pour et en l'Autre, changer de place, se mettre à la place de l'Autre, permet d'approcher ce qu'il vit, ressent. Plus on prend de la distance avec la situation, plus on gagne en objectivité.

Précautions à prendre

- Se mettre à la place de l'Autre n'est ni évident ni facile. Pour y arriver, il faut faire preuve de volonté et s'appuyer sur les présuppositions fondamentales de la PNL.

La synchronisation

ÊTRE À L'ÉCOUTE DE L'AUTRE ET TISSER CONSCIEMMENT LA RELATION

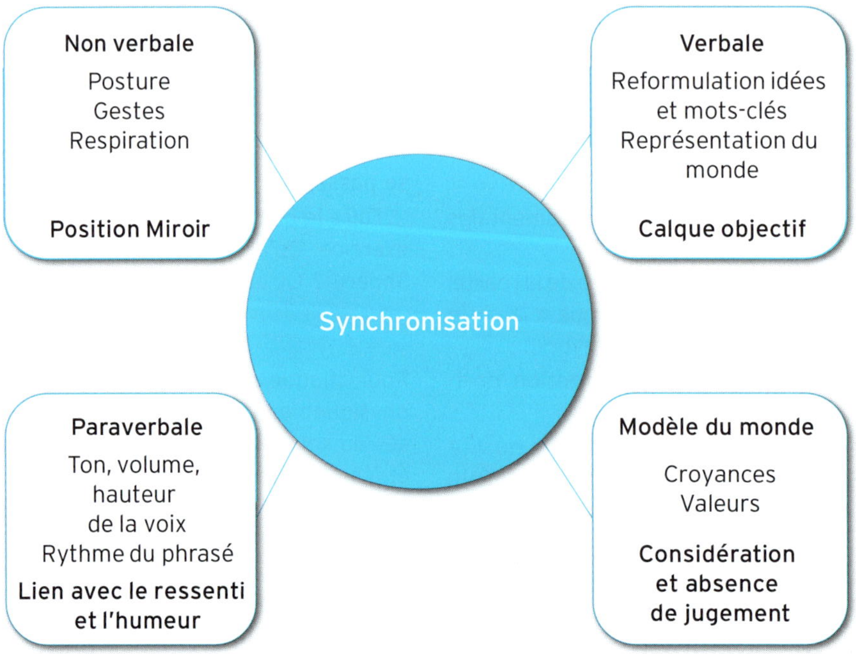

Source : Réalisé à partir de l'ouvrage de Marion Sarazin, *S'initier à la PNL*, ESF Éditeur

En résumé

Se mettre sur la même longueur d'onde que celle de son interlocuteur est l'attitude naturelle de qui veut entrer en relation avec quelqu'un. La Programmation Neuro-Linguistique l'appelle synchronisation. Parce que chacun est porteur d'une représentation du monde singulière et unique, l'entrée en relation est plus ou moins aisée : elle est fluide et spontanée si les représentations sont proches, comme elle peut être compliquée et rugueuse si elles sont éloignées. La PNL propose un moyen de créer volontairement la synchronisation en se calant sur les mots, l'intonation ou la posture de l'interlocuteur.

Insight

Whoever truly wants to relate to someone else will naturally attempt to put themselves on the same wavelength as their interlocutor. Neuro-Linguistic Programming calls this "synchronization". Since each person has a unique mode of viewing the world, it can be more or less easy to relate to them. Contact is flexible and spontaneous if the worldviews are close, but it can be rough and complicated if they are far apart. NLP proposes a method of willfully achieving synchronization by adapting to one's interlocutor in terms of vocabulary, intonation and posture.

Pourquoi l'utiliser ?

Objectif

› Tisser la relation.

› Générer de l'aisance et de la fluidité dans la relation.

› Instaurer un espace propice à l'écoute et à la coopération.

› Favoriser la compréhension de chacun dans la relation.

Contexte

Pour la PNL (Programmation Neuro-Linguistique), développée par Richard Bandler et John Grinder, lorsqu'une personne communique, elle s'exprime par trois types de langages visibles : le langage verbal (ce qu'elle dit, ses silences, sa représentation du monde : visuelle, auditive ou kinesthésique), le langage paraverbal (l'intonation avec laquelle elle dit les choses) et le langage non verbal (ce que son corps manifeste, le rythme de ses mouvements, de sa respiration). La synchronisation vise donc à se mettre en rapport avec l'autre en se « branchant » sur une ou plusieurs dimensions de langage.

Comment l'utiliser ?

Étapes

1. **À partir d'une situation de communication avec une personne, observer l'interlocuteur :** regarder comment il se tient, les gestes qu'il fait, l'attitude qu'il a ; écouter les mots qu'il prononce, la manière dont il les prononce ; identifier sa représentation (champ lexical visuel, auditif ou kinesthésique) et son modèle du monde (ses valeurs, ses croyances).
2. **Choisir un ou plusieurs modes de synchronisation :** dans un premier temps, privilégier celui ou ceux que l'on préfère, qui sont les plus faciles à mettre en œuvre pour soi ou qui conviennent le mieux au contexte.
3. **Mettre en œuvre le ou les modes de synchronisation.**
4. **Rester vigilant** pour maintenir la relation dans un cadre juste et respectueux.

Méthodologie et conseils

Pour être efficace, se synchroniser avec subtilité, discernement et respect : l'objectif est bien d'entrer en relation ou de maintenir la relation avec son interlocuteur, pas de se moquer de celui-ci. Se synchroniser sur un ou deux éléments caractéristiques est suffisant.

Dans la synchronisation verbale, la reformulation est différente de celle pratiquée dans l'écoute active : dans cette dernière, on reformule avec ses propres mots ; dans la synchronisation, on reformule, autant que faire se peut, avec les mots de l'interlocuteur, de manière objective, sans interprétation.

Selon l'objectif visé, on peut choisir de se synchroniser, en vue d'une coopération ou de se désynchroniser, en vue de se préserver dans le cadre d'une situation gênante ou qui met mal à l'aise. ■

« Les relations sont sûrement le miroir dans lequel on se découvre soi-même. »
Jiddu Krishnamurti

Avantages

■ En la pratiquant avec tact, la synchronisation permet d'accéder facilement à une relation de qualité. Parce qu'elle propose plusieurs modalités de pratiques, elle est rendue aisément accessible à tous. A chacun ensuite de renforcer ou de développer les modalités qu'il souhaite utiliser.

Précautions à prendre

■ Par la synchronisation, les acteurs d'une relation, comme dans toute communication, s'influencent l'un l'autre. L'état d'esprit avec lequel est utilisé cet outil est donc primordial. Pour la PNL, la vocation de cet outil est de générer une situation d'être en « pouvoir avec » l'autre et non en « pouvoir sur » l'autre.

Le message JE

ÊTRE À L'ÉCOUTE DE SOI, DE L'AUTRE ET S'ENGAGER DANS UNE RELATION GAGNANT / GAGNANT

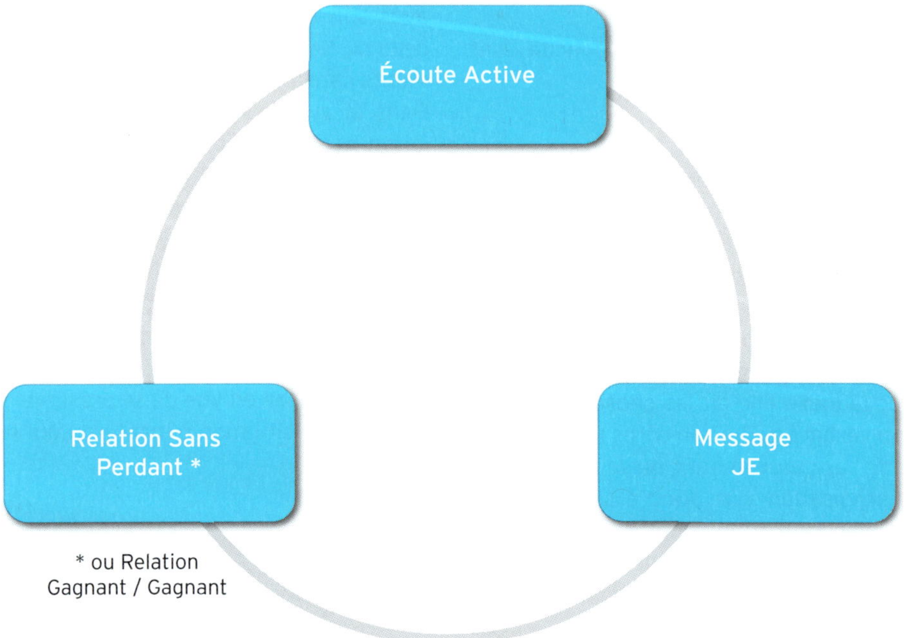

Source : Thomas Gordon

En résumé

Comment s'affirmer face à quelqu'un dont le comportement nous met mal à l'aise en se respectant soi et en respectant l'autre ? En écoutant ses besoins et en les formulant de manière écologique tant pour soi que pour l'autre. C'est le principe de la Méthode Gordon, développée dans les années 50 par le psychologue américain Thomas Gordon et qui s'appuie sur les travaux d'Abraham Maslow et de Carl Rogers. Écouter avec empathie et remplacer le TU par le JE sont les principes fondamentaux de la Méthode Gordon. Simples en théorie, ils demandent engagement, sincérité et entraînement dans la pratique.

Insight

How can we affirm our needs when we are faced with someone whose behavior disturbs us, while continuing to respect ourselves and others ? By listening to our needs and formulating them in a way that is healthy for ourselves and for our interlocutor. Using the work of Abraham Maslow and Carl Rogers in the 1950s as a point of departure, American psychologist developed the Gordon Method: its principal trait consists in listening with empathy and replacing the "YOU" with the "I" in our messages. This may sound simple in theory, but it requires commitment, sincerity and practical training.

Pourquoi l'utiliser ?

Objectif

- Renforcer l'affirmation de soi dans le respect de soi et de son interlocuteur.
- Prendre sa place en posant ses limites tout en prenant soin de la relation.
- Privilégier le bien-être en proposant, par sa posture, une alternative aux tensions et aux conflits potentiels.

Contexte

Transformer le rapport de force en communication interpersonnelle vertueuse, constructive et efficace c'est ce que permet, entre autres, l'emploi du message-JE.

La Méthode Gordon s'appuie sur les Message-JE et sur l'écoute active. Celle-ci se caractérise par la mise en œuvre de différentes dimensions : se concentrer sur ce qui pose problème, reformuler sans déformer ni interpréter, aider à la formulation des ressentis et des besoins, accompagner la personne dans la découverte de ses propres solutions sans l'influencer.

Thomas Gordon appelle l'oscillation entre l'écoute active et les messages-JE le Changement de Vitesses. Ceci pour distinguer les accélérations vécues dans la relation lors de la confrontation par les Messages-JE puis les décélérations générées par les temps d'écoute.

Comment l'utiliser ?

Étapes

Face à une personne, à son comportement ou à ses propos :

1. **Identifier ce qui se passe pour soi :** sentir ce que génère physiologiquement, émotionnellement le comportement ou les propos de la personne.
2. **Nommer ce qui se passe pour soi :** « Je suis contrarié », « Je suis perdu » « Je suis mal à l'aise »,...
3. **Énoncer le message JE :** décrire le comportement / le propos de l'interlocuteur ; énoncer le sentiment que cela génère chez soi et identifié à l'étape 1, sans jugement, critique ou interprétation ; énoncer l'effet concret que ce comportement génère chez soi. « Je suis mal à l'aise lorsque tu hausses le ton en réunion, je perds mes moyens ».

Méthodologie et conseils

L'un des facteurs clés de la réussite du message-JE est l'intention avec laquelle chacun s'engage dans le processus. Ainsi, authenticité et engagement dans l'écoute de soi et de l'autre comme sincérité et clarté dans le message-JE contribuent à nourrir et à renforcer la qualité écologique de la relation. ■

« Lorsque donc quelqu'un te met en colère, sache que c'est ton jugement qui te met en colère. »
Épictète

Avantages

- Partir de soi pour exprimer ce que l'on veut, ce dont on a besoin ou tout simplement ce que l'on pense, permet de placer la responsabilité chez soi. Responsabilité et aussi marge de manœuvre, capacité à agir.

Précautions à prendre

- Ce n'est pas parce que l'on exprime ses besoins que l'on va forcément être entendu et exaucé. Le message-JE s'inscrit dans un processus de communication et de relation où chacun des protagonistes est gagnant. Il s'agit d'une danse entre l'écoute de soi, de l'autre et la formulation sincère et sans jugement de son ressenti et de son besoin. Il est possible que l'échange n'aboutisse pas à un résultat satisfaisant au sens où l'on n'aura pas atteint le résultat souhaité. Il est important, pour chaque interlocuteur, de le verbaliser... au JE bien sûr ! L'enjeu est que chacun reparte sans être Perdant.

La Communication NonViolente®

AUGMENTER NOTRE CAPACITÉ À ENTRETENIR DES RELATIONS DE QUALITÉ ET DÉVELOPPER LA CONSCIENCE DE NOS CHOIX

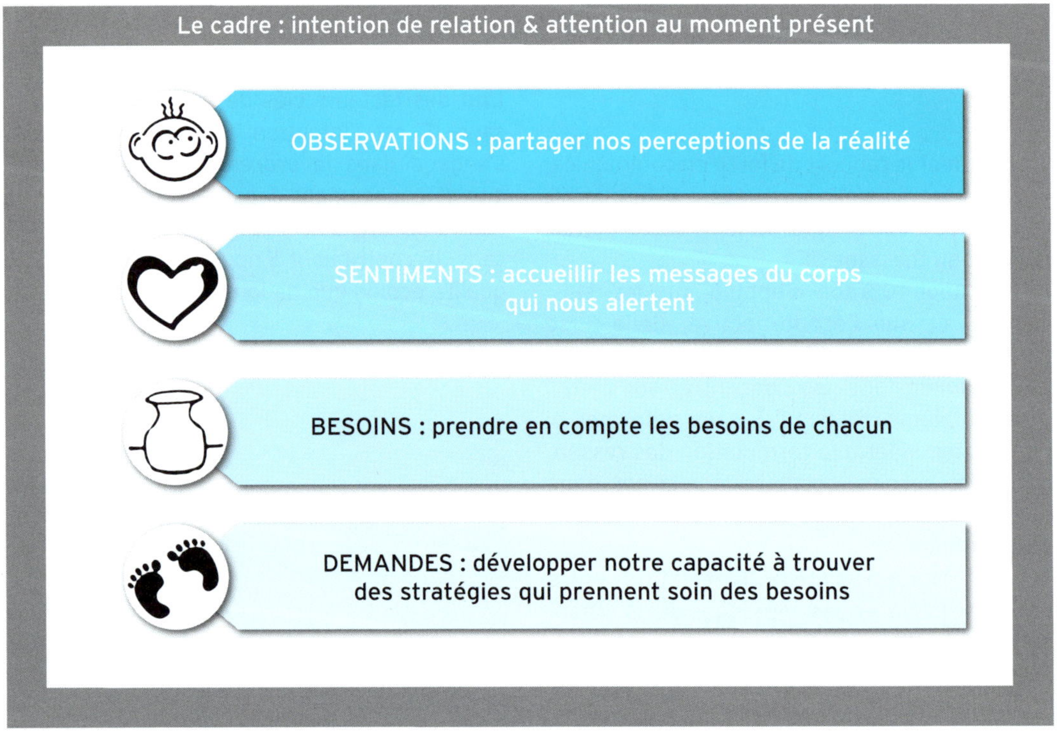

En résumé

Dans les années 70, Marshall B. Rosenberg, docteur en psychologie clinique, élabore un processus de communication, accessible à tous, répondant à son désir de « *renforcer notre capacité à améliorer notre relation à autrui et à résoudre les différends dans un esprit de bienveillance* » envers l'autre et envers soi. La Communication NonViolente® (CNV) permet d'augmenter l'empowerment personnel, d'améliorer les relations interpersonnelles et de contribuer à une culture qui favorise la prise en compte de tous.

Insight

In the 1970s, clinical psychologist Marshall B. Rosenberg developed a communication method that is accessible to all, designed to "reinforce our capacity to improve our relation with others, and resolve disagreements in a spirit of kindness" towards others and towards ourselves. Nonviolent Communication® enables us to increase our degree of personal empowerment, improve our interpersonal relationships and start building a culture that takes everyone's needs into account.

Pourquoi l'utiliser ?

Objectif

› Accroître son bien-être en améliorant sa façon de s'exprimer, d'écouter et d'être en relation.

› Instaurer une relation de confiance qui favorise la prise en compte de chacun.

› Développer la créativité à prendre soin des besoins de tous.

Contexte

La CNV est « *une invitation permanente à concentrer notre attention là où nous avons le plus de chances de trouver ce que nous cherchons* ». Elle se pratique de trois manières : dans l'auto-empathie (relation à soi), l'expression authentique et l'écoute empathique. Elle vise à développer notre capacité à choisir, à agir et à communiquer d'une manière qui prenne en compte les besoins de chacun. Elle s'appuie sur le constat que les jugements, les émotions et sentiments, les choix et les actes sont des expressions de nos besoins.

Comment l'utiliser ?

Étapes

1. **Transformer les jugements :** la pratique de la CNV repose sur le constat que les jugements moralisateurs n'orientent pas notre énergie vers ce que nous voulons et peuvent être transformés. « *Tu n'es pas motivé* » et « *Je n'ai pas le temps* » sont l'expression tragique de besoins.

2. **Observations :** il s'agit de partager, le plus précisément possible, les perceptions de la réalité qui nous impactent, en les distinguant des jugements et interprétations. « *Ce mois-ci, Pierre, tu es resté à ton poste pendant les deux réunions de service* », « *J'entends que tu n'as pas le temps* ».

3. **Sentiments :** les sensations corporelles, émotions et sentiments sont des baromètres précis du bien-être. Employer que ou comme après le verbe sentir marque plus une opinion qu'un sentiment. « *Pierre, je suis déçu...* », « *Pierre, es-tu agacé ?* »

4. **Besoins :** le cœur du processus consiste à reconnaître, dans le moment présent, l'importance des besoins qui sont la cause des sentiments et des jugements. Il s'agit de permettre à chacun de prendre la responsabilité de ses besoins et d'être pris en compte. « *...parce que j'ai besoin de coopération pour relever les défis de notre organisation* », « *...parce que tu as besoin de compréhension pour ton engagement actuel ?* »

5. **Demandes :** les demandes de relation ou d'action permettent d'entrer en relation et de trouver des manières concrètes, réalistes, positives et négociables d'augmenter nos chances de trouver une solution satisfaisante pour chacun. « *Est-ce que nous pouvons regarder les points de l'ordre du jour où ta présence est importante ?* »

« La violence, quelle que soit sa forme, est une expression tragique de nos besoins insatisfaits. »
Marshall B. Rosenberg

Méthodologie et conseils

La CNV est une manière d'être en relation avec soi et avec l'autre qui dépasse largement la gestion des conflits. L'auto-empathie, la relecture d'expériences agréables ou non, est la manière la plus sûre de commencer à pratiquer la CNV. Elle augmente la disponibilité au dialogue et la créativité. ■

Avantages

- La CNV augmente le pouvoir personnel de choisir, la disponibilité au dialogue, la coopération, même si l'autre ne pratique pas.

Précautions à prendre

- Pratiquer la CNV dans des systèmes qui favorisent la compétition et la répression demande beaucoup d'énergie et de pratique. Il est recommandé de s'entourer de personnes ressources pour recevoir du soutien.

4 CULTIVER UN ESPRIT POSITIF ET OUVERT

« L'homme a ce choix : laisser entrer la lumière ou garder les volets fermés… »
Henry Miller

Cultiver un sentiment de bien-être passe également par le fait d'orienter volontairement son regard vers « ce qui va bien ». Non par déni de ce qui nous froisse, nous indispose ou nous contraint, mais parce qu'entretenir un sentiment positif à l'égard des choses facilitatrices de la vie prépare mieux à nous confronter aux choses plus astreignantes, celles qui nécessitent précisément une énergie d'action dense et ciblée, catalyseur de confiance pour s'autoriser à réussir !
Plusieurs disciplines cousines posent un cadre de réflexion riche et pragmatique dans cette perspective, qu'il s'agisse de la programmation neurolinguistique, formidable boîte à outils destinée à modéliser les comportements efficaces et les étayant par les représentations mentales et sensorielles les plus aidantes, ou plus récemment de la psychologie

positive, dont l'ambition est de promouvoir l'accomplissement de soi en s'intéressant à ce qui rend les gens heureux, optimistes et résilients plutôt qu'à ce qui les entrave dans leur épanouissement.

Le dossier 4 propose ainsi un panel d'outils parmi les plus emblématiques issus de ces deux disciplines.

L'exercice des « *3 Belles Choses* » (fiche 23), expérimenté scientifiquement par Robert Emmons pour mesurer l'incidence de la gratitude sur le bien-être, a ensuite été largement popularisé par Tal Ben Shahar dans le cadre de ses enseignements à l'Université à Harvard : dépassant de loin la question de « la moitié pleine du verre », le processus s'avère propice à la résilience, au renforcement de l'estime de soi ainsi qu'au développement d'un leadership positif.

Le *recadrage de sens positif* (fiche 24) vise en complément à reconsidérer les événements et les situations dans une perspective résolument positive, permettant, par un recadrage approprié, d'en modifier le sens de manière plus favorable et apaisante.

La *sérendipité* (fiche 25), qualité propre à celui qui sait *à un certain moment tirer profit de circonstances imprévues* et se rendre disponible aux synchronicités favorables, constitue un autre levier possible pour nourrir son bien-être grâce au plaisir de suivre avec fluidité le mouvement des événements fortuits et des heureux hasards...

Cultiver les *options* (fiche 26) vise à préserver plusieurs chemins alternatifs et complémentaires vers son objectif, précieuse stratégie pour garder un esprit paisible et confiant, avec pour avantage une réflexion ouverte et enrichie.

Face aux injonctions paradoxales qui parasitent notre clairvoyance et nous conduisent à différer notre action, la « *négociation entre les parties* » (fiche 27) ouvre le dialogue entre nos « petites voix intérieures » pour les inviter à davantage de curiosité et de tolérance mutuelle, premier pas vers une possible tranquillité intérieure.

Enfin, parmi les techniques propices à la préparation mentale, la *visualisation positive* (fiche 28) et le « *pont sur le futur* » (fiche 29) proposent d'orienter ses processus mentaux vers l'image positive de son accomplissement « exactement comme on le souhaite », mettant ainsi à profit les formidables possibilité de notre cerveau pour une concrétisation tranquille et sereine de nos aspirations.

LES OUTILS

23 Les « Trois Belles Choses » 74

24 Le recadrage de sens positif 76

25 La sérendipité 80

26 Les options possibles 84

27 La négociation entre les parties 86

28 La visualisation positive 88

29 Le « pont sur le futur » (ou préparation mentale) 92

Les « Trois Belles Choses »

FAVORISER ALIGNEMENT INTÉRIEUR ET BIEN-ÊTRE EN ENTRETENANT DES PENSÉES POSITIVES...

Je pense...

(Pensées, croyances)

Je ressens...

(Ressentis émotionnels, états internes, ...)

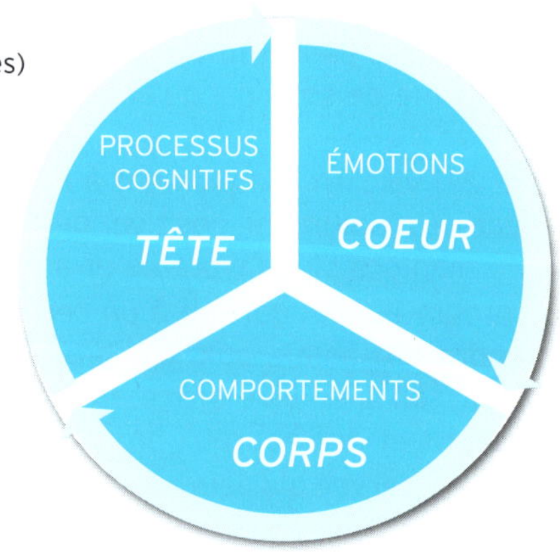

J'agis...

(Actions, gestes, posture, expressions du visage, ...)

En résumé

Rituel de gratitude emblématique popularisé en France par Florence Servan-Schreiber dans son ouvrage « 3 kifs par jour et autres rituels recommandés par la science pour cultiver le bonheur », l'exercice des Trois Belles Choses a été initialement développé par Tal Ben Shahar, enseignant américano-israëlien dont les cours de psychologie positive à l'Université d'Harvard furent parmi les plus populaires. Ainsi, entretenir la conscience de ce qui nous semble « beau » (agréable, ressourçant au travers de critères propres à chacun), contribue à nous nourrir positivement : un entrainement régulier à cet exercice vise à orienter positivement nos perceptions, et à renforcer un alignement intérieur porteur de bien-être et de sérénité.

Insight

The "Three Beautiful Things Exercise" is an emblematic gratitude ritual popularized in France by Florence Servan-Schreiber in her book "3 Daily Kifs and other rituals recommended by science to cultivate happiness". The exercise was originally conceived by Tal Ben-Shahar, the Israeli-American professor whose positive psychology courses were among the most popular at Harvard. Cultivating our awareness of what we find beautiful (agreeable or stimulating, according to each person's own criteria) nourishes us in an affirmative way. By applying this exercise on a regular basis, we can orient our perception in a positive manner, thereby bringing about an inner realignment that benefits our serenity and well-being.

Pourquoi l'utiliser ?

Objectif

L'exercice des Trois Belles Choses s'apparente à une programmation positive qui oriente le regard vers « ce qui est beau », ce qui va bien, tout signe d'encouragement à poursuivre et à se féliciter de ce qui avance dans la bonne direction. Il permet ainsi de renforcer bien-être et sentiment de cohérence personnelle, favorisant l'alignement intérieur en associant simultanément *pensées positives* (croyances aidantes, souvenirs en lien avec un état ressource), *émotions positives* (joie, légèreté, enthousiasme, sérénité), *et comportements et ressentis « positifs »* (bien-être, énergie d'action orientée vers l'objectif avec tranquillité et efficacité...).

Contexte

L'outil peut être mis en place comme un rituel individuel (au quotidien pour ouvrir ou clôturer sa journée), ou partagé (en ouverture d'une réunion, au retour d'une intersession en formation,...). En contexte managérial, il permet de renforcer la confiance individuelle et la motivation collective à avancer ensemble, en s'appuyant sur les réussites et avancées positives.

Comment l'utiliser ?

Étapes

1. **Pour soi-même**, se remémorer et idéalement noter :
   - *3 Belles Choses de la journée passée : événement, moment privilégié, partage, action, concrétisation,...*
   - *3 Belles Choses dont je me réjouis à l'avance pour la journée à venir,...*
2. **En contexte collectif**, les partager (avec son voisin de table, avec le groupe,...).
3. **Débriefer les bénéfices multiples** de ce temps privilégié (pensées positives générées par ailleurs, renforcement positif en termes d'émotions, de sensations,...).
4. Prendre un temps pour **tirer les enseignements de l'exercice** : *Que révèle-t-il sur moi, sur ce qui me ressource et contribue à mon bien-être ? Comment nourrir encore davantage ce dernier (entretenir des temps de partage, fêter mes réussites,...) ? Quelles décisions, quelles actions (petites ou grandes)... ?*

« Écoutez la forêt qui pousse plutôt que l'arbre qui tombe... »
Friedrich Hegel

Méthodologie et conseils

C'est la répétition assidue de l'exercice des Trois Belles Choses qui lui donne toute sa puissance d'auto-renforcement : plus vous empruntez « l'autoroute neurologique » de l'esprit positif, et plus cette dernière vous est familière ; plus il vous est alors facile, confortable et spontané de l'emprunter à nouveau...! Ainsi, cet état d'esprit peut devenir une seconde nature qui nous autorise au bien-être dans les « choses » les plus anodines de notre quotidien. Pour une meilleure appropriation de l'outil, chacun choisira pour lui le moment le plus propice de la journée pour réaliser l'exercice : le soir pour qui aime tirer les enseignements des événements positifs et Belles Choses passées, le matin pour qui préfère se programmer positivement pour la journée au travers des Belles Choses à venir. ■

Avantages

- Cultiver l'esprit positif et favoriser l'alignement intérieur renforce la capacité à accueillir les événements comme autant d'opportunités. Une discipline positive pour développer ouverture aux événements, confiance en soi et bien-être.

Précautions à prendre

- L'exercice qui consisterait à lister trois choses « lourdes » et difficiles produirait naturellement l'effet inverse comme un cercle vicieux d'auto-renforcement négatif. L'outil proposé, particulièrement efficace en contexte difficile, requiert ainsi une discipline positive pour « tamiser fin » les micro-événements positifs dans l'adversité.

Le recadrage de sens positif

OPTER POUR UNE LECTURE POSITIVE ET REQUALIFIANTE DES SITUATIONS CONTRARIANTES

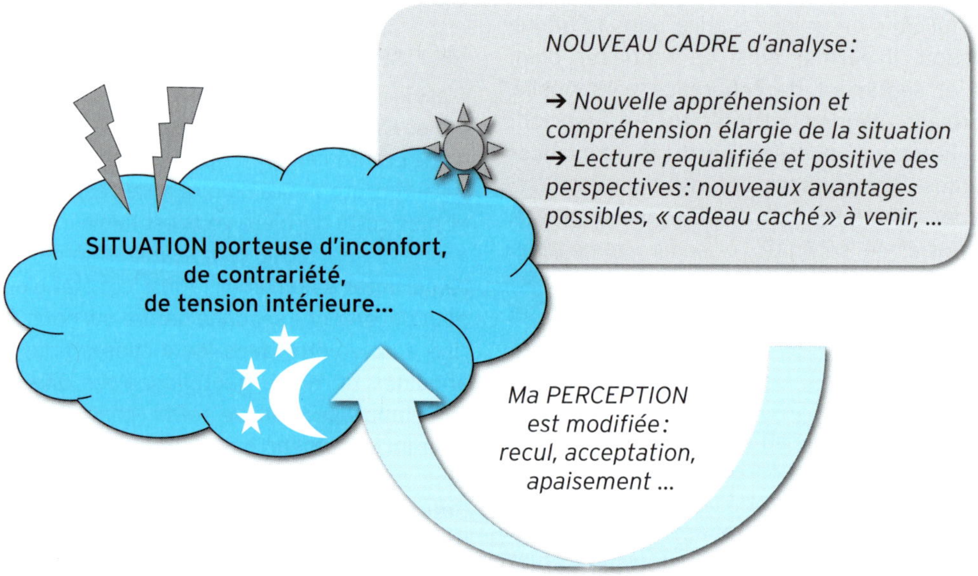

En résumé

À certains d'entre nous, tout semble sourire, tandis que pour d'autres, le chemin semble bien plus laborieux... Le bien-être et la sérénité qui semblent si facilement accessibles aux premiers, sont loin de se résumer à une question de chance, d'heureux hasards ou de conditions plus favorables. Ainsi, cultiver un esprit confiant et accueillir les événements avec une philosophie positive y contribue sans aucun doute. Cette discipline positive suppose d'instaurer une lecture ouverte des événements, d'élargir le cadre de notre perception, et de décider de voir dans la contrainte une possible opportunité souvent bien difficile à saisir au premier coup d'œil... ! Ainsi, attribuer à chaque expérience difficile le bénéfice d'une possible « intention positive » ou d'une « fonction utile », permettra de la vivre comme une opportunité favorable.

Insight

Certain people's days just seem to be full of sunshine, but the road seems more arduous for others. If some people seem to enjoy easy access to well-being and serenity, this does not merely come from chance or beneficial conditions: it is undoubtedly important to cultivate a confident attitude, and to learn to reframe events with a positive philosophy. This positive re-orientation requires that we adopt an open interpretation of events, expand our perceptual horizon, and decide to treat limitations as possible opportunities (something which is initially not easy to grasp). If we consciously decide to reframe each difficult experience in terms of usefulness and positive intention, we learn to experience such events as potentially beneficial opportunities.

Pourquoi l'utiliser ?

Objectif

Recadrer positivement les situations consiste à les regarder différemment : élargir notre cadre de perception permet souvent d'en découvrir les bons côtés. Ainsi, les considérer avec recul limite l'impact de nos émotions négatives, et permet de garder la tête froide.

Bien plus, pratiquer consciemment et régulièrement un esprit « inconditionnellement positif » permet d'enclencher un cercle vertueux d'événements générateurs de sérénité et de « mieux-être ».

Contexte

Le recadrage positif s'avère utile quand tout semble aller de travers, et qu'il s'agit de reprendre les rênes de la situation.

Lorsqu'une pensée négative nous traverse l'esprit la laisser nous envahir revient à mobiliser des croyances limitantes et démobilisatrices (cf. Outil 40). À l'inverse, refuser de nourrir cette pensée, et décider de donner un sens constructif à l'événement, nous apaise et nous replace en énergie positive et sereine.

Comment l'utiliser ?

Étapes

Le recadrage positif est à la fois une démarche ponctuelle, et un état d'esprit qui vise à entretenir pensées, postures mentales et attitudes positives et ouvertes. Ainsi, orienter le regard vers « ce qui va bien » contribue à attirer les événements propices et facilitateurs, et à renforcer naturellement cette philosophie du bien-être et de la fluidité dans chaque situation.

1. **Face à un événement déstabilisant :** orienter consciemment ses pensées vers tout ce qui pourrait, même de manière connexe, s'avérer positif et constructif dans une perspective élargie (plus tard, pour d'autres personnes, vue d'un autre « endroit »,...). *Quelles peuvent-être les possibles « intentions positives » de l'événement ? Ses « fonctions utiles » ?*

2. **Face aux doutes qui ne manquent pas de surgir :** les transformer avec discipline et volonté en opportunités possibles. *Que peut-il bien y avoir de merveilleux dans ce problème...?*. Mobiliser les émotions négatives (cf. cas pratique) comme une possible énergie d'action pour avancer et regarder vers demain...

« Changer de cadre change le sens de la situation. » présupposé de la PNL (Programmation NeuroLinguistique)

Méthodologie et conseils

Choisir de recadrer positivement les événements revient à construire et développer un esprit « inconditionnellement » positif. Cela revient à accueillir les événements et les rencontres comme autant d'opportunités d'enrichissement, de découverte, de progrès et de développement, dans une direction qui échappe à notre perception spontanée. Un état d'esprit qui suppose une acceptation sans condition préalable des événements tels qu'ils adviennent, des autres tels qu'ils se présentent, et bien sûr de soi-même dans toute notre imperfection... ■

Avantages

- Pratiquer le recadrage positif constitue l'un des fondements de la psychologie positive dont les recherches montrent combien le processus est bénéfique : renforcement de la confiance en soi et de la motivation à agir, amélioration de nos relations avec autrui, sentiment de paix et d'harmonie, amélioration de l'état de santé...

Précautions à prendre

- Éviter le travers naïf et candide où l'on considère que « tout est beau et bon dans le meilleur des mondes et que rien n'est grave » ! Être optimiste et cultiver l'esprit positif n'exclut pas la lucidité. Il s'agit davantage d'être sélectif dans ses perceptions pour privilégier ce qui s'avère facilitant pour mieux traverser les situations difficiles et l'adversité.

SUITE OUTIL 24 →

Le recadrage de sens positif

Comment être plus efficace ?

Recadrage, de quoi parle-t-on ?

Le terme de « cadrage » fait référence à la photographie : le cadrage varie selon l'intention du photographe, et le choix d'inclure dans le cadre un élément contrastant avec le reste va **changer la signification** de la photographie. Ainsi, les pessimistes trouveront des éléments négatifs, les optimistes verront des aspects positifs inattendus. De même pour la bouteille perçue comme « à moitié pleine » ou « à moitié vide » selon si son contenu nous semble attractif ou non : **seuls changent le regard et l'intention**.

Parler Positif...

Formuler les choses positivement a une incidence sur le type de pensées qu'on entretient pour regarder dans la bonne direction. Par exemple, dire « *être à l'heure* » plutôt que « *ne pas être en retard* » donne toutes les chances d'y parvenir.

De même, il est intéressant d'observer l'impact, la richesse et la **vertu positive du choix des mots**... Saisissez toutes les occasions de dire « *et* » plutôt que « *mais* », « *et* » plutôt que « *ou* », pour associer les personnes, enrichir les idées plutôt que les opposer.

Entretenir des croyances positives et aidantes...

Une croyance négative et limitante peut très souvent être retournée sous une forme positive et bien plus aidante... La première est souvent globalisante, tandis que la deuxième, plus spécifique, prépare l'action et renforce la motivation à réussir.

Exemples :

- Au lieu de « Je ne serais jamais à la hauteur », dire plutôt « Je vais donner le meilleur de moi-même, et je suis sûr de pouvoir apporter quelque chose... ».
- Au lieu de « Je vais certainement m'ennuyer », dire plutôt « Je vais certainement découvrir des choses riches et intéressantes ».
- Au lieu de « Personne ne me parlera », préférer « J'irai vers les autres et je suis sûr que nos échanges seront enrichissants ».

Les vertus de la « loi de l'attraction »

D'après la « loi de l'attraction », le positif attire le positif, tel un cercle vertueux : pensées positives attirent les circonstances favorables et les événements heureux, et transforment un « échec » en étape vers le succès. Etonnamment, c'est comme si l'univers entier s'arrangeait pour nous *rendre heureux !*

S'entourer de gens positifs est également aidant et permet d'alimenter ce cercle vertueux. À l'inverse, certaines personnes semblent attirer les événements malheureux... Par la critique ou la déploration permanente, ils entretiennent spontanément cette spirale négative. Et la pensée négative est elle aussi très contagieuse ! Fort heureusement, cultiver l'esprit positif contribue à l'inverse à attirer des personnes qui fonctionnent elles-mêmes positivement...

L'esprit positif prend sa source dans l'imagination et non dans la volonté...

L'injonction : « Quand on veut, on peut ! » est souvent associée à tort à l'esprit positif... Ainsi, utiliser son imagination permet tout autant de se projeter positivement dans un événement heureux, et de se donner alors toutes les chances de réussite.

CAS PRATIQUE Recadrer positivement le changement pour mieux l'accepter

Le recadrage de sens positif s'avère particulièrement aidant pour faire face à un changement « subi », non souhaité ou non anticipé. Qu'il s'agisse d'un changement de poste, de la réorganisation d'un service, d'une mobilité professionnelle contrainte, ou tout simplement de l'annulation d'un contrat qui nous tenait à cœur, l'imprévu et le changement sont naturellement générateurs de résistance. Or, vouloir contrôler le système contribue à le rigidifier, et à bloquer l'énergie qui lui permet de fonctionner lorsque la circulation en est fluide...

Recadrer positivement la situation consiste alors à la reconsidérer de plus haut, de plus loin..., pour lui donner une autre perspective : élargir notre perception permet ainsi d'enrichir notre compréhension des tenants et des aboutissants et de percevoir les nouvelles possibilités qui pourraient s'ouvrir, pour soi comme pour les autres...

Comme le matérialise la courbe de l'acceptation ci-dessous, le processus ne manquera pas de générer des émotions négatives : le recadrage positif est un processus cognitif qui ne nous en exonère pas ! Il favorise le processus d'acceptation en intégrant de nouveaux ingrédients susceptibles de générer des émotions à leur tour positives, porteuses d'apaisement et d'un « mieux-être » à venir...

Courbe de l'acceptation du changement (dite « Courbe du deuil ») :

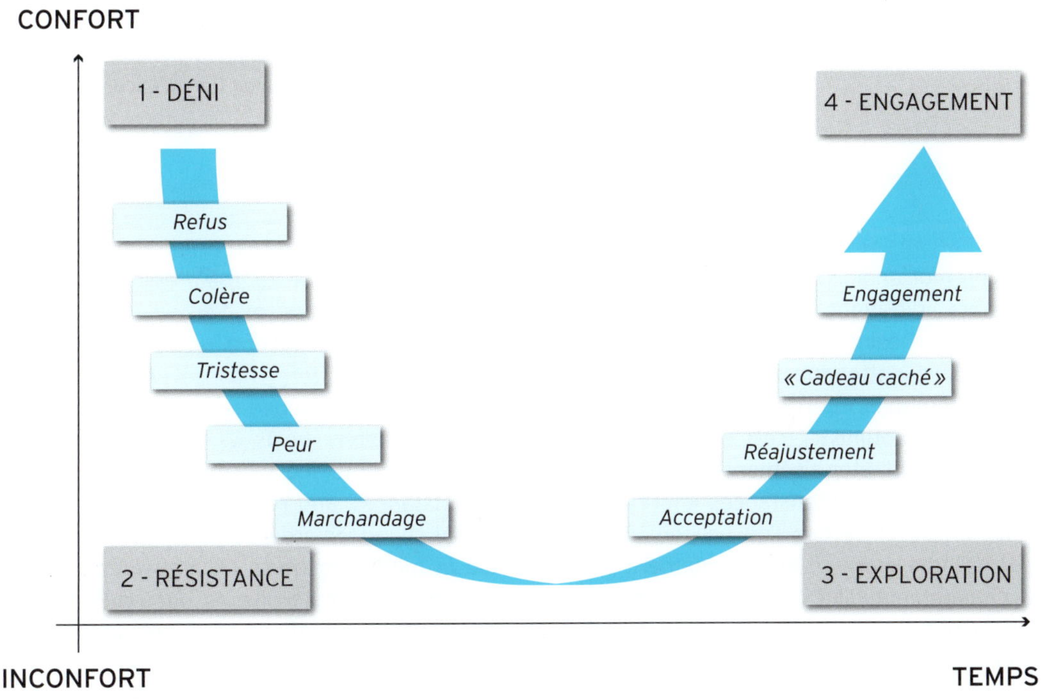

La sérendipité

CUEILLIR LES HEUREUX HASARDS ET PRENDRE PLAISIR À DÉCOUVRIR CE QU'ON NE CHERCHAIT PAS...

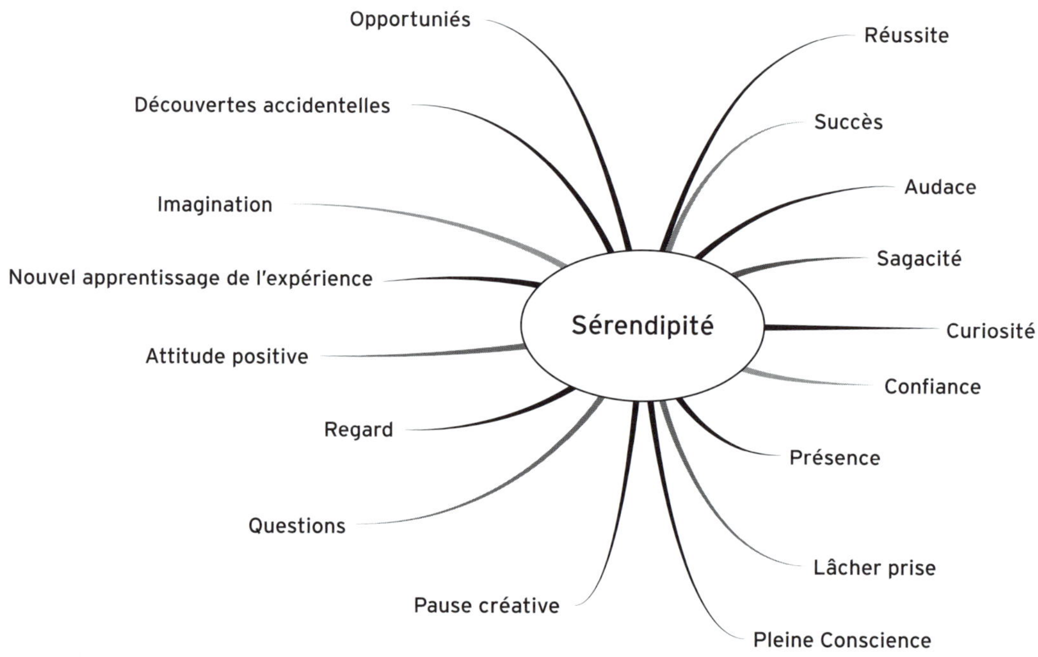

En résumé

La sérendipité est un néologisme qui provient du mot anglais *serendipity*, en référence au conte initiatique persan « 3 princes de Serendip ». Désignant la faculté de faire des découvertes inattendues par hasard, ce terme revêt de multiples interprétations. A partir d'un état d'esprit optimiste, c'est une attitude permettant de s'adapter aisément au changement, de tirer profit de circonstances imprévues, de lâcher prise sur ce que l'on ne peut changer, pour prendre plaisir à être pleinement acteur du changement. Une manière différente de cultiver une forme de bien-être au travers des opportunités qui viennent à nous si nous voulons bien les accueillir...

Insight

Serendipity is a term that originated in Horace Walpole's reference to the Persian fairy-tale "The Three Princes of Serendip". Referring to the talent for making unexpected chance discoveries, the term has several uses. With an optimistic outlook as a point of departure, serendipity helps us more easily adapt to change by taking advantage of unforeseen circumstances, and relinquishing whatever we cannot change in order to fully enjoy our active role in modifying those things we can. It is a different way of nourishing our well-being by taking advantage of opportunities as they present themselves - insofar as we are willing to welcome them.

Pourquoi l'utiliser ?

Objectif

La sérendipité vise à mieux accepter l'incertitude et l'impermanence. En lâchant prise sur ce qu'on ne peut changer, on gagne en flexibilité pour mieux s'adapter. Être davantage acteur et créateur de sa vie (au lieu de résister et subir) permet de développer de nouvelles ressources, de changer son regard sur une situation et de s'inscrire davantage dans le moment présent. Autant de moyens d'augmenter sa créativité, de transformer favorablement les situations inattendues avec davantage de liberté et de plaisir et de bien-être...

Contexte

Dans des situations non choisies, le concept de *sérendipité,* allié à un état d'esprit positif et optimiste, permet de saisir les événements extérieurs, comme une opportunité d'évoluer, de progresser et de tirer un apprentissage positif d'une expérience, de développer de nouvelles aptitudes.

Cet état d'esprit caractéristique permet d'être plus présent, plus conscient afin de transformer les problèmes en opportunités, pour découvrir quelque chose d'intéressant et de nouveau que l'on n'aurait pas pu découvrir sans cette situation. Une nouvelle ressource ou une autre vision de la réalité extérieure.

Comment l'utiliser ?

Étapes

1. Décrire (ou écrire) la situation de manière factuelle et sans jugement pour être au plus près du réel, par une introspection ou via le questionnement d'un coach.
2. Prendre du détachement et du recul par rapport à la situation (se placer « en position méta »). Dégager alors ce qu'il y a de positif dans cette situation, et en tirer des enseignements.
3. Se mettre volontairement et consciemment dans un état de réceptivité et d'ouverture. Se connecter à sa partie créative et laisser venir l'inspiration. Accueillir tout ce qu'elle fait émerger sans jugement ni censure.
4. En fonction des idées ou pistes qui ont pu émerger, envisager les nouveaux choix possibles. Vérifier concrètement en quoi ils sont écologiques (respectueux de toutes les parties prenantes du système, bénéfiques pour chacun).

« Le hasard ne favorise que les esprits préparés... »
Louis Pasteur

Méthodologie et conseils

En pratiquant régulièrement cette attitude, il est possible de renforcer cette habitude afin qu'elle devienne automatique, comme une véritable compétence définitivement intégrée. Elle permet alors d'aborder toute situation avec curiosité et ouverture, « pour laisser émerger ce qui vient », et « *à faire comme si, potentiellement, tout était possible maintenant* », et non pas dans un avenir dont, en réalité, on ne sait rien... ■

Avantages

- **Régulièrement pratiquée et cultivée, la sérendipité permet de mieux s'adapter au changement et de gagner en flexibilité. Savoir à prendre du recul par rapport aux difficultés rencontrées permet non seulement de transformer à son avantage les événements non désirés, mais également d'attirer des choses plus intéressantes...**

Précautions à prendre

- **Accueillir ce qui se présente ne veut pas dire être fataliste ou passif, mais se mettre en état de disponibilité tout en restant proactif, et centré sur ses objectifs.**
- **Faire de certaines situations une opportunité ne signifie pas non plus qu'il faille être excessivement réactif : il s'agit de se mobiliser de manière sélective et si la situation s'y prête, tout en restant pragmatique et conscient des réalités et contingences de la situation. Une nouvelle forme de réceptivité aux événements, à apprivoiser et à cultiver pour en faire un sixième sens...**

SUITE OUTIL 25 →

La sérendipité

Comment être plus efficace ?

Qu'est-ce qu'être « orienté solution » ?

C'est accueillir et accepter ce qui est, plutôt que résister au changement. Cela permet d'agir en conscience plutôt que subir une situation non souhaitée, et de prendre plaisir à être pleinement acteur du changement. Faire confiance à ses talents permet de détecter la multitude d'opportunités déjà présentes autour de soi et d'y réagir. Cela revient à conserver une attitude proactive, pour saisir les événements extérieurs, comme une opportunité d'utiliser sa créativité et pour évoluer, de progresser, et d'en faire un apprentissage positif…

Pratiquer la « pleine conscience » ?

Porter son attention sur l'action plus que sur le résultat, sur le chemin plutôt que sur la destination. Prendre l'habitude de s'inscrire dans le présent en pratiquant la respiration consciente.

Quelques conseils pour y parvenir :

S'installer dans une position confortable. Se focaliser sur son souffle, sans chercher à le contrôler. Laisser libre le flux des pensées, les accueillir sans les juger. Laisser un état de bien-être se répandre dans son corps et le calme envahir son esprit.

Cette pratique régulière a pour effet d'augmenter son niveau de conscience et d'énergie, et d'installer durablement des états internes agréables. Le retour au réel, sans filtre des émotions, permettra une autre lecture de la réalité pour se sentir « vivant », disponible à ce qui est, pour vivre le moment présent avec plus d'intensité, se focaliser sur ce qui est pour soi vraiment l'essentiel, et faire émerger l'important qui fait sens.

S'accorder des temps de pause créative

Pour « ne pas faire toujours plus de la même chose », qui conduit inévitablement au même résultat, prendre le temps de sortir du mode de « pensées automatiques » aide à se libérer de ses conditionnements du passé. Réussir à créer de nouvelles habitudes, en insérant régulièrement dans sa journée des temps de silence, laisser son esprit vagabonder, et être en état de réceptivité.

Lâcher prise pour accéder en soi à une partie plus créative et développer d'autres ressources, d'autres manières de voir ou d'agir…

Oser sortir de sa zone de confort

Abandonner ses conditionnements ou croyances limitantes, c'est sortir du connu. C'est prendre le risque de voir et faire différemment en acceptant d'entrer dans l'inconnu, en essayant quelque chose de nouveau ou d'inhabituel pour renverser son cadre de référence…

Enclencher une spirale vertueuse

En modifiant nos pensées, nous agissons sur notre réalité. Un état d'esprit curieux et optimiste favorise les découvertes inattendues pour s'ouvrir, avec joie et plaisir, au champ de tous les possibles, de la connaissance et du rêve, pour pouvoir créer et transformer son propre monde, « réenchanter » sa vie, agir avec moins d'effort et plus de plaisir… Toute situation non désirée se transforme ainsi en expérience riche et féconde, dont il appartient à chacun de se réjouir…

EXEMPLES de découvertes, d'inventions, et d'innovations faites par « sérendipité »

La « sérendipité » est la faculté de découvrir, d'inventer ou de créer ce qui n'était pas recherché, mélange subtil de hasard, d'intuition, d'observation, de curiosité et de disponibilité mentale permettant de rester à l'affût du neuf...

› Dans l'Histoire : la découverte de l'Amérique, par Christophe Colomb qui cherchait la route occidentale des Indes.

› Dans le domaine des sciences : l'idée de l'attraction gravitationnelle (conçue par Newton après avoir reçu une pomme sur la tête), la pénicilline découverte par Fleming, la structure de l'ADN,...

› D'autres exemples : le coca-cola (qui à l'origine avait des vertus médicamenteuses avant de devenir un soda), la tarte tatin, le post-it...

› De nombreux artistes (Rimbaud, les Beatles) ou créateurs de produits innovants (Steve Jobs) ont eu recours à des outils favorisant la sérendipité (marche, méditation...) pour développer leur créativité. Surfer sur le net produit également beaucoup de sérendipité...

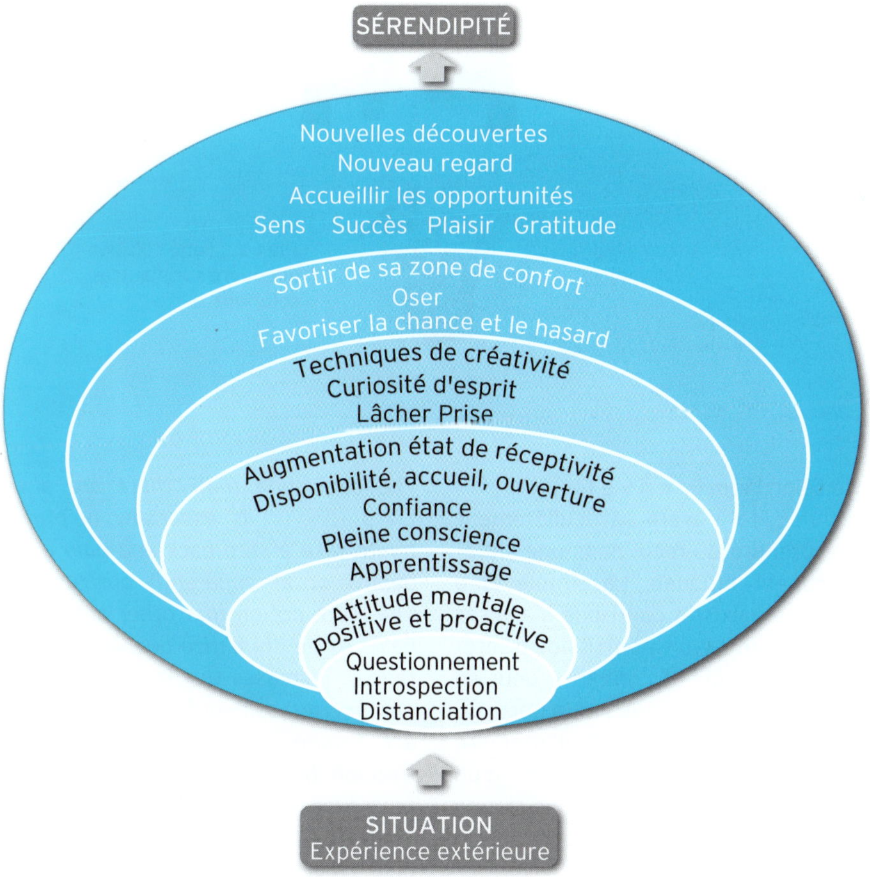

Les options possibles

AVOIR TOUJOURS EN TÊTE UNE OU PLUSIEURS ALTERNATIVES POUR RESTER SEREIN ET CONFIANT

- Plan A : la première solution, « certainement la meilleure ! »
- *Et si elle n'est finalement pas possible, comment faire...?*

- Plans B, C... : d'autres options possibles, non moins intéressantes...

- Plan X... : une solution qui ouvre sur d'autres solutions...!

En résumé

La croyance selon laquelle « il y a toujours plusieurs solutions... ! » s'avère particulièrement aidante pour prendre du recul dans une situation apparemment bloquée. La simple idée qu'une issue puisse exister contribue à apaiser notre lecture de la situation, nourrit notre sérénité, et redonne énergie et confiance pour se lancer dans l'action malgré tout. Par la porte ou la fenêtre, il y a toutes les raisons d'atteindre l'objectif, sereinement ! Et l'existence d'un « Plan B » redonne de la perspective à une situation dont l'issue semblait perdue.

Insight

The conviction that "there are always several solutions" is especially helpful when we try to take a step back and gain a wider perspective on an apparently obstructed situation. The mere notion that other answers may exist helps us de-dramatize our view of the circumstances, increases our tranquility and rekindles our energy, self-confidence and motivation to act despite our misgivings. Choosing to head through the door or through the window, we have every reason to reach our target - serenely! The very existence of a "Plan B" throws new light on a situation that had seemed hopeless.

Pourquoi l'utiliser ?

Objectif

› Retrouver une forme de sérénité en réduisant son niveau de stress et de tension dans une situation dont l'issue semble incertaine.

› Prendre du recul pour imaginer d'autres voies permettant de se remettre en action vers son objectif.

› Grâce à l'état de sérénité ainsi entretenu, disposer d'un espace de créativité pour imaginer des solutions alternatives, innovantes et parfois plus propices.

Contexte

Dans une situation apparemment bloquée faute de pouvoir mettre en œuvre la solution initialement imaginée, envisager la possibilité de nouvelles options apaise l'esprit et renforce la confiance en sa capacité à construire de nouveaux scénarios : se donner le choix contribue également à responsabiliser celui qui opte finalement pour le plan B, sereinement et en pleine conscience de son choix.

Comment l'utiliser ?

Étapes

1. **Clarifier l'objectif qu'on souhaite atteindre, et la solution initialement envisagée.**

Clarifier les obstacles qui entravent le chemin, et évaluer lucidement les chances d'atteindre son objectif par cette première voie. Il y a peut-être une chance néanmoins ?

2. **Accueillir avec ouverture et curiosité les éléments qui semblent bloquer la situation** : cette posture relève d'un choix conscient, et s'apparente au recadrage positif (cf. outil 24), qui vise à faire de l'obstacle une opportunité d'évolution, de progrès, et de réussite créative...

3. **Partir en quête de solutions alternatives et de nouvelles options**, ce qui suppose de mobiliser davantage l'hémisphère droit de son cerveau, plus imaginatif et créatif que le gauche, rationnel et cartésien. Se placer dans cette disposition d'esprit n'est pas sans rapport avec la posture de sérendipité (cf. outil 25).

4. **Effectuer les arbitrages nécessaires entre les différentes options possibles** :

- Vérifier l'écologie de chacune : « *Y aurait-il un inconvénient à procéder ainsi ?* »
- Mesurer les bénéfices possibles (temps, argent, efforts,...) de ces nouvelles voies : « *Si je procède ainsi, qu'est-ce que je gagne ? Qu'est-ce je perds ? Qu'est-ce que je risque... ?* ».

Méthodologie et conseils

À défaut de pouvoir concrétiser la solution A, se polariser sur la solution B peut finir par rendre cette dernière plus attractive : elle pourrait alors prendre le pas sur la première, qui conservait néanmoins son intérêt, dilemme potentiellement générateur de stress... Être au clair sur le scénario qu'on souhaite privilégier est essentiel pour le concrétiser dans un état d'esprit serein, faite de quoi les deux objectifs peuvent se « télescoper » mentalement.

Par exemple, si je rate mon train, je prendrai le suivant. Et finalement, je prends mon temps et je suis obligé de prendre le train suivant alors que j'aurais raisonnablement pu avoir le premier ! ■

« Plus on a de choix, mieux ça vaut... C'est la personne qui a la plus grande marge de manœuvre qui prend le contrôle de la situation. Alors, ayez plusieurs cordes à votre arc ! », présupposé de la PNL (Programmation Neuro-Linguistique)

Avantages

- Ouvrir le spectre des options élargit considérablement le champ de vision et permet d'intégrer des éléments qui nous auraient totalement échappé si tout s'était passé « comme prévu ».

Précautions à prendre

- Élargir l'éventail des options contribue à développer sa sérénité à condition que le nombre d'alternatives envisagées reste « raisonnable » : l'effet apaisant opère dès lors qu'une seconde option possible se fait jour, se renforce avec une troisième alternative ; au-delà, la multiplication des scénarios possibles peut à l'inverse s'avérer anxiogène...

OUTIL 27

La négociation entre les parties

RETROUVER L'APAISEMENT INTÉRIEUR EN DÉPIT D'UNE INJONCTION PARADOXALE

En résumé

Face à une injonction paradoxale ou deux parties de nous-mêmes s'opposent (exemple : « Je dois terminer ma journée pour aller récupérer mes enfants / je dois boucler ce dossier pour la réunion de demain matin »), il importe de faire cohabiter ces deux parties antagonistes le plus sereinement possible. Préserver bien-être et sérénité suppose ainsi rétablir une forme d'équilibre entre les différentes parties du système, chacune légitime dans son injonction : restaurer une forme d'écoute intérieure et de neutralité bienveillante mutuelle entre ces deux parties de nous-mêmes, permet de retrouver une forme d'apaisement intérieur.

Insight

Whenever two parts of ourselves make apparently antagonistic, paradoxical demands (example: "I have to finish my workday to go pick up my children / I have to finish preparing this document for tomorrow morning's meeting"), we should allow them to cohabitate as serenely as possible. To maintain our calm, we have to reestablish some kind of balance among the system's different parts, each of which is making legitimate demands. We can regain some inner peace by restoring an ear for our inner needs and adopting an attitude of benign neutrality among the two opposing parties.

Pourquoi l'utiliser ?

Objectif

Pour faire face à une injonction paradoxale qui bloque nos schémas de pensées, nous parasite émotionnellement et fait obstacle à une action pragmatique, la « négociation entre les parties » vise à restaurer un dialogue intérieur constructif entre les deux parties antagonistes. Elle permet d'instaurer une forme de neutralité bienveillante entre ces parties chacune vis-à-vis des activités de l'autre. Une stratégie palliative pour permettre leur cohabitation la plus sereine possible...

Contexte

Lorsque deux parties de nous-mêmes sont en conflit « de territoire », que deux aspirations d'intérêt égal s'opposent, nous sommes alors comme tiraillé entre deux ressorts de puissance égale qui interdisent tout mouvement au système. La « négociation entre les parties » vise alors à redonner à ce dernier un peu de flexibilité.

Comment l'utiliser ?

Étapes

1. **Nommer les parties**, ce qui leur donne le droit d'exister (chaque main peut symboliser une partie)

Dans notre exemple : « Maman poule » / « Working girl »

2. **Questionner chaque partie sur son utilité**

« Partie X, quelle est ta fonction utile... ? « Et y a-t-il une autre partie que te gêne, t'entrave, t'interrompt ... ? » (Chacune peut ainsi reconnaître l'existence de l'autre)

Et réciproquement pour la partie Y.

3. **Laisser les parties dialoguer ensemble** si elles le souhaitent...

Symboliquement, s'asseoir et écouter

4. **Négocier un accord entre les parties** (c'est la formulation qui crée la confusion... : il est important de produire du chaos !)

« X, est-ce suffisamment important pour toi, au point que tu accepterais de laisser faire Y ce qu'elle a à faire, à condition qu'à son tour Y te laisse faire ce que tu as à faire ? »

Et réciproquement, pour la partie Y.

5. **Préparer l'engagement de chaque partie** (la réponse attendue est idéalement positive !)

« X, est-ce que tu acceptes... ? » Et réciproquement...

6. **Vérifier l'écologie de l'accord conclu**

« Y aurait-il un inconvénient à ce que chacune accepte... ? »

7. **Prendre engagement** (si chaque partie est d'accord pour accepter l'autre, on peut symboliquement ramener les mains ensemble).

Méthodologie et conseils

Pour matérialiser les « parties » et faciliter l'instauration du dialogue entre elles, on peut utiliser symboliquement ses deux mains, chacune symbolisant l'une des parties. L'équilibre entre les deux est souvent une remarquable illustration de la prépondérance de l'une au détriment de l'autre (elle « pèse » davantage...), observable en particulier lors de la conclusion de l'accord entre les parties (étape 7). ■

« À l'image de la vase remuée qui se dépose et crée de nouveaux motifs dans le sable, le chaos précède toujours la réorganisation, la reconstruction et l'apaisement. »
Nicole de Chancey

Avantages

- Restaurer la légitimité de chaque partie contribue à libérer les tensions qui bloquaient le système : chacune fera alors « ce qu'elle a à faire », pleinement légitime quant à l'utilité de sa fonction, et dans le respect de l'autre partie.

Précautions à prendre

- Il est possible qu'une troisième partie apparaisse en cours de processus. Il s'agit souvent d'une valeur, qui peut alors intervenir comme un arbitre entre les deux premières parties. Il convient alors de l'inviter aux côtés des deux premières pour engager le dialogue entre elles.

OUTIL 28

La visualisation positive

SE CENTRER SUR SON OBJECTIF POUR ATTIRER À SOI LES RESSOURCES POUR Y PARVENIR

En résumé

Cultiver une vision positive et concrète de ce que l'on poursuit permet de rester centré sur cet objectif et de mobiliser toutes ses ressources pour l'atteindre. Instaurer des « autoroutes neurologiques » propices à orienter l'action dans le sens souhaité concourt alors à une réussite sereine et tranquille : pensées positives et croyances aidantes, bien-être et confiance intérieure, action pragmatique orientée vers le résultat visé. Bien plus, privilégier la destination plutôt que les ressources nécessaires s'avère plus efficace pour accéder à ces dernières.

Insight

By cultivating an affirmative, concrete vision of our goal, we can focus on it and mobilize all our resources to accomplish it. Such an attitude builds "neurological freeways" that orient our action in the desired direction. We can serenely obtain success via positive thoughts, helpful beliefs, self- confidence, and pragmatic action oriented toward the desired result. Moreover, focusing our thoughts on the goal instead of obsessing over the required resources turns out to be more efficient if we want to gain access to them.

Pourquoi l'utiliser ?

Objectif

La visualisation positive permet de se préparer aux situations à forts enjeux en se connectant à ses ressources positives. Elle permet de réguler son stress en canalisant ses pensées au travers du scénario gagnant. Cette technique permet de dépasser ses appréhensions pour aborder l'incertitude : en construisant une vision positive de ce que l'on souhaite, elle permet paradoxalement de se rendre disponible à d'autres hypothèses.

Contexte

Dans le cadre de leur préparation mentale, les sportifs de haut niveau utilisent la visualisation positive avant leur compétition afin d'améliorer leurs performances et leur qualité de concentration. La démarche peut s'appliquer à toute situation génératrice d'incertitude.

Comment l'utiliser ?

Étapes

1. **Clarifier la situation à laquelle l'on souhaite se préparer positivement.** Pour des raisons de simplicité, l'exemple ci-dessous concerne un bonbon à la menthe... Idéalement, le processus s'applique plutôt à une situation ou à un projet que l'on souhaite concrétiser avec un sentiment de bien être.

2. **Faire le calme autour de soi et en soi.**

› Choisir le moment propice pour soi (disponibilité intérieure, sans pensées parasites...).

› Choisir un endroit calme, éloigner les distractions (téléphone, bruits parasites...).

› S'installer confortablement et prendre un temps de respiration tranquille et profonde.

3. **Visualiser l'objet (ou la situation à laquelle se préparer).** Concentrez-vous sur l'aspect visuel de l'objet (bonbon à la menthe) :

› Quelle est sa forme ? Imaginez-le en 2 puis 3 dimensions...

› Quelle est sa couleur ? Imaginez-vous le colorier de couleur verte, ou bleue...

› À quoi ressemble son emballage ? Quelle est sa texture (mate, brillante, lisse, avec des rayures...) ?

4. **Enrichir sa représentation sensorielle au travers d'indices positifs.**

› Prenez le bonbon dans votre main. Ressentez si sa texture est dure ou molle.

› Puis lorsque vous ouvrez l'enveloppe qui entoure le bonbon, entendez le petit froissement du papier.

› Une fois le papier ouvert, sentez l'odeur qui se dégage...

5. **Ancrer en vous la sensation de bien-être associée à ces différents éléments sensoriels.**

« Le bonheur dépend non pas de ce que vous êtes ou de ce que vous possédez, mais uniquement de votre façon de penser. »
Dale Carnegie

Méthodologie et conseils

La visualisation positive consiste à se représenter mentalement une situation et à ressentir toutes les émotions et les sensations qui y sont associées. Ainsi, l'exercice ne se limite pas au seul aspect visuel : il sera d'autant plus puissant qu'il intègre les cinq sens. On peut aisément déployer le processus à propos de situations plus complexes, et donner alors à ses objectifs et projets la couleur et la saveur positives souhaitées... ■

Avantages

- La visualisation positive est une préparation à l'action, et se tient en amont de la situation pour laquelle l'on souhaite se donner toutes les chances positives de confiance et de performance.

Précautions à prendre

- Développer la présence à ses sensations suppose parfois un peu d'entrainement, et nécessite de prendre le temps de réaliser le processus tranquillement, en conscience et présence... Le choix du moment est également crucial pour permettre la disponibilité intérieure propice à l'exercice.

SUITE OUTIL 28 →

La visualisation positive

Comment être plus efficace ?

Cultiver des états internes positifs pour se rapprocher de son objectif

Nos états internes conditionnent largement notre perception de tout ce qui nous entoure et notre rapport au monde. Ainsi, les pensées que nous entretenons (nos croyances, conscientes ou non...), nos émotions et notre forme physique, orientent largement la représentation que nous nous faisons du champ des possibles, tantôt très étroit, tantôt bien plus largement ouvert... ! Ainsi, si je suis préoccupé par une question, je risque fort de voir mon chemin aujourd'hui jalonné d'événements qui me renvoient à ce à quoi je pense.

Autant de bonnes raisons pour choisir de cultiver des états internes et ressentis positifs, alignés avec ce que je souhaite réussir sereinement plutôt qu'évocateurs d'un combat « contre quelque chose » qui entrave ma progression vers l'objectif.

Mobiliser tous ses sens...

La visualisation positive suppose un travail multidimensionnel intégrant émotions et sensations. Ainsi, visualiser positivement la situation telle que nous souhaitons la voir se concrétiser gagne à être déployé au travers de nos cinq sens :

› Pour les visuels, imaginer la situation et en affiner sa représentation en terme de configuration des lieux, d'espace mobilisé, de lumière, de couleur, de netteté des détails observés (objets spécifiques, expressions des visages d'autrui,...) : le visuel peut prendre une photo virtuelle, sorte de polaroïd de la situation réussie.

› Pour les auditifs, s'attacher aux sons qui entourent la situation (ambiance sonore, intonations des voix, musique associée et atmosphère véhiculée par celle-ci, paroles entendues,...) : comme un mantra, l'auditif associera facilement un aphorisme à sa perception auditive positive.

› Pour les kinesthésiques, s'ancrer physiquement dans la concrétisation sensorielle de la situation réussie (sensations corporelles de chaleur, de mouvement, respiration, conscience corporelle globale,...) : comme un rituel, c'est par un geste ou une sensation caractéristique que le kinesthésique reviendra à la perception sensorielle de la situation concrétisée.

Si les ressources ne sont pas là, faites « comme si... ! »

Clarifier ce dont vous avez besoin est important, afin de trouver les ressources qui vous permettront de rassembler les meilleures conditions pour atteindre votre objectif sereinement. Néanmoins, si les ressources sont certes nécessaires, il est bien plus propice de se centrer sur ce que l'on souhaite obtenir en termes de résultat, que sur ce qui nous manque pour y parvenir !

« Faire comme si » c'était possible et déjà réalisé contribue à rendre la chose plus facile et lève une partie des obstacles, comme si on était déjà passé « de l'autre côté ». Et s'imprégner des ressentis et comportements que l'on aurait si on y était déjà donne davantage de ressource pour enclencher l'action concrètement et sereinement.

De fait, « y être déjà » et « faire comme si » a de grandes chances de rendre accessible la ressource qui nous faisait défaut, la solution que l'on recherchait... Bien plus, se mettre dans la peau de celui « qui a déjà trouvé une solution » en génère souvent plusieurs autres... ! Autant d'options qui viennent élargir le champ de nos possibilités, et nous inviter à rester flexible !

Si le « Faire comme si » ne résout pas toutes les situations, il contribue néanmoins à nous ouvrir à des solutions à notre portée, et à dépasser les croyances limitantes qui nous empêchaient de voir que ces solutions nous étaient destinées...

APPLICATION Se préparer à réussir

Autour d'une situation à laquelle l'on souhaite se préparer, et que l'on souhaite traverser sereinement, voici un processus pour guider la réflexion. Il suppose de s'installer au calme pour se rendre disponible intérieurement, et conduire une réflexion authentique qui parle effectivement de ce que l'on souhaite « dans le fond », pour soi. C'est cette recherche de cohérence personnelle et d'authenticité qui saura être porteuse de sérénité et de bien-être.

« *Vous appréhendez une situation à forts enjeux, vous craignez de buter sur un obstacle... Plutôt que de décortiquer ce dernier pour l'éviter, « faites comme si la question était déjà réglée ». Imaginez ainsi qu'un miracle prend place (intervention cosmique d'un ordre supérieur, alignement propice des planètes... !). Imaginez-vous vivre la situation mentalement, et à chaque pas, vous prenez conscience que le miracle s'est produit au travers d'un certain nombre de signes qui vont vous permettre de le comprendre.*

Quelles sont ces choses, petites et grandes, qui attirent votre attention, et vous démontrent que tout se passe exactement comme vous le souhaitez ? Concrètement, à qui savez-vous que tout se passe bien ?

Bien plus, qu'est-ce que cette concrétisation vous permet ? Comment mettre maintenant à profit ces circonstances propices ? Quelle est la plus petite chose par laquelle commencer, qui vous permette d'enclencher l'action, et de passer de la visualisation positive à l'action pragmatique ? »

Le tableau ci-dessous permet de classer ces éléments positifs. Ceux qui sont de l'ordre de votre ressenti sont probablement visuels, auditifs et kinesthésiques, illustrations concrètes de vos croyances qui guident votre perception de la réalité. D'autres, plus factuels, vous reconnectent à la réalité de manière plus objective. Il vous appartient alors de mettre ce miracle à profit et d'engager l'action...

Les 10 choses positives qui font que je vérifie que tout se passe comme je le souhaite :

(*exemple : je prends la parole devant une assemblée*) :

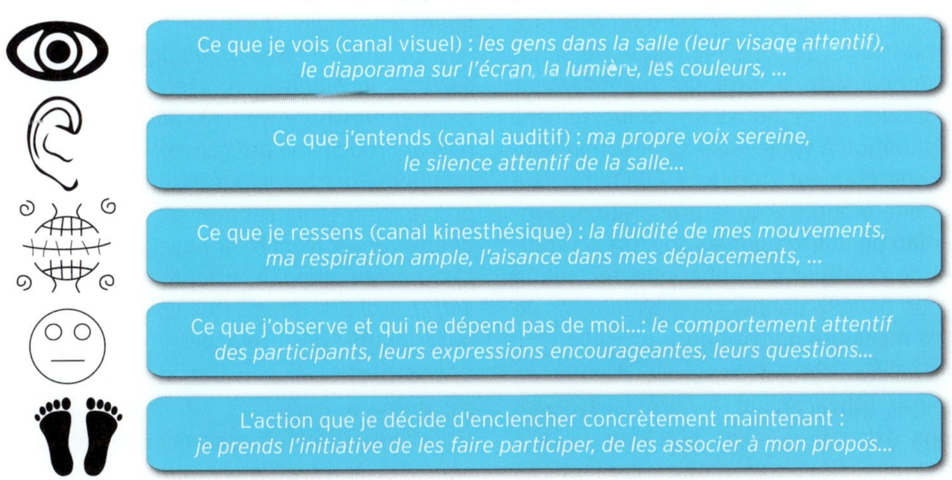

TIL 29

Le « pont sur le futur » (ou préparation mentale)

SE METTRE EN SITUATION DE DONNER LE MEILLEUR DE SOI-MÊME

En résumé

Faire mieux ce que l'on fait déjà bien, donner le meilleur de soi-même dans une situation donnée, ou tout simplement mettre en œuvre une nouvelle façon de faire : autant de raison de préparer son mental pour en faire un allié ! Le pont sur le futur est une technique de simulation qui consiste à projeter mentalement l'apprentissage d'un nouveau comportement dans la situation à venir, où le sujet souhaite la mettre concrètement en œuvre. Elle fait partie de la « boîte à outils » de la préparation mentale, démarche utilisée par les sportifs en complément de la préparation physique, technique et tactique pour se donner tous les moyens de réussir la meilleure performance possible.

Dans le milieu professionnel, elle permet de se préparer efficacement à faire face à des situations exigeantes, avec une plus grande confiance en soi et une meilleure réactivité face aux réactions de l'environnement.

Insight

Whenever we want to do better what we already do well, when we want to give the best of ourselves in a given situation or simply try out a new approach, we should prepare our minds and make them our allies. The "bridge into the future" is a simulation technique that consists in mentally projecting ourselves into a situation where we have already learned the new approach and are concretely putting it into practice. This technique is one of the mental preparation tools used by competitive sportspeople (apart from their physical, technical and tactic preparation) in order to equip themselves with every advantage to help them deliver the best possible performance.

In the professional world, it efficiently helps us prepare ourselves to tackle demanding situations with increased self-confidence while we learn to react more appropriately to the challenges coming from our environment.

Pourquoi l'utiliser ?

Objectifs

› Renforcer un comportement utile, une posture efficace, une performance.

› Se mettre en situation de donner le meilleur de soi-même dans une situation à venir.

Contexte

Le pont sur le futur peut être utilisé pour renforcer la confiance avant une échéance importante, en se projetant mentalement dans une situation à venir en situation de réussite et d'excellence. C'est une technique qui fait appel à la visualisation, ainsi qu'à la mobilisation d'un état interne ressource qui permet d'activer les circuits neuronaux de la réussite en action. Ainsi, la personne cultive un état d'esprit positif et constructif face à ce qu'elle peut considérer comme un challenge, un défi.

Comment l'utiliser ?

Étapes

1. **Clarifier la demande, la situation future souhaitée.** Par exemple, réussir sa prise de parole en public face aux 70 personnes de la direction : s'exprimer avec clarté et fluidité et se sentir à l'aise.
2. **Qualifier l'état interne dont la personne a besoin.** Ici, cela pourrait être un contrôle émotionnel de qualité et de la sérénité.
3. **Identifier l'état ressource :** il s'agit d'une situation où la personne a déjà mobilisé ce qu'elle cherche à atteindre, ou quelque chose de similaire. Ici, une situation dans laquelle la personne a déjà fait preuve d'un contrôle émotionnel approprié et de sérénité, lors d'une dispute avec ses frères et sœur par exemple.
4. **Aller chercher « l'état ressource » dans cette situation :** « Prenez le temps d'y penser, de vous mettre dedans, de ressentir les choses, l'environnement, les bruits, les odeurs, les images... de revivre cette situation de réussite » et l'ancrer par un geste simple, comme encercler son poignet gauche avec le droit par exemple.
5. **Emporter l'état interne ressource dans le futur, en gardant l'ancre active :** « Tout en restant dans cet état ressource, projetez-vous dans la situation future, visualisez-vous en train de faire l'action, toujours avec cet état ressource. Quelles sont les sensations, émotions, pensées, que faite-vous ? » puis retirer l'ancre
6. **Tester l'état interne dans la situation à venir :** « Maintenant que vous êtes proche de la situation à venir, comment vous sentez-vous ? »

« Ce n'est pas parce que les choses sont difficiles que nous n'osons pas, c'est parce que nous n'osons pas qu'elles sont difficiles. »
Sénèque

Méthodologie et conseils

› L'état ressource peut venir d'un contexte professionnel, extra-professionnel ou personnel.

› Avant d'initier un tel processus, il est pertinent de vérifier le niveau de compétences, ainsi que le niveau de confiance. Dans le doute, commencer par renforcer la confiance !

› Il peut être opportun de réitérer cette projection dans le futur avec l'état ressource et l'ancre associée plusieurs fois, pour ancrer la confiance et la mobilisation de tout l'organisme. ■

Avantages

■ Cette technique permet de s'imprégner du ressenti et des comportements de l'état désiré. Elle augmente la confiance en soi, la motivation et la concentration, et favorise le passage à l'action dans un contexte personnel favorable.

Précautions à prendre

■ Cet outil n'est pas adapté pour régler des difficultés émotionnelles personnelles.

5 PRENDRE DE LA HAUTEUR ET CALMER SON MENTAL

« Si je devais recommencer ma vie, je n'y changerais rien. Je ne ferais rien qu'ouvrir un peu plus les yeux... »
Jules Renard

Cultiver le bien-être au travail, c'est également être paisible avec soi-même pour pouvoir l'être avec les autres, avec le monde qui bouge autour de nous, nous stimule, nous contraint et nous emmène parfois là où on ne le souhaitait pas. Ainsi, entretenir avec soi-même une relation d'honnêteté et d'intégrité, c'est se sentir autorisé à faire et dire posément que ce que l'on pense réellement au fond de soi, en toute liberté et en toute sérénité. Elément essentiel de l'alignement intérieur qui concourt à un niveau de bien-être psychologique acceptable, en dépit d'un contexte professionnel parfois fort peu serein...

L'ambition est exigeante, et suppose de mettre en place certains rituels de rencontre avec soi-même destinés paradoxalement à mieux se relier au monde, et celui de l'entreprise en particulier. Certaines ne s'y trompent pas et ont choisi d'accueillir cette idée de manière pleinement institutionnalisée, mettant à disposition des collaborateurs qui le souhaitent des espaces ou des temps dédiés, à l'instar des ateliers de méditation proposés aujourd'hui par certaines entreprises.

« *La méditation en entreprise, une clé pour le bien-être et l'efficacité ?* », tel était le thème d'une première rencontre réunissant en 2015 dirigeants, médecins, méditants de premier plan et instructeurs en méditation « pleine conscience ». Ainsi, face aux sollicitations multiples dont nous faisons l'objet, nous sommes contraints de prendre en permanence une multitude de décisions qui nous incitent à la dispersion et nuisent à notre calme intérieur. À cela s'ajoute un climat d'incertitude qui alimente notre stress. Comme l'ont prouvé de nombreuses études neuroscientifiques, la méditation de pleine conscience est une solution durable pour aider les leaders et leurs équipes à concilier plus sereinement performance et quête de sens.

C'est autour de ces considérations que s'organisent les outils présentés dans ce dossier : pour prendre de la hauteur et calmer son mental, voici plusieurs propositions complémentaires, certaines ancestrales et d'autres plus récemment mises au goût du jour…

Ainsi, la tenue régulière d'un Journal de bord (outil 30) constitue une première piste, en écho à l'examen de conscience journalier exigé de ses disciples par Pythagore 500 ans avant notre ère… Prendre l'initiative d'arrêter sa course quotidienne pour une salutaire pause destinée à se recentrer et débriefer son action (outil 31), figure en bonne place parmi les rituels de nombre de dirigeants, sportifs ou musiciens reconnus. La cohérence cardiaque (outil 32) jouit également d'une place privilégiée parmi les processus scientifiquement fondés et destinés à favoriser concentration et apaisement mental. Enfin, les bénéfices de la méditation « pleine conscience » (en anglais MBSR : MindfulnessBased Stress Reduction) propose de nombreux exercices dans cette même perspective, qu'il s'agisse de centrer ses pensées sur sa respiration et sur ses sensations (outil 33), de développer par la « contemplation » une conscience plus fine et une présence plus qualitative à ce qui nous entoure (outil 34), ou enfin de développer un sentiment de compassion pour traverser plus sereinement l'adversité (outil 35). Autant de leviers d'action issus du développement personnel voire de la spiritualité, et qui trouvent néanmoins toute leur légitimité et leur efficacité dans l'entreprise pour y favoriser un bien-être tant individuel que collectif.

LES OUTILS

30 Le journal de bord 96

31 Le débriefing et la pause pour se recentrer 100

32 La cohérence cardiaque 104

33 Les « 5 minutes de respiration » 106

34 La méditation contemplative 110

35 La méditation de compassion 114

OUTIL 30

Le journal de bord

CULTIVER LA GRATITUDE ET DÉVELOPPER LA CONSCIENCE DE NOS RESSOURCES

En résumé

Disposer d'un espace où déposer par écrit ce qui peut nous être utile pour la suite est précieux. Démarche à la fois porteuse de bienveillance et d'exigence, le journal de bord constitue un support privilégié ritualisant la rencontre avec soi-même : parmi ses vertus, clarifier sa destination et ses intentions (objectif du jour, de la semaine,...), choisir de se placer en énergie haute en y listant les ingrédients positifs de sa journée (réussites, fiertés), cultiver la gratitude en y consignant les cadeaux du chemin (petits et grands...). À sa relecture, le journal de bord donne l'occasion de prendre de la hauteur, de considérer des événements avec recul pour en tirer tous les enseignements et enrichir la suite.

Insight

It is wonderful to have a place where we can jot our thoughts down for subsequent use. The logbook is an act of self-kindness, but it also requires self-discipline. As a tool capable of ritualizing our encounter with ourselves, it can help us clarify our objectives and intentions (goal of the day, goal of the week). We can encourage positive energy by listing the day's successes and the things we were proud of; we can cultivate gratitude by making a mental note within its pages of the "gifts along the way", both large and small. When we reread it, we can take a healthy step back from events in order to learn from them, thereby enriching our future path.

Pourquoi l'utiliser ?

Objectif

Le journal de bord vise à garder la trace de tout ce qui peut nourrir sa réflexion et éclairer utilement le chemin : formuler des objectifs clairs, guidants et mobilisateurs, collecter les petites victoires pour s'encourager au fil du chemin, prendre du recul sur les événements et ajuster ses ambitions en conséquence, cultiver la gratitude, autant d'objectifs possibles à envisager sur-mesure.

Contexte

Le journal de bord peut trouver sa place ponctuellement dans le cadre d'une transition ou pour préparer un nouveau projet (professionnel ou personnel). Il peut également être précieux lorsqu'il est besoin de prendre du recul sur un contexte difficile, de se remobiliser en « tamisant plus fin » les choses positives pour faire face à l'adversité. Enfin, c'est la curiosité qui peut inviter à ouvrir son journal de bord, pour expérimenter une démarche emblématique et potentiellement transformatrice…

Comment l'utiliser ?

Étapes

1. **Clarifier son objectif : pourquoi ouvrir et tenir son journal de bord ?**

› Quelles attentes ? Quels thèmes consigner et dans quelle perspective ?

› Quelles contraintes ? Quels enjeux ?

2. **Choisir le support approprié et se le procurer** (cf. Comment être plus efficace ?)

3. **Définir le moment le plus approprié, les rituels associés**

4. **Ouvrir son journal de bord**

› Poser symboliquement les premières lignes, et convenir avec soi-même du prochain rendez-vous

› Et poursuivre le chemin pas à pas, rendez-vous après rendez-vous… A chaque jour sa propre moisson !

5. **Se retourner sur ses pas…**

› Régulièrement, se ménager un temps de prise de recul en revisitant les dernières pages de son journal de bord

› Y consigner les enseignements tirés de cette relecture, et poser les actions pour en tirer le meilleur profit (« le plus petit premier pas qui produirait le plus grand effet… »).

Méthodologie et conseils

C'est d'abord la régularité qui prime, ainsi que le confort et la disponibilité intérieure dont vous pouvez alors disposer pour conduire l'exercice agréablement et posément. Associer le rituel du journal de bord à une autre habitude porteuse de plaisir (thé, café, musique préférée…) peut faciliter la mise en place d'un rituel durable.

Quant à la question du temps nécessaire, elle est propre à chacun, selon s'il est plus ou moins prolixe, et si l'agitation intérieure nécessite préalablement un temps de décantation… ! ■

« Votre temps est compté, alors ne le gaspillez pas à vivre la vie d'un autre. Ne laissez pas le vacarme des opinions des autres étouffer votre vie intérieure. »
Steve Jobs

Avantages

■ Les applications du journal de bord sont multiples, qu'il s'agisse de se remettre en forme, de gagner en assurance, de renforcer son estime de soi, de reconstituer son capital d'énergie positive, de renforcer sa bonne humeur, et globalement de prendre soin de soi… Formidable allié pour soutenir l'engagement et encourager l'action, le journal de bord permet de baliser le chemin au travers de jalons propres à soutenir l'action, et de mesurer pas à pas sa progression.

Précautions à prendre

■ En cas de « rendez-vous manqué », restez bienveillant avec vous-même : il y a sûrement une bonne raison à ce que vous n'ayez pas totalement intégré votre journal de bord à votre quotidien. Prenez le temps de comprendre ce qui peut être adapté, d'ajuster votre exigence à votre propre réalité…

SUITE OUTIL 30 →

OUTIL 30

Le journal de bord

Comment être plus efficace ?

À l'origine...

Sur le fronton du temple de Delphes consacré à Apollon était inscrit : « Connais-toi toi-même, et tu connaitras l'univers et les Dieux ». C'est cette devise que Socrate reprendra à son compte pour inviter à la sagesse par cette exigence introspective. Pythagore l'instaurera à son tour au travers de l'examen de conscience imposé à ses « mathématiciens », exercice philosophique et spirituel destiné à améliorer la qualité morale ou religieuse de sa vie, et par lequel l'on examine en conscience dans quelle mesure on a fait ou promu le Bien, dans son attitude autant que ses pensées. Vaste ambition au regard de celle plus modeste de notre journal de bord, qui peut néanmoins revêtir une certaine portée philosophique, voire spirituelle.

Journal de gratitude

Robert Emmons, docteur en psychologie, a travaillé dans les années 80 sur les dimensions psychologiques du bonheur ainsi que sur la gratitude, au travers d'expériences visant à évaluer l'impact de la gratitude sur le bien-être physique et psychologique. L'une d'entre elles s'attachait à comparer le niveau de bien-être de deux groupes, l'un écrivant chaque semaine 5 choses réjouissantes vécues pendant la semaine écoulée, le second 5 choses désagréables de la semaine.

Après 10 semaines, sans surprise, l'expérience vérifia qu'en se centrant sur ce qui va bien, on se sent mieux qu'en ressassant ce qui ne va pas, améliorant par là-même son état de santé et son niveau de bien-être. Bien plus, elle démontra également que la gratitude encourage le développement de comportements « pro-sociaux » (plus grande attention aux autres, lien affectif et soutien accru à l'égard de son entourage,...) et favorise la « chance » et la capacité à se saisir des opportunités qui se présentent à nous.

Dans cet esprit, tenir son journal de gratitude consiste chaque jour à lister les « belles choses » qui se sont présentées à nous, et à en tenir un catalogue régulier pour disposer d'une précieuse collection d'ancrages de ressources positives. Mieux comprendre ce qui nous ressource nourrit positivement notre bien-être !

Quel contenu pour mon journal de bord... ?

Selon l'objectif poursuivi, le journal de bord peut ainsi consigner « belles choses », réussites et fiertés (lorsqu'il s'agit de consolider et renforcer l'estime de soi), intentions ou objectif du jour (pour soutenir l'action et booster la motivation), citations et aphorismes (pour nourrir l'inspiration).

Trouver le meilleur moment...

Rendez-vous privilégié avec soi-même, tenir un journal de bord suppose d'y mettre suffisamment d'enjeux pour que la contrainte se mue en habitude puis en plaisir ! Pour faire de ce moment privilégié un espace de liberté et de plaisir et non un devoir ou une contrainte, le choix du moment est important : le soir pour qui aime faire les bilans et tirer les enseignements de la journée, ou plutôt le matin pour qui préfère se programmer positivement pour la journée... Le vendredi soir avant d'aborder le week-end, le dimanche matin au petit-déjeuner, sur un parking au calme dans la voiture, à chacun sa formule gagnante !

Un support qu'on aime, joli...

Votre journal de bord ressemble d'abord à vous... ! Si vous êtes à l'aise avec les outils numériques et les technologies de l'information, probablement choisirez-vous support virtuel. La version traditionnelle ressemble plutôt à un carnet facilement transportable et solide pour résister à toutes les conditions de stockage et de transport, à la couverture agréable tant dans sa matière que sa couleur, et d'un format compatible avec votre écriture...

ILLUSTRATION Les carnets de la « Méthode Disney »

La Méthode Walt Disney est un processus créatif qui permet de structurer sa réflexion autour d'un projet en l'examinant selon trois points de vue complémentaires : « Rêveur », « Réaliste » puis « Critique ». Ainsi, considérer son projet selon ces différents angles de vue successifs permet d'enrichir la réflexion en s'astreignant à l'envisager sous toutes ses perspectives, une contrainte et une exigence favorisant fiabilité et sérénité pour la bonne mise en place du projet.

Le principe peut être décliné sous la forme de trois supports où collecter et classer les idées au fur et à mesure de l'avancement de la réflexion, à l'image des trois carnets à idées ci-après. Disposer d'un espace où déposer les idées au fil de leur survenue est précieux, afin de conserver trace de chaque ingrédient (rien n'est plus volatile qu'une bonne idée !), et de libérer son esprit pour accueillir de nouvelles idées. Un facteur de disponibilité intérieure porteur de bien-être et d'inspiration renouvelée...

OUTIL 31

Le débriefing et la pause pour se recentrer

S'ARRÊTER DANS SA COURSE POUR SE RECONNECTER À SES RESSOURCES, REDONNER DU SENS À SON ACTION

En résumé

Prendre du recul sur les événements qui nous bousculent et s'abstraire de l'action, suppose parfois de « faire une pause ». Temps-mort lors d'une rencontre sportive, entr'acte au théâtre, en entreprise séance de coaching ou séminaire « au vert », autant d'occasions de tirer les enseignements de notre vécu. C'est à chacun qu'il appartient « de stopper la machine » pour débriefer ses réalisations et garder le meilleur pour préparer la suite : clarifier ses points forts et ses ressources mobilisables, mettre à jour les options de progrès possibles et opérer les ajustements nécessaires, et substituer à la répétition de processus inappropriés une stratégie construite et cohérente, propice au bien-être.

Insight

In order to take a step back from activities that cause stress, we sometimes need to take a break. A sports match, a visit to the theater, a coaching seminar or professional training in the countryside: these are all are good occasions to draw lessons from our experience. Each one of us must responsibly choose the right time to "stop the machine" and "debrief" his/her achievements, selecting the best for the future. We clarify our strong points and the resources we can activate; we update the opportunities we see for potential progress and make necessary adjustments; we substitute repetitive, inappropriate procedures with a coherent, well thought-out strategy conducive to well-being.

Pourquoi l'utiliser ?

Objectif

Les vertus de la pause sont multiples : prendre de recul sur son action, sur la stratégie mise en place pour atteindre ses objectifs. En particulier, repérer les mécanismes reproduits avec persévérance mais sans succès autorise à sortir de la répétition infructueuse pour remettre de l'efficacité et du sens dans son mode d'intervention. Assortie d'un débriefing, elle vise également à développer son efficience en clarifiant ses points forts et ses ressources.

Contexte

Pause et débriefing sont propices lorsque notre action s'avère inefficace, soit que le mécanisme mis en place ne soit plus opérant (la répétition crée l'usure, et cette dernière peut altérer la qualité de présence à ce que l'on fait, à l'image du conférencier qui débite son discours bien rôdé trop mécaniquement pour toucher ses spectateurs), soit que l'action soit devenue inappropriée dans ses modalités (le contexte a pu changer, les attentes de l'environnement évoluer).

Comment l'utiliser ?

Étapes

Dans le cadre d'une situation clairement identifiée, et autour d'un objectif déterminé, réaliser un débriefing suppose de respecter les étapes suivantes :

1. **Constater « ce qui est » (ce qui s'est passé, ce que je dis ou fait, l'image que je véhicule...)**

Observer de manière neutre et factuelle, sans jugement dépréciatif.

2. **Clarifier quels enseignements en tirer pour la suite**

› Quels aspects positifs (porteurs de réussite, de facilité, de confort,...) ?

Et quelles ressources les fondent (talents spécifiques, ressources), mobilisables encore davantage... ?

› Quels aspects perfectibles (qui rendent l'action laborieuse, inconfortable, voire infructueuse...) ?

Et quelles options possibles (autres stratégies, chemins différents non envisagés jusqu'alors...) pour les dépasser ?

3. **Définir le plan d'actions possibles**

Pour envisager une action efficace et confortable, quel serait le plus petit premier pas qui produirait le plus grand effet ? Par quoi commencer ? Et ensuite... ?

« La meilleure façon de ne pas avancer est de suivre une idée fixe... »
Jacques Prévert

Méthodologie et conseils

On parle de « débriefing sandwich » : d'abord un point fort, puis un point de progrès, pour finir à nouveau sur un point fort. Encadrer le constat négatif et potentiellement décourageant par deux ingrédients positifs permet de préserver la motivation à réussir, et favorise la remise en action positive et confiante en rendant cette dernière plus accessible... ■

Avantages

- Éviter l'acharnement et ajuster son action vise non seulement à cultiver une meilleure efficacité, avec la satisfaction « de mieux y arriver », mais également et surtout de préserver son niveau de bien-être. Ainsi, reproduire encore et encore « la même chose qui ne marche pas » ne permet que difficilement de renouveler nos réserves d'énergie positive, ni d'entretenir l'estime de soi... !

Précautions à prendre

- La pierre angulaire du débriefing réside en amont du processus dans la neutralité du constat factuel de « ce qui est ». Or, il est difficile de poser sur soi-même un regard pleinement objectif et distancié. D'où la nécessité parfois de s'appuyer sur un « allié » (observateur, coach,...), qui saura cultiver une posture appropriée pour garantir la qualité du constat sur lequel développer des options de progrès.

SUITE OUTIL 31 →

Le débriefing et la pause pour se recentrer

Comment être plus efficace ?

Clarifier d'abord les enjeux du débriefing

L'enjeu premier du débriefing est de mettre à jour des voies de progrès, ce qui suppose de se confronter à ses travers ainsi qu'à ses limites. Un exercice difficile et inconfortable pour qui ne s'y est pas préparer positivement. Il est donc essentiel que la personne qui bénéficie du débriefing ait quelque chose « à y gagner », faute de quoi l'exercice risque de s'avérer plus douloureux que constructif. Clarifier les enjeux en amont du débriefing est donc essentiel.

Débriefer pour préparer l'action

Une fois les points de progrès et pistes d'amélioration identifiés, il est essentiel de boucler le processus en formulant en regard de chacun une ou plusieurs options possibles. Prévoir plusieurs options, plusieurs scénarii, plusieurs chemins possibles « au cas où » revient à garder plusieurs cordes à son arc : «quelle que soit la situation, c'est celui qui a la plus grande marge de manœuvre qui prend le contrôle» ! Bien plus, se convaincre qu'il y a « toujours d'autres options possibles » constitue une croyance très aidante pour avancer…

Débriefer pour dépasser le stress des situations à forts enjeux

Le contexte sportif est riche d'exemples pour illustrer les bénéfices de la pause assortie d'un débriefing : le temps mort lors d'un match de volley ou de basket constitue un levier précieux de remotivation voire de recadrage des joueurs pour l'entraineur.

Dans les disciplines telles que le tir, où le compétiteur dispose d'un temps imparti qu'il mobilise librement pour réaliser un nombre de tirs déterminé, l'une des clés de réussite identifiée réside dans la sagacité à savoir volontairement s'arrêter un moment, lorsque les résultats se dégradent (les tirs s'éparpillent sur la cible…), et non pas de s'acharner à compenser et rectifier un dernier tir décevant : « faire un pas en arrière » pour tirer les enseignements des derniers essais et repérer « ce qui ne colle plus », permet de mieux réinvestir la compétition, l'esprit frais et mobilisé sur un objectif redéfini, jusqu'à la pause suivante…

Réhabiliter la pause et le « temps faible »

Si l'action jouit d'une image valorisante, la pause peut facilement être considérée comme « du temps perdu », une sorte de « temps mort » sans utilité autre que de ne rien faire. Il n'en est rien, et nombreux sont les exemples qui montrent combien ces deux temps sont complémentaires et mutuellement utiles.

Ainsi, dans le discours musical, c'est bien l'alternance entre temps forts et faibles qui structure l'expression (on parle de tension et de détente, l'une étant permise par l'autre et réciproquement…), à l'image des appuis pris par le danseur guidé par la phrase musicale : or, c'est bien le temps « en l'air » qui lui permet de prendre son élan, de même que la respiration du musicien avant le temps fort lui donne l'énergie de poser la première note au bon endroit…

Les professionnels de l'illusion savent que le « truc » d'un tour de prestidigitation se joue discrètement sur le « temps faible », au moment où l'attention du public est détendue et dispersée, alors que ce dernier ne retiendra que l'émotion du temps fort (lorsque le tour réussit).

Autant de situations où réhabiliter le temps faible, porteur de détente constructive à l'image de la pause. Ainsi, au moment officiel où le compétiteur réalisera sa performance aux yeux de tous, il sait que probablement l'essentiel s'est joué ailleurs, juste un peu auparavant…

CAS PRATIQUE L'exercice du Carré « Fondamental » pour transformer un travers en objectif de progrès

À partir d'un travers qui nous est reproché et que l'on souhaiterait « travailler », le processus du « Carré Fondamental » invite à choisir d'orienter plutôt son énergie vers **un objectif de progrès formulé positivement** : le processus peut être mobilisé dans le cadre d'un débriefing pour affiner la formulation de l'objectif de progrès.

Les différentes cases du cheminement proposé ci-dessous correspondent aux étapes suivantes :

› Mon **Travers** : ce que l'on me reproche, ce que le débriefing que je viens de réaliser m'amène à constater.

› Ma **Qualité** : ce qui se cache derrière ce travers si j'en réalise une lecture positive

› Le **Risque** : le versant négatif de cette qualité, son côté « obscur » si cette qualité est poussée à l'extrême, multipliée par 100 ou 1000… !

› Le **Défi**, le **Chalenge** : traduit en « opposé positif » (ce qui est différent du contraire !), à quoi cela peut-il ressembler ?

› **Ce que je ne veux surtout pas…** : le Défi poussé à l'extrême, multiplié par 100 ou 1000… ! Il s'agit souvent d'une chose qui nous inquiète, même si l'on n'est pas toujours prêt à le reconnaître…

› **Mon objectif de travail** possible : une formulation verbale active, à mi-chemin entre « le Défi » et « Ce que je ne veux surtout pas ».

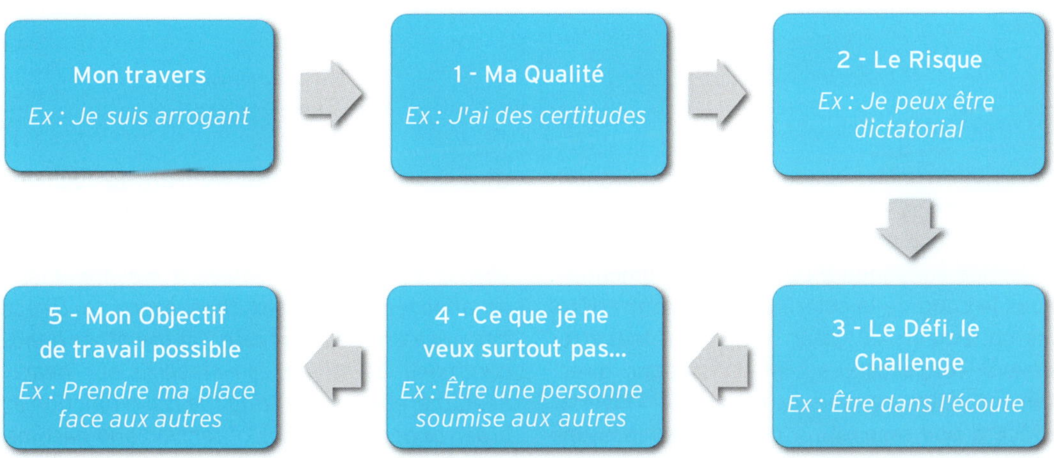

OUTIL
32

La cohérence cardiaque

GRÂCE À UNE RESPIRATION CONTRÔLÉE, RÉGULER SON ÉTAT ÉMOTIONNEL ET AMÉLIORER SON BIEN-ÊTRE

Respiration observée en fonction de la cohérence cardiaque :

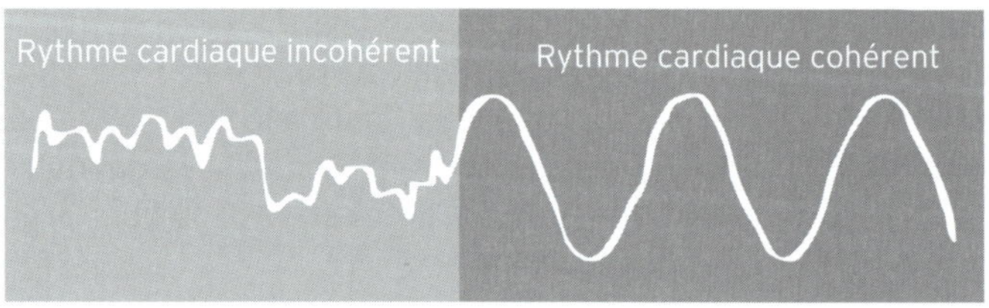

3 fois / jour

6 cycles / minute, soit 10 secondes / cycle

5 minutes d'entrainement

- Lorsque la courbe monte, **j'inspire** soit 5 secondes environ
- Lorsque la courbe descend, **j'expire...** soit 5 secondes environ

En résumé

La cohérence cardiaque permet d'apprendre à contrôler sa respiration afin de réguler son état émotionnel. Ainsi, en situation de stress, la pulsation cardiaque a tendance à augmenter : sous le coup de la colère ou de la contrariété, les battements du cœur deviennent très irréguliers. Notre cerveau influence donc directement notre rythme cardiaque. À l'inverse, grâce à une respiration posée, il est possible d'obtenir une fréquence cardiaque plus régulière et d'harmoniser ainsi le fonctionnement du cerveau pour réduire les signes de tension et se sentir plus serein.

Insight

With Cardiac Coherence we learn to regulate our emotional state by controlling our breathing. Our pulse increases in situations of stress; it becomes irregular if we are angry or annoyed. The mind thus exerts a direct influence on the heart rate. On the other hand, controlled breathing can stabilize our heartbeat, thereby harmonizing the brain function in order to decrease signs of tension and become more serene.

Pourquoi l'utiliser ?

Objectif

Les bénéfices de la cohérence cardiaque sont multiples, physiologiques autant que psychologiques : régulation du système nerveux autonome (notre pilote automatique), réduction de l'intensité des effets du stress sur notre organisme, augmentation de notre système de défense immunitaire, qualité de concentration accrue, développement de notre intuition, prise de recul et hauteur de vue favorisant des décisions plus justes et cohérentes.

Contexte

Pilotes de chasse et sportifs de haut niveau font partie des utilisateurs emblématiques de la cohérence cardiaque : de fait, cette dernière s'avère précieuse pour faire face aux situations à forts enjeux, et qui requièrent calme intérieur et qualité de concentration, que l'enjeu soit lié à la situation au sens strict (intervention sur un thème sensible), ou à la propre perception que l'on s'en fait (public intimidant dans le cadre de ladite intervention). Dans les transports en commun, dans une file d'attente, avant une réunion importante ou un entretien sensible, toutes les occasions sont bonnes pour prendre le temps de respirer profondément...

Comment l'utiliser ?

Étapes

Pour s'entrainer, choisir idéalement un endroit calme et propice au recentrage. Si on le peut, on s'appuiera sur un visuel (sinusoïde, bille qui monte puis descend, rosace qui s'expand puis se rétracte...), synchronisé sur le tempo approprié (10 secondes par cycle) :

1. Sur l'inspiration, compter 5 secondes.
2. Sur l'expiration, compter à nouveau 5 secondes.
3. Et ainsi de suite pendant 5 minutes au total...

Une fois le corps familiarisé et entrainé à cet exercice, il est facile de retrouver en quelques secondes cet état particulier, et d'entrer « en cohérence cardiaque » quasi spontanément.

Méthodologie et conseils

Une image peut venir renforcer l'effet bénéfique de l'inspir puis de l'expir (bulles d'oxygène qu'on absorbe puis rejette, fleur qui s'ouvre puis se ferme...). De même, certains exercices de cohérence cardiaque guidée proposent un support sonore (bruit associé au mouvement ascendant puis descendant des vagues,...).
C'est l'entrainement (idéalement 3 fois par jour, 5 minutes à chaque séquence) qui permet l'appropriation de ce mode respiratoire spécifique : il peut alors devenir comme une « seconde respiration », mobilisable en situation de tension physique, de débordement émotionnel, contextes où notre respiration saccadée constitue le premier indice de « dérèglement ». ■

« Trois fois par jour, le matin, à midi et au goûter... Cela dure cinq minutes, c'est tout ! Pas besoin de plus pour en ressentir les bienfaits... », Florence Servan-Schreiber

Avantages

- En respirant calmement (et donc en contrôlant son rythme cardiaque), il est possible d'agir sur le système nerveux autonome. Ce dernier est composé de deux branches, la branche sympathique (qui a pour rôle, entre autres, d'accélérer le rythme cardiaque) et la branche parasympathique (qui est là pour le ralentir). L'organisme possède finalement un frein et un accélérateur pour réguler le cœur, et donc les émotions...

Précautions à prendre

- Pour tirer le meilleur bénéfice de l'exercice, il convient d'adopter une posture physique permettant une respiration ample et confortable : assis bien droit et sans raideur, jambes décroisées et pieds à plat, ou encore debout les pieds bien ancrés au sol et la tête comme suspendue par un fil, afin que les organes de l'abdomen soient libres et dégagés. Comme en yoga, la respiration se veut la plus naturelle, donc par le nez.

Les « 5 minutes de respiration »

MÉDITER AU QUOTIDIEN POUR SE RECENTRER, PRENDRE DE LA HAUTEUR ET SE LIBÉRER DES TENSIONS

En résumé

Les « 5 minutes de respiration » constituent l'un des exercices phares de la méditation dite « en Pleine Conscience ». Cette pratique consiste à réorienter son attention de façon ciblée vers un ou plusieurs éléments propres à soi-même (sensations liées à la position du corps, respiration, pensées, ou tout autre phénomène psychologique tel que douleur ou bien-être), ou extérieurs à soi (bruits, images, odeurs...). Focaliser sa perception sur cette multiplicité de sensations contribue à canaliser ses pensées et à apaiser son mental.

Insight

One of the most useful practices in awareness meditation is the "Five-Minute Breathing Exercise". It consists in re-orienting one's attention in order to focus it on one or several elements related either with oneself (sensations associated with the body's position, breathing, thoughts or any other psychological phenomena such as affliction or well-being), or with the outside world (noises, images, smells, etc.). By focalizing our perception on those multiple sensations, we can learn to channel our thoughts and appease our minds.

https://youtu.be/00ZxSDY8cGY
https://goo.gl/9nozbl

En savoir plus (en vidéo)

Pourquoi l'utiliser ?

Objectif

Au cours de la méditation, l'attention se porte sur le moment présent. Dans cet état, il n'y a pas de jugement, pas de passé, pas de futur, pas de pensées incessantes. La conscience est simplement là, dans le silence et le calme absolu. L'exercice des « 5 minutes de respiration » permet de créer cet espace de recentrage sur « ce qui est », pour réduire le stress et les tensions liées à nos contingences quotidiennes.

Contexte

L'exercice est propice pour démarrer sa journée, lorsque l'on se sent bloqué dans son action (pour stopper les ruminations, ou à l'inverse lorsque l'action nous entraîne à notre insu et que la machine s'emballe... (pour apaiser son mental).

Comment l'utiliser ?

Étapes

1. **S'installer confortablement**

› Prendre le temps de trouver une position confortable. On peut être assis sur un coussin, un tabouret de méditation, ou simplement une chaise à son bureau.

2. **Se recentrer grâce à la respiration**

› Porter un instant son attention sur sa respiration, en l'accueillant telle qu'elle se présente.

› On peut poser une main sur la poitrine et l'autre sur l'abdomen pour mieux sentir le souffle.

3. **Prendre conscience de ses sensations**

› Sentir les points de contact avec le fauteuil, le tabouret, les appuis des pieds sur le sol, les mains posées sur les jambes,...

› Sentir les points de tension dans son corps, et les accueillir comme autant de messages bienveillants que nous adresse notre corps.

4. **Prendre conscience de ses pensées**

› Si des pensées surviennent, les accueillir avec curiosité et sans jugement. Puis les laisser filer, comme des nuages...

5. **Prendre conscience de ses émotions**

› Si cela se présente, nommer les émotions qui nous traversent à ce moment précis.

6. **Revenir à sa respiration**

› Porter à nouveau attention à sa respiration.

7. **Revenir dans la salle**

› Reprendre conscience de ce qui nous entoure (lieux, espace, température, odeurs, lumière,...).

› Puis, ouvrir les yeux sur une inspiration. S'étirer, bailler, et reprendre le cours des choses...

« Porter délibérément son attention dans l'instant présent, sans jugement, aux choses telles qu'elles sont... »
Jon Kabat-Zinn

Méthodologie et conseils

Se remercier soi-même avec bienveillance pour cette pratique, pour le temps et l'attention prévenante consacrés à soi-même, constitue la clé de voûte de cette démarche de développement de soi. Bien plus, se rendre plus disponible à soi permet alors d'accueillir l'autre et de se rendre disponible à lui : le processus enclenché se poursuit ainsi bien après que la méditation ait cessé... ■

Avantages

- Les études montrent qu'instaurer un temps de recentrage pour soi en début de journée transforme son rapport à soi et au monde, qu'il s'agisse d'un rituel personnel ou d'un espace proposé au sein de l'entreprise : certaines introduisent ainsi pour les collaborateurs qui le souhaitent des temps de méditation pour ouvrir la journée.
- Les expériences menées en milieu scolaire mettent en évidence de meilleures capacités d'attention et de concentration des élèves, par ailleurs moins agressifs et plus ouverts aux autres.

Précautions à prendre

- Le confort de la posture adoptée pour méditer est essentiel à une pratique sereine et fructueuse. Le protocole de la « pleine conscience » invite à une posture *stable* (et permettant de rester « souplement immobile »), *confortable* (évitant ainsi la tentation de changer de position) et *digne* (pour s'autoriser à poser sur soi un regard positif et bienveillant).

SUITE OUTIL 33 →

Les « 5 minutes de respiration »

Comment être plus efficace ?

Les pensées parasites, ingrédient inhérent à la méditation !

Lors de l'exercice, il n'est pas rare que des pensées parasites se présentent : « A quoi bon rester assis ainsi sur cette chaise ? Je me demande si tout cela est bien utile ! », ou encore « Depuis combien de temps suis-je ainsi immobile ? Sûrement devrais-je maintenant me lever pour me consacrer à ma journée... ».
Dans la tradition bouddhiste, l'état de concentration propre à la méditation, baptisé « dhyāna » en sanskrit, est ainsi considéré comme entravé par cinq « empêchements » que sont le désir des sens (kāmacchanda), la colère ou l'animosité (vyāpāda), la paresse ou la torpeur (thīna-middha), l'agitation ou le remords (uddhacca-kukkucca), ainsi que le doute (vicikicchā). Autant de sources parasites que le protocole de la « pleine conscience » entend accueillir et intégrer pour mieux s'en affranchir.

Accueillir les pensées parasites

Les pensées parasites sont parfois comparables à une cascade intarissable qui vient envahir tout notre espace intérieur. Alors, plutôt que de les combattre ou de tenter de les canaliser, la « pleine conscience » suggère de les accueillir de manière neutre et bienveillante, et de les laisser filer « comme des nuages » qui poursuivent leur chemin, meilleure stratégie pour s'en délester !
Si par inadvertance l'on se laisse emmener dans le train de ses pensées, lorsque l'on s'en aperçoit, il convient d'accueillir ce constat avec bienveillance, et de descendre du train à la station suivante ! La méditation est ainsi constituée de cycles successifs où l'on laisse passer le train, on y monte par inadvertance et l'on descend dès qu'on s'en aperçoit, jusqu'au suivant...

La météo intérieure pour accueillir ses émotions quelles qu'elles soient...

Les « 5 minutes de respiration » donnent l'occasion de diagnostiquer notre météo intérieure, en nommant les émotions qui nous traversent lors de l'exercice ou juste après l'avoir réalisé. Certaines émotions sont parfois inattendues dans le contexte dans lequel l'on s'est installé pour méditer quelques minutes auparavant : c'est le signe que le recentrage a été fructueux !
Verbaliser ce que l'on ressent, et accueillir les émotions « comme elles se présentent » en d'acceptant de se laisser surprendre, aide à se délester de ses émotions négatives...

Les sept principes de la méditation « en pleine conscience »

Sept principes fondent la pratique de la méditation « en pleine conscience » :

- *le Non-jugement* (il s'agit de constater ce qui est, de manière neutre et factuelle) ;
- *la Patience* (avec l'idée d'accepter que les choses prennent place en leur temps) ;
- *la Confiance* (que l'on s'accorde à soi autant qu'aux autres ou aux événements, pour rester ouvert à ce qui est) ;
- *l'Esprit du débutant* (qui sait se laisser surprendre, conscient que rien n'est acquis et que chaque chose même la plus modeste constitue une source possible d'émerveillement) ;
- *l'Effort joyeux* (qui accueille la contrainte de la pratique non comme une chose fastidieuse mais comme un cadre structurant, et développe la capacité à « recadrer positivement » ce qui est) ;
- *la Prise en compte* (qui accepte de constater ce qui est sans nécessairement l'approuver) ;
- *le Lâcher-prise* (qui consiste à laisser se faire ce qui doit prendre place, avec curiosité et sans attentes spécifiques...).

On constate combien ces sept principes se renforcent et s'éclairent mutuellement, conférant toute sa puissance et sa cohérence à la démarche de « pleine conscience ».

APPLICATION Variante « Méditer avec les sons »

S'installer... Prendre un moment pour se relier à son souffle... Prendre conscience de l'ensemble de son corps, tel qu'il est, ici et maintenant...

« Je laisse mon corps respirer. Je me mets à l'écoute de tout ce que je ressens. Et puis, doucement, j'accueille à ma conscience les sons. Tous les sons qui m'entourent... Je prends conscience de mon environnement sonore, de ce bain constant de bruits qui arrivent à mes oreilles.

Certains de ces bruits me semblent agréables (le chant des oiseaux, le vent, les vagues, la musique, des paroles prononcées au loin,...). D'autres me semblent désagréables (bruits de moteurs, de marteau, sonneries, voix trop fortes...). Mais que je les ressente comme agréables ou désagréables, ces bruits sont là. Ils parviennent à ma conscience. Alors je les accueille, sans me réjouir ni me raidir. Je les accueille juste parce qu'ils sont déjà là, quel que soit mon jugement sur eux...

[...]

Alors, je les accueille à mon esprit, tous ces bruits, tous ces sons. Je les accueille parce que méditer, ce n'est pas se couper du monde mais se relier à lui. [...] Et la « pleine conscience » peut m'aider à établir un rapport pacifié et lucide avec elle. L'accueil des sons m'apprend cela. » D'après l'ouvrage *Méditer jour après jour*, de Christophe André (Édition L'Iconoclaste, 2011).

J'écoute les sons qui m'entourent. Tous ensemble dans leur globalité.
Puis un seul que je choisis d'isoler et sur lequel je choisis de me concentrer.
J'observe comment ce son apparaît, se développe, prend sa place, puis s'atténue pour enfin disparaître
et laisser place aux autres sons. De même, chaque événement survient pour finalement s'éloigner puis disparaître,
en fonction de l'attention que je lui accorde, de l'importance que je vais lui donner.

Je peux observer d'après mon expérience à cet instant maintenant,
combien il est difficile d'accueillir les sons sans penser, sans juger, sans leur accoler des étiquettes,
sans qu'ils déclenchent des images ou des pensées. Alors, à chaque fois que je prends conscience que mon mental
m'a entraîné, je reviens au son lui-même, ses caractéristiques : est-il intense ou faible ? Continu ou discontinu ?
Il s'approche, il s'éloigne... Et puis il y a aussi les silences entre les sons.
Je prends conscience de leur présence. Je prends les sons juste pour ce qu'ils sont.

La méditation contemplative

ACCUEILLIR ET CONTEMPLER « CE QUI EST » POUR FAVORISER LE LÂCHER-PRISE

JE VOIS...

Je regarde en détail, j'apprécie la forme, les courbes et la géométrie, la couleur, le relief...

J'ENTENDS...

J'écoute le grincement, le froissement, le frôlement, le glissement, ...

J'apprécie le son du silence...

JE SENS...

Je touche et me laisse toucher

Je sens les aspérités, la douceur,

la granulosité,

la chaleur et la fraîcheur...

JE RESPIRE

Je sens l'odeur, le parfum et tous ses ingrédients

Je garde la présence des effluves après avoir respiré...

JE GOÛTE...

Je salive à l'avance Je goûte pas à pas pour sentir l'amertume, l'acidité, le salé ou le sucré...

Je garde la saveur en bouche...

En résumé

Parmi les principes qui guident la pratique de la « pleine conscience », plusieurs sont propices à un état méditatif contemplatif qui favorise le bien-être : suspendre le jugement pour accepter ce qui est, cultiver la patience plutôt que le volontarisme, lâcher-prise et accueillir les choses telles qu'elles sont avec confiance et curiosité. En particulier, la multi-sensorialité (qui consiste à simultanément solliciter plusieurs sens) favorise l'accès à la sérénité et au bien-être : en saturant le cerveau d'informations de plus en plus complexes, on l'invite à lâcher le contrôle pour « basculer » dans sa partie préfrontale, siège de l'activité méditative.

Insight

Awareness meditation as a daily practice provides us with several guiding principles that can help us adopt a reflective attitude of contemplation that encourages well-being: suspending one's judgment in order to accept what is given; cultivating patience rather than "running the treadmill"; learning how to let go and welcoming things as they are with confidence and curiosity. In particular, multisensoriality (appealing to several senses at once) helps us attain serenity and well-being. By saturating the brain with increasingly complex information, we encourage it to relinquish control and switch over to the prefrontal cortex where meditative activity takes place.

Pourquoi l'utiliser ?

Objectif

La méditation contemplative permet de dépasser le stress et de se libérer des tensions en orientant notre attention de manière volontaire et exclusive vers un « objet » de contemplation (paysage, situation, objet,...) : nourrir et saturer le cerveau d'informations à caractère sensoriel induit un état méditatif générateur de bien-être.

Contexte

Choisir de se placer dans un état méditatif peut se faire de manière formelle (pour un moment dédié et sur une durée souvent prédéfinie, assis sur un tapis ou une chaise) ou informelle (à tout instant et en situation, pour se recentrer lorsque l'émotion nous déborde ou entrave notre action).

Comment l'utiliser ?

Étapes

1. **Choisir l'objet de sa contemplation** *(l'exemple du grain de raisin est traditionnel en « pleine conscience »).*
2. **Regarder l'objet, s'imprégner de sa vision dans toutes ses dimensions.** Prendre soin de regarder le grain de raisin soigneusement, comme si l'on n'avait jamais rien vu de tel auparavant. En détailler tous les aspects visuels (forme, couleurs, aspérités et reliefs, transparence dans la lumière...).
3. **Toucher l'objet, le ressentir dans ses mains.** Faire rouler le grain de raisin au creux de sa main, entre les doigts ; explorer sa texture.
4. **Écouter l'objet et tous les sons qui peuvent y être associés.** Porter le raisin à son oreille et le laisser « nous parler », au travers du léger crépitement qui se produit lorsqu'on le roule entre ses doigts.
5. **Sentir le parfum de l'objet.** Porter le raisin à son nez et le sentir. Réaliser combien le parfum change si on le manipule, et combien notre perception évolue au fil des respirations successives...
6. **Goûter l'objet et savourer les saveurs qui y sont associées.**

› S'apprêter à goûter le grain de raisin, et observer comment le corps se prépare (mouvement spontané du bras, salivation,...).

› Placer le raisin dans sa bouche, sans le mordre, en explorant simplement les sensations de l'avoir dans la bouche.

› Puis le mordre très consciemment et noter le goût qu'il libère. Mâcher lentement et remarquer son changement de consistance.

› L'avaler lorsque l'on se sent prêt, en détectant l'intention d'avaler avant même de l'avoir fait...

› Puis suivre les sensations associées à sa descente dans l'estomac... !

« C'est le jouir et non le posséder qui nous rend heureux... »
Montaigne

Méthodologie et conseils

Si lors de l'exercice surviennent des pensées telles que : « *Quel drôle d'exercice je suis en train de faire... !* », ou « *À quoi sert ce rituel étrange ?* », ou encore « *Je n'apprécie pas de faire ceci...* », il convient de les accueillir et d'en prendre note comme de simples pensées parasites, pour mieux revenir à l'exercice. ■

Avantages

- Mobiliser son attention de manière exclusive sur ses sensations, avec curiosité et sans jugement, canalise le flux des pensées et procure une sensation de bien-être. Un mécanisme qui gagne à être entretenu au travers d'objets de contemplation variés (atmosphère dans la salle de bain, la cuisine, la salle de sports ou de concert, au bureau, près du photocopieur...).

Précautions à prendre

- L'esprit de curiosité est essentiel dans cette démarche. Ce n'est pas seulement une tentative de résoudre ses problèmes mais plutôt une manière de s'assurer que l'on est toujours en contact avec le « mystère de la vie ». Ainsi, il s'agit de se rendre disponible à ce qui est, sans attendre de réponse mais plutôt en laissant la question mijoter en soi...

SUITE OUTIL 34 →

Comment être plus efficace ?

Méditation de la Montagne

Le texte suivant est inspiré de la méditation de la montagne, exercice emblématique de la « pleine conscience. »

Imaginez la plus belle montagne du monde dont la forme vous plaît particulièrement. Concentrez-vous sur l'image de cette montagne dans votre œil intérieur en observant sa structure, sa cime altière, ses fondations qui émergent de la roche, ses versants abrupts et ses flancs en pente douce. Remarquez l'immobilité de sa masse, sa beauté unique : cette montage est unique, et en même temps, elle incarne toutes les qualités universelles de sa forme. Quelle que soit sa forme, respirez avec cette image de la montagne en vous, en l'observant, tranquillement. Notez tout ce qui vous vient,...tout ce qui fait qu'elle est magnifique.

Quand vous vous sentirez prêt, essayez de faire entrer la montagne dans votre corps, de manière que votre propre corps assis là et votre vision de la montagne ne fassent plus qu'un. Votre tête en devient la cime, vos épaules et vos bras les versants, tandis que vos fesses et vos jambes repliées forment la base, solidement ancrée sur votre coussin ou votre chaise. Expérimentez à la base de votre colonne vertébrale la droiture et la sensation d'élévation de la montagne. Par votre respiration, vous incarnez l'immobilité, ce que vous êtes au fond de vous, au-delà des mots et des pensées, une présence centrée, enracinée et tranquille.

Vous avez remarqué comment la montagne est toujours là pendant que le soleil se déplace dans le ciel. L'ombre et la lumière colorent ses flancs, comme sur les tableaux de Monet où le jeu subtil de la lumière transforme heure par heure la vie d'une cathédrale, d'une rivière ou d'une montagne. Au fur et à mesure que la lumière change, que la nuit succède au jour et le jour à la nuit, la montagne est toujours là, immuable malgré la succession des saisons. La permanence s'oppose au changement des apparences. De même, vous êtes toujours là, solide, immobile, tranquille.

À l'automne, la montagne déploie sur ses versants arborés les couleurs chaudes et brillantes des feuilles ; en hiver, un manteau de neige et de glace la recouvre. Parfois, des nuages bas ou un brouillard épais la voilent aux yeux des touristes déçus. La montagne impassible demeure inamovible malgré les tempêtes de neige et le tourbillon des vents furieux. Au printemps, les oiseaux se remettent à chanter, les bourgeons éclosent, et l'été, les fleurs s'épanouissent dans les prairies verdoyantes. Mais la montagne, indifférente à ces changements des apparences, demeure.

En gardant cette image à l'esprit, nous pouvons incarner la même immobilité, le même enracinement face à tous les événements qui peuvent survenir au cours des minutes, des heures, des années de notre vie. Pendant notre pratique et notre existence quotidienne, nous éprouvons constamment la nature changeante de l'esprit et du corps ainsi que celle du monde extérieur. Nous traversons des périodes lumineuses ou des périodes sombres, des moments hauts en couleur comme des moments de lassitude morne. Ballottés par des vents violents, secoués par des tempêtes intérieures, nous endurons des périodes douloureuses tout comme nous savourons des moments de joie intense.

En devenant « montagne » pendant la méditation, nous adoptons sa force et sa stabilité. Elle peut nous aider à voir que nos pensées et nos sensations, nos crises émotionnelles, bref les événements qui nous perturbent, ressemblent aux assauts du mauvais temps. En ayant conscience des tempêtes qui déferlent sur nous, en les reconnaissant, nous pouvons éprouver face à la tempête un calme, un silence et une sagesse dont nous ne nous serions jamais crus capables...

ILLUSTRATION « Juste être là : la vie comme un exercice de pleine conscience »

« Un jour, j'attendais le train, sur un quai de gare. Je l'attendais, vraiment : surveillant l'heure, observant l'horizon, et me demandant s'il allait arriver par la droite ou par la gauche. [...] si c'était un train qui arriverait d'ailleurs [...]. Bref, l'esprit complètement encombré de pensées inintéressantes et inutiles. [...] Je me suis vu tout à coup en train d'attendre mon train, comme un chien attend sa pâtée. Je me suis dit que, non, ce n'était pas possible de traverser ma vie comme ça ; même un petit bout de vie.

J'ai abandonné le registre de l'action (ou plutôt de la trépignation, à ce moment où je ne faisais qu'attendre et surveiller l'arrivée ou le retard du train), et je suis passée sur le registre de la présence. J'ai laissé tomber la montre et l'horizon au bout des rails

Et j'ai tourné mon attention vers ma respiration, la façon dont je me tenais ; je me suis doucement redressé, j'ai ouvert mes épaules.

Puis j'ai aussi ouvert mes oreilles, j'ai écouté les sons de la gare, les rumeurs, les bruits des roues sur les rails, les dialogues des oiseaux.

J'ai observé la lumière de ce jour de printemps, les mouvements lents d'un train de marchandises là-bas, tout au bout des quais, les nuages, toutes les installations, les panneaux, les bâtiments au loin.

J'ai reniflé cette odeur froide de métal qu'il y a souvent sur les quais de gare.

...Fantastique tout ce qu'il y avait à voir et à ressentir. Fantastique comme c'était intéressant et apaisant d'être intensément là, présent à ma vie de l'instant. Lorsque je suis monté dans le train, j'étais serein comme jamais. Je ne l'avais pas attendu une seconde. J'avais juste vécu ma vie, des minutes nourrissantes. Juste être là, conscient. Prendre conscience que l'on est vivant. Vivre en conscience. Touché par le banal, bousculé par le normal. Eclairé par le bénin et l'ordinaire. Ébloui et ravi par la vie. »

Extrait de l'ouvrage *Méditer jour après jour*, de Christophe André.

OUTIL 35

La méditation de compassion

ACCEPTER L'ADVERSITÉ ET ACCUEILLIR LES CHOSES TELLES QU'ELLES SONT, POUR NOURRIR SON SENTIMENT DE BIEN-ÊTRE

En résumé

La compassion se manifeste lorsque l'on s'autorise à être sensible à la détresse d'autrui ou à sa propre détresse, avec empathie. Ce n'est pas notre attitude la plus spontanée : nous chercherions plutôt à éviter la souffrance et privilégions généralement une posture combative pour lui résister. Or paradoxalement, résister à la douleur augmente la douleur. Et l'expérience montre que c'est lorsque nous nous ouvrons à elle en l'accueillant sans jugement qu'elle s'estompe alors. En cela, la méditation de compassion, démarche laïque d'ouverture à soi et aux autres, propose de revisiter les événements difficiles dans une perspective de paix, de liberté intérieure et de bien-être.

Insight

Compassion, e.g. "loving kindness", manifests itself whenever we allow ourselves to feel empathy for the distress of others, or even for our own distress. This is admittedly not the attitude most readily adopted; instead, we tend to try to avoid suffering, and adopt a combat posture to resist it. But trying to resist pain paradoxically only increases it. Experience shows, however, that when we open ourselves non-judgmentally to pain it has greater chances of diminishing. "Loving kindness meditation" - the non-religious practice of opening oneself up to others - encourages us to review difficult events from a new vantage point of peace, inner freedom and well-being.

Pourquoi l'utiliser ?

Objectif

Effectuer une méditation de compassion consiste à souhaiter « du bien » à autrui. La compassion se manifeste lorsque notre attention pour autrui grandit. Cette ouverture permet de se décentrer de ses soucis (« mes émotions, mes préoccupations, ma souffrance, ma tristesse » et dans un contexte professionnel (« mes dossiers, mon service, mes enjeux... ») : s'ouvrir à autrui avec compassion permet de prendre de la hauteur et de cultiver une forme de bien-être.

Contexte

La méditation de compassion est fructueuse lorsque nos propres considérations prennent le pas sur ce qui nous entoure, et tendent à nous déconnecter d'autrui. Restaurer le lien en entreprise peut passer par une forme de compassion, faite d'intérêt attentif et bienveillant pour autrui. En contexte à forts enjeux, potentiellement générateurs de tension intérieure, la compassion appliquée à soi-même permet de dépasser la tentation « d'y arriver à tout prix » : au combat et au volontarisme se substitue alors l'acceptation bienveillante de ce qui est.

Comment l'utiliser ?

Étapes

1. **Faire le calme autour de soi et en soi.**

› Choisir le moment propice pour soi (disponibilité intérieure, sans pensées parasites...).

› Choisir un endroit calme, éloigner les distractions (téléphone, bruits parasites environnants...).

› S'installer confortablement et prendre un temps de respiration tranquille et profonde.

2. **Ressentir de la compassion envers des personnes qui nous chères, des situations que nous apprécions.** Penser à une personne qui nous tient à cœur, avec qui on a de l'affinité. Lui souhaiter d'être heureux, de réunir les conditions pour être heureux et demeurer dans cet état.

3. **Élargir le processus à d'autres relations ou situations qui nous sont moins confortables.** Si on le peut, souhaiter de même le bien à celui qui nous aurait causé du tort. Lui souhaiter de prendre conscience de ce qu'il fait et de se libérer de sa vue rétrécie des choses. Le même processus s'appliquera à une situation qui nous contrarie, voire nous semble intolérable.

4. **Accueillir les bénéfices de l'exercice en termes de ressentis, s'en nourrir positivement.** Rester également attentif à ses bénéfices différés (perception de la réalité, attitude d'autrui à votre égard...).

« Fais preuve de gentillesse envers tous ceux que tu rencontres, leur combat est peut-être plus dur que le tien. »
Platon

Méthodologie et conseils

Lorsque nous méditons, nous faisons l'expérience de douleurs dans le corps, d'agitation et de tensions intérieures, d'émotions et de peines que l'on porte... L'idée consiste à être conscient de tous ces ingrédients, à les accueillir avec neutralité et bienveillance, les voir apparaître et disparaître comme les vagues de l'océan. ■

Avantages

- Peurs, doutes, désirs... s'évanouissent progressivement lorsque nous sommes présent à nous-même. Et c'est précisément cet état d'acceptation et de présence à soi qui génère une forme de bien-être. Cela dit, la méditation sert à accepter ce qui est mais n'empêche pas que les sources d'irritation restent partie intégrante de notre quotidien.

Précautions à prendre

- Menée en entreprise, la méditation de compassion suppose les mêmes précautions de mise en œuvre qu'au calme chez soi, dans les limites de ce qui est possible en contexte de travail : avec un peu d'entrainement, faire le calme en soi est possible même en bureau paysager ! Du reste, s'isoler des perturbations ambiantes, et en faire l'objet d'une expérience de compassion, peut même constituer un exercice constructif...

DOSSIER

6 SE CONNECTER À SES RESSOURCES ET CLARIFIER SES OBJECTIFS

« Si vous pouvez le rêver, vous pouvez le faire. »
Walt Disney

Mobiliser les ressources dont on dispose et les mettre au service d'objectifs clairs et motivants permet de se sentir à l'aise et bien dans l'action. Ce sixième dossier propose plusieurs outils qui visent à utiliser pleinement les ressources dont on dispose, à clarifier ses objectifs et à accroître son niveau de bien-être dans son environnement professionnel.

L'objectif est un élément structurant de l'organisation et des relations de travail. Plus ils sont clairs, motivants réalistes et partagés, plus ils concourent à un climat de travail clair et serein. **L'objectif SMARTE** (outil 36) est un cadre de référence pour fixer (et se fixer à soi-même) des objectifs clairs et constructifs, formulés positivement et « sous le contrôle » de l'intéressé, facilitant ainsi une avancée sereine dans l'action.

Néanmoins, il est parfois plus aisé de faire la liste de ce qui ne nous convient pas plutôt que d'énoncer clairement ce que nous voulons obtenir ! Dans ce cas, **le cercle des objectifs (outil 41)** aidera à classer les objectifs en privilégiant les formulations positives, renforçant ainsi le sentiment de cohérence personnelle et le niveau de bien-être.

Une utilisation de **la roue des valeurs (outil 38)** complètera cette approche en facilitant la mobilisation autour de ses valeurs fondamentales, pour se booster dans l'action avec un sentiment de cohérence personnelle et d'alignement.

D'autres outils sont plus orientés sur l'activation des ressources. **La matrice S.C.O.R.E. (outil 37)** sera privilégiée face à un obstacle, pour identifier les ressources et leviers afin d'initier un changement par exemple. Deux autres outils visent à élargir ses ressources et à renforcer la confiance en soi ainsi que le confort dans la prise de décision et dans l'action : **Les croyances aidantes (outil 40)**, pour faire évoluer une croyance limitante en croyance aidante ; Et **le carré magique (outil 43)**, outil exploratoire qui permet, par un « voyage » dans l'espace et dans le temps, de solliciter avis, conseils et feedbacks constructifs, autour d'un objectif qui nous est cher. Il est également possible de mobiliser des états internes positifs et sereins en associant délibérément un état de bien-être et de stimulation positive à l'action que l'on souhaite mener : c'est **l'ancrage de ressources (outil 42)**.

Enfin, trois outils proposent une démarche plus en profondeur, liant démarche professionnelle et vie personnelle. **La restructuration d'histoire de vie (outil 39)** invite à revisiter une réaction insatisfaisante et répétitive afin d'y recueillir les ressources appropriées pour y faire face différemment et plus sereinement. La démarche du **Core Process (outil 44)** vise à accéder à la source la plus profonde de notre « sagesse innée », et de ce qui fait sens pour nous, en se consacrant au cœur de ses valeurs pour nourrir la cohérence personnelle et le bien-être. Enfin, **les niveaux logiques (outil 45)** permettent un alignement et un « rééquilibrage intérieur » qui donne de la puissance d'action et un sentiment de réalisation personnelle.

LES OUTILS

36 L'objectif SMARTE ... 118
37 La matrice S.C.O.R.E. ... 120
38 La roue des valeurs fondamentales ... 124
39 La restructuration d'histoire de vie ... 126
40 Les croyances aidantes ... 128
41 Le Cercle des Objectifs ... 130
42 L'ancrage de ressources ... 132
43 Le carré magique ... 136
44 Le Core Process ... 140
45 Les niveaux logiques ... 142

OUTIL 36

L'objectif SMARTE

FIXER (ET SE FIXER) DES OBJECTIFS CLAIRS ET CONSTRUCTIFS POUR AVANCER SEREINEMENT DANS L'ACTION...

S
- S comme **Simple, Spécifique**, c'est-à-dire concret et facilement compréhensible

M
- M comme **Mesurable**, donc assorti d'un indicateur et d'une échéance

A
- A comme **Ambitieux**, soit porteur de challenge, ce qui le rend stimulant et motivant

R
- R comme **Réaliste**, soit accessible, et également **Réalisable**, sous mon contrôle

T
- T comme « **Temporalisé** », soit doté d'une ou plusieurs échéances

E
- E comme **Écologique**, soit respectueux du « système », i.e. de soi et des autres

Source : ICI (Institut de Coaching International)

En résumé

« Il n'est pas de vent favorable à celui qui ne sait où il va... ! » (Sénèque). Ainsi, l'objectif fixe un cap vers lequel le collaborateur peut se mobiliser et forme un repère dans son champ d'action. Encore faut-il que cette destination réponde à certaines exigences pour que l'objectif apporte motivation et sérénité. Formulé positivement et de manière verbale, l'objectif doit impérativement être « sous le contrôle » de l'intéressé et gagne à être « co-construit » avec ce dernier. C'est aussi la qualité de son suivi qui déterminera l'efficacité du dispositif, tant l'objectif n'existe que pour être renégocié au fil des événements...

Insight

"If one does not know to which port one is sailing, no wind is favorable" (Seneca). A fixed objective provides the co-worker with a direction to mobilize his energies, a target for his field of action. However, the goal should meet certain requirements in order to be truly motivating and provide serenity. Expressed verbally in an affirmative way, it must remain under the co-worker's control, and he will be additionally motivated if he is involved in its conception. The quality of the follow-up phase is also decisive, since the objective is meant to be renegotiated in light of ensuing events.

http://goo.gl/uBtRPa

En savoir plus (en vidéo)

Pourquoi l'utiliser ?

Objectifs

› Installer une vision opérationnelle et partagée des résultats attendus.

› Évaluer régulièrement leur atteinte pour mieux comprendre ce qui facilite ou entrave leur réalisation. Ainsi, l'objectif peut être renégocié, pour entretenir motivation et bien-être.

Contexte

À l'inverse du management « par les tâches », qui consiste à donner un travail préalablement défini dans une optique de simple exécution, manager par les objectifs consiste à formuler un résultat attendu, exprimé au travers de certaines exigences opérationnelles (quantité, qualité, délai, etc.) et pour lequel le collaborateur choisit en toute autonomie les moyens mis en œuvre.

Comment l'utiliser ?

Étapes

1. **Clarifier la formulation de l'objectif :** choisir des mots simples, qui font référence à des situations concrètes, suffisamment spécifiques pour que l'objectif soit précis. Par exemple : lire deux romans par mois. Il est possible de le découper en sous-objectifs, plus opérationnels et aussi plus faciles à évaluer.
2. **Repérer quels sont les indicateurs :** pour pouvoir vérifier à l'arrivée en quoi il est atteint, et en cours de route que l'on se trouve en bonne voie... ou pas. Il s'agit donc dès le départ de définir les critères de mesure du résultat de manière objective.
3. **Choisir où positionner le curseur entre « facile » et « difficile » :** un objectif sera stimulant et confortable s'il est à la fois ambitieux (porteur d'un challenge) et réaliste (raisonnablement accessible, à la portée de l'intéressé et sous son contrôle).
4. **Vérifier l'équilibre du système, c'est-à-dire qui perd et qui gagne à atteindre l'objectif !**

Pour être générateur de bien-être, l'objectif doit respecter l'ensemble des parties prenantes : l'intégrité de celui qui vise à atteindre l'objectif comme celle des autres. S'il existe un perdant, ou si les inconvénients excèdent les bénéfices, l'objectif aura du mal à être atteint sereinement et pourra même se retourner contre celui que le poursuit.

« Il n'est pas de vent favorable à celui qui ne sait où il va... »
Sénèque

Méthodologie et conseils

Un objectif de qualité s'exprime par le biais d'un **verbe d'action**, de manière à préparer concrètement la mise en mouvement *(Exemple : « Elaborer un système de classement des documents d'ici la fin du mois »).*

Il est essentiel que l'objectif soit **formulé positivement**, en référence à un résultat souhaité et non à éviter. Ainsi, *« arriver à 8h30 tous les matins »* sera plus propice à l'action qu' *« éviter d'être en retard »*.

Enfin, dessiner son objectif est un bon moyen de s'assurer qu'il est **simple et concret** et permet de l'avoir en tête à chaque instant ! ■

Avantages

- Un objectif SMARTE garantit un cadre à la fois sécurisant et mobilisateur pour s'engager dans l'action de façon sereine. Disposer d'indicateurs et d'une échéance pour apprécier l'atteinte de l'objectif et se donner la possibilité d'ajuster son objectif en cours de route, est gage de bien-être et de motivation dans l'action !

Précautions à prendre

- Il est impératif d'assortir chaque objectif d'un rendez-vous dans le temps, idéalement avec des étapes intermédiaires, faute de quoi il y a de grandes chances d'avoir le même objectif l'an prochain, ceci d'autant plus lorsqu'il s'agit d'un objectif que l'on se fixe à soi-même !

OUTIL 37

La matrice S.C.O.R.E.

IDENTIFIER LES RESSOURCES NÉCESSAIRES POUR INITIER UN CHANGEMENT

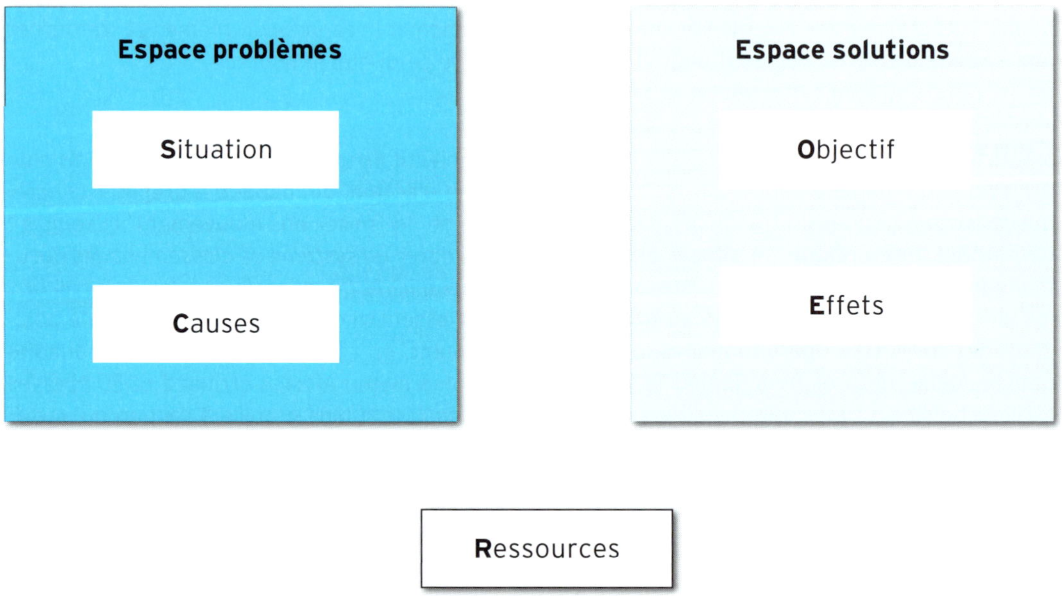

En résumé

La méthode S.C.O.R.E. peut être utilisée à chaque fois que l'on souhaite identifier des solutions à un problème, initier un changement vers un mieux-être, tout en dépassant un à un les obstacles qui s'annoncent sur le chemin. Insomnies, procrastination, retards répétés, difficultés relationnelles... Autant de situations qui peuvent véritablement nuire au bien-être au travail, pour lesquelles une réflexion structurée conjointe sur les causes du problème et sur les effets de sa résolution possible peut favoriser la mise en route pas à pas d'une transformation. En utilisant l'espace, la méthode S.C.O.R.E. permet de clarifier une situation embrouillée, de recueillir et de classer les informations et de définir un objectif clair, afin de trouver les ressources et les solutions qui permettront de l'atteindre, et de retrouver un bien-être dans l'action !

Insight

The S.C.O.R.E. method can be used whenever one wants to identify solutions for a problem or initiate a change in favor of improved well-being, while overcoming eventual obstacles one by one. Insomnia, procrastination, repeated delays, and difficulties in a relationship are several types of situation that can truly harm our well-being at the workplace. However, a joint reflection that analyzes the problem's roots and envisions the effects of its resolution can help one gradually embark on a path toward transformation. By using spatial location, the S.C.O.R.E. method helps us throw light on a messy situation, gather and classify information, and define a clear objective – thereby encouraging us to find the resources and solutions to achieve it.

Pourquoi l'utiliser ?

Objectif

› Faire l'état des lieux d'un problème et identifier les ressources nécessaires pour arriver à des solutions concrètes.

› Définir en profondeur un objectif de changement en vue d'un mieux-être au travail.

Contexte

Issue de la PNL (Programmation Neuro-Linguistique) et développée par Robert Dilts, la méthode S.C.O.R.E. est un processus de résolution de problèmes, qui aide à **cheminer de la qualification du problème vers la perspective de solutions et de ressources.** Elle favorise la prise de hauteur et responsabilité personnelle dans l'amélioration du bien-être au travail de chacun.

Comment l'utiliser ?

Étapes

Se questionner en notant ses réponses par écrit. Les étapes 4 et 5 peuvent être inversées.

1. **Définir le(s) symptôme(s)** : Décrire les signes tangibles du problème (procrastination, difficultés relationnelles...), ce que l'on voudrait changer précisément, le symptôme que l'on souhaiterait voir disparaitre.
2. **Identifier les causes** : Repérer les conditions qui ont favorisé l'apparition du symptôme, les causes qui l'ont généré (changement de manager, naissance, déménagement...).
3. **Définir clairement son objectif** : Se concentrer sur le but que l'on souhaite atteindre, sur ce que l'on souhaite vraiment à la place du symptôme. Il est impératif que l'objectif soit SMARTE (cf. outil 36) et qu'il donne envie ! Énoncer son objectif à haute voix encourage à être concis et donne de la puissance.
4. **Découvrir les ressources** : Lister les qualités, compétences, comportements nécessaires à la mise en œuvre du changement. Prendre appui sur des situations antérieures que l'on a su résoudre ou que d'autres ont su résoudre, et en extraire les ressources mobilisées.
5. **Prendre conscience des effets de la réalisation de l'objectif** : Envisager les résultats à long terme de l'objectif sur sa vie et celle des autres, les effets les plus importants, ce qu'ils permettent de nouveau.
6. **Synthétiser l'ensemble** : Relire attentivement les notes et prendre conscience des symptômes sur la base des causes factuelles déclencheuses du problème. Écrire et lire à voix haute son objectif puis lister les ressources nécessaires et établir un plan d'action pour les mettre en œuvre, les renforcer ou les acquérir, par vous-même ou avec l'aide de personnes ressources.

« Beaucoup d'hommes ayant échoué ne savaient pas à quel point ils étaient proches du succès quand ils ont abandonné. »
Thomas Edison

Méthodologie et conseils

Afin d'accroître l'efficacité de cet exercice, il est important d'être associé à chacune des 5 étapes du S.C.O.R.E. Pour faciliter cela, il est recommandé d'utiliser 5 feuilles de papier et d'écrire sur chacune d'elles le nom des étapes : Symptôme, Causes, Objectif, Ressources, Effets. Puis de les déposer au sol et de se tenir successivement sur chacune d'elles, en s'associant à l'étape indiquée sur la feuille. Cette **mise en scène dans l'espace** permet d'associer un état interne donné à une étape du protocole. ■

Avantages

- L'outil S.C.O.R.E. permet de poser des bases solides à une démarche de résolution de problèmes. Il invite chacun à utiliser les marges de manœuvre dont il dispose pour changer les situations et améliorer le bien-être au travail.

Précautions à prendre

- Cet outil est une première étape dans la résolution de problèmes. Pour porter pleinement ses fruits, elle devra être suivie d'un plan d'action opérationnel pour la mise en œuvre des ressources identifiées.

SUITE OUTIL 37 →

La matrice S.C.O.R.E.

Comment être plus efficace ?

Utiliser des questions simples et puissantes

Pour explorer l'étape du symptôme : Quelle est la situation ? Que se passe-t-il ? A quel moment de la journée cela se produit-il plutôt ? Dans quel environnement, quels lieux ? Avec quelles personnes ? Qu'est-ce que je me dis ? Quelles sont mes sensations physiques ? Mes ressentis émotionnels ? Comment je me tiens physiquement ?

Pour étudier les causes : Qu'est-ce qui a généré le symptôme ? Quand ? Suite à quoi ? Quelle est la cause principale ? Les causes secondaires ? Quelles étaient les intentions derrière les comportements à l'origine de la situation ?

Pour formuler l'objectif : S'assurer qu'il est SMARTE, formulé positivement (cf. outil 36), bon pour moi (Y aurait-il un inconvénient pour moi à voir disparaître le symptôme, à mener à bien cet objectif ?) et de mon ressort (qu'il dépende de moi, que je puisse le mettre en œuvre sans attendre décisions ou actions d'autrui)

Pour identifier les ressources : Quels comportements, qualités, compétences seraient nécessaires pour opérer le changement ? Ai-je déjà rencontré cette situation dans le passé et comment ai-je fait pour la résoudre ? Qu'avais-je avant comme ressources que je n'ai plus aujourd'hui ? Comment untel aborde ce type de situations, avec quelle approche et quels résultats ?

Pour envisager les effets : Une fois l'objectif atteint et intégré dans le quotidien, qu'est-ce que cela me permet de faire, d'avoir, d'être de différent ? Comment se déroule la situation désormais ? Quels sont les effets les plus importants de ce changement ? Que vais-je pouvoir entreprendre de nouveau maintenant que cet objectif est atteint ?

Naviguer entre « associé » et « dissocié »

En étant « associé » à un souvenir, nous percevons l'information directement, c'est-à-dire de manière émotionnelle. Être « associé » à une situation permet de **recueillir une matière riche et variée en mobilisant tout ce qui constitue l'expérience** (pensées, émotions, sensations).

La dissociation s'oppose à l'association, elle permet de **mettre à distance l'émotion et de prendre le point de vue du spectateur.** Lorsqu'une situation est vue de manière dissociée, nous ne sommes pas « dans » la situation, nous la voyons « de l'extérieur ». Aussi, il est plus aisé **d'analyser la situation avec objectivité** et **d'élaborer une approche de résolution réaliste et pertinente.**

Dans la méthode S.C.O.R.E., l'efficacité sera accrue par la **mobilisation conjointe des deux postures.** Etre associé à chaque étape permet **d'enrichir la compréhension de la situation dans son ensemble** et adopter une posture dissociée **favorise la prise de recul et l'intelligence de la situation.**

Faire bon usage des ancrages spatiaux

Se positionner physiquement sur chaque feuille représentant une étape du processus S.C.O.R.E. facilite l'association à la thématique adressée et permet de **renforcer l'utilisation de son corps et de ses émotions** dans la prise d'information.

Se déplacer dans l'espace est aussi littéralement une bonne façon de **voir/ressentir une situation sous différents angles et... de se mettre en mouvement pour initier le processus de changement.**

CAS L'outil S.C.O.R.E. pour faire autrement et trouver des solutions

Vincent est chef de projet au sein d'une agence de communication et de publicité. Il rencontre des difficultés lors des phases de cadrage projet, ce qui tend régulièrement ses relations de travail avec ses collègues et responsables.

Il bénéficie d'un coaching et souhaite explorer cette situation pour identifier d'autres façons de faire, ainsi que les ressources dont il dispose et celles dont il aurait besoin pour mettre en place des solutions.

ESPACE « PROBLÈME »

SITUATION

« J'ai souvent des retours mitigés sur mes cadrages projet : pas dans les délais, pas assez en phase avec les attentes du client, manque de choix dans les propositions faites, mise en avant des risques plutôt que des opportunités, demande de complément d'information.
Difficile pour moi de faire face à ses retours, contrariété, agacement, perte de confiance, doute sur mes compétences, incompréhension, tristesse, tensions relationnelles, démotivation... »

CAUSES

« Je cherche à disposer du maximum d'informations, je passe beaucoup de temps à aller à la pêche aux informations et au final j'ai peu de temps pour réfléchir de façon plus globale et trouver les bonnes idées. J'ai besoin de tout maîtriser et j'ai du mal à cadrer un projet quand je ne dispose pas de toutes les informations. J'ai peur que l'on critique mon travail, je suis très exigeant, je voudrais que les choses soient faites parfaitement dès le premier essai. »

ESPACE « SOLUTION »

OBJECTIF

« Mon objectif est de centrer mes cadrages projet sur les informations clés pour le client, c'est-à-dire pragmatiques et impactantes et motivantes. »

« Pour avancer en ce sens, un sous-objectif pourrait être de me doter d'une méthodologie simple, en 10 points maximum, pour passer en revue l'essentiel et être à même de formaliser par écrit un cadrage projet SMARTE en 48 heures. »

EFFETS

« Disposer d'une proposition concrète plus rapidement, et donc pouvoir faire réagir l'équipe sur le projet de cadrage bien plus tôt, ce qui pourra enrichir ma réflexion. »
« Davantage de confiance en moi. »
« Une meilleure productivité. »
« Une baisse des critiques et des tensions avec les commanditaires et ma hiérarchie, de meilleures relations de travail. »
« Une meilleure satisfaction client. »
« Le développement de mes compétences en gestion de projets. »

RESSOURCES

- ✓ *Utiliser l'outil « Objectif SMARTE »*
- ✓ *Travailler à l'aide d'une mindmap*
- ✓ *M'appuyer sur mes valeurs pour faire vite et bien : partage et responsabilité*
- ✓ *Veiller à travailler dans un espace silencieux et sur des plages de temps de 2 à 3 heures pour être plus efficace*
- ✓ *Cohérence cardiaque 3 fois par jour*
- ✓ *Questionnaire dédié au cadrage d'un projet : les « bonnes questions »*
- ✓ *Interaction avec mes collègues dès le début (intelligence du collectif)*
- ✓ *Proposer plusieurs options, rester ouvert sur les solutions possibles*
- ✓ *Autodiscipline*
- ✓ *...*

OUTIL 38

La roue des valeurs fondamentales

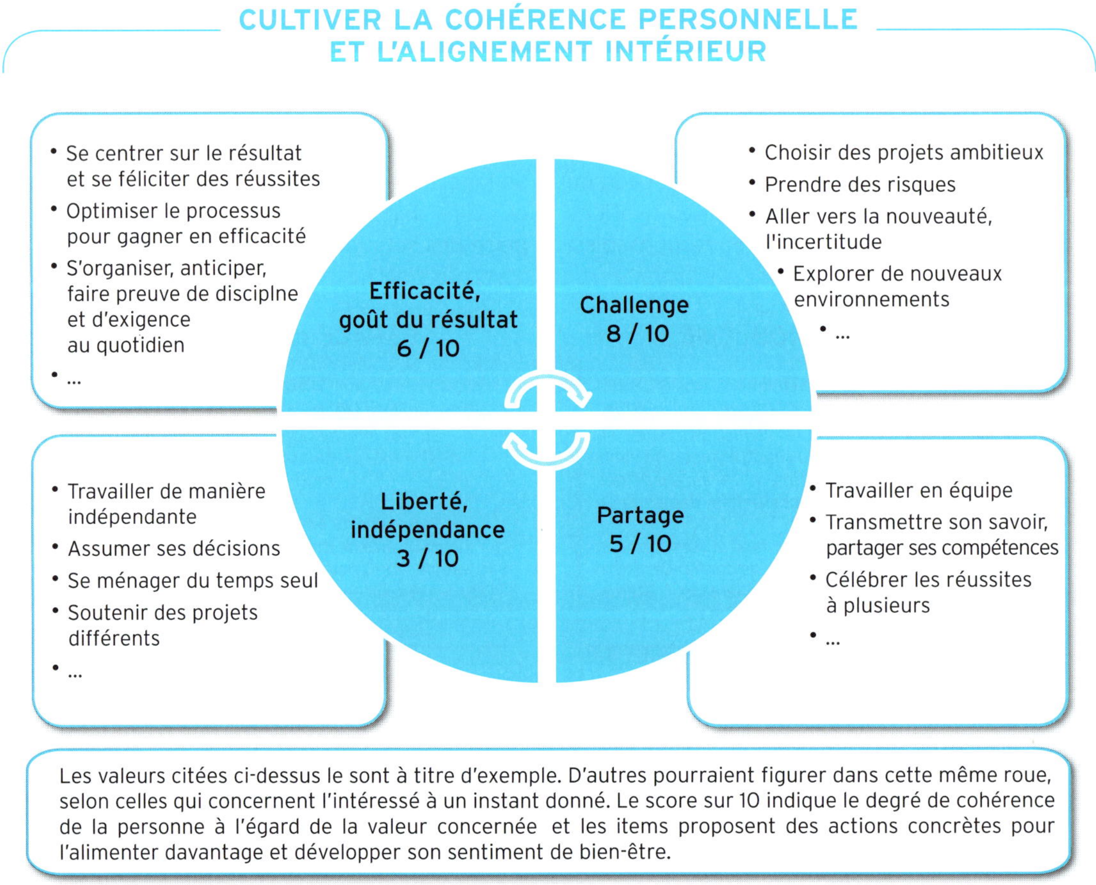

Source: ICI (Institut de Coaching International)

En résumé

Respecter ses propres valeurs et les « honorer » à chaque occasion est sûrement le chemin le plus direct vers l'accomplissement et la cohérence personnels, propices au bien-être. Ainsi, clarifier ses valeurs fondamentales, les nommer et vérifier dans quelle mesure nos activités professionnelles et personnelles contribuent à les alimenter, constitue un premier diagnostic éclairant. Replacer nos valeurs fondamentales au cœur de nos vies, contribue à renforcer cohérence personnelle et bien-être.

Insight

The best road to accomplishment and personal consistency lies in respecting one's own values and honoring them each step of the way. You can encourage this by undertaking an initial, thoroughly revealing diagnostic that clarifies which are your fundamental values: it names them and verifies to what extent your professional and personal activities actually nourish them. By relocating our fundamental values at the center of our lives – we can achieve a much greater degree of personal consistency and well-being.

Pourquoi l'utiliser ?

Objectif

Respecter ses valeurs fondamentales et les alimenter au fil de l'action procure un sentiment de cohérence personnelle et « d'alignement » qui contribue sentiment de bien-être. Se mobiliser autour de ses valeurs constitue donc un puissant booster dans l'action, envisagée non plus dans l'effort mais dans le plaisir et l'accomplissement personnel.

Contexte

Une valeur est une chose qui nous semble importante au point qu'il soit inutile d'argumenter pour s'en convaincre. C'est une évidence qui s'impose comme un guide, une ligne de conduite. Partage, Liberté, Challenge, Harmonie, Plaisir, Réciprocité, Travail, Respect, Tradition, Amour, Loyauté,... au travers d'elles, nous nous sommes forgés une représentation du monde et des principes qui guident notre action.

Clarifier ses valeurs s'avère précieux lorsque nous nous sentons confus et tiraillés entre plusieurs attitudes, dont certaines ne nous semblent pas « justes » : retrouver sérénité et bien-être suppose alors de se recentrer sur ses valeurs pour se « réaligner ».

Comment l'utiliser ?

Étapes

1. **Identifier ses valeurs et les nommer.**

Pour ce faire, on peut partir d'une activité, et la questionner au travers de formulations telles que : « *En quoi est-ce important pour moi ? Qu'est-ce que ça m'apporte ? Qu'est-ce que ça me permet de faire ?* »

2. **Évaluer sa cohérence personnelle pour chaque valeur.**

L'utilisation d'une échelle peut être utile pour quantifier cette notion : on peut se demander « *sur une échelle de 1 à 10 à combien évaluer la place accordée à cette valeur dans mon quotidien* », ce qui revient à repérer là où chacune s'exprime.

3. **Les hiérarchiser et nourrir les plus importantes pour soi.**

Repérer la ou les valeurs dominantes peut être utile, surtout lorsqu'elles sont nombreuses. Pour mieux les honorer, mieux vaut se centrer sur les plus fondamentales (6 à 7 au maximum). Reste à imaginer pour chacune de nouvelles manières de l'incarner encore davantage...

« Une valeur non respectée, c'est un trou dans la coque... ! »
Nicole De Chancey

Méthodologie et conseils

Parmi les sources à l'origine de nos valeurs se trouve en premier lieu notre héritage (familial, éducatif,...), perceptible au travers de nombreux gestes observables au quotidien. S'arrêter à ce qui nous fait plaisir est également fort instructif, le sentiment de contentement ayant en effet quelque chose à voir avec la cohérence personnelle.

Ce qui blesse, nous fait souffrir et réagir constitue un autre indice, celui d'une valeur non respectée alors qu'elle est importante à nos yeux. Enfin, l'engagement dans l'action avec grande conviction est souvent le reflet d'une valeur motrice alors pleinement incarnée. ■

Avantages

- Certaines de nos valeurs ne nous appartiennent que parce que nous les avons acceptées en héritage de nos parents ou de ceux qui nous les ont transmises (enseignants, mentors,...). Choisir de ne garder que ses propres valeurs, c'est-à-dire celles qui font sens au moment présent, peut contribuer à nous alléger, à clarifier et simplifier nos choix de vie : être sélectif permet alors de retrouver une forme de bien-être et de sérénité.

Précautions à prendre

- Chaque valeur est porteuse de son contraire. Ainsi, être sensible à l'injustice revient à promouvoir la justice. On entrera ainsi par la « porte » la plus immédiate et la plus parlante pour nourrir la valeur en question dans sa globalité.

OUTIL 39

La restructuration d'histoire de vie

S'ENRICHIR DE SES EXPÉRIENCES PASSÉES POUR PORTER UN NOUVEAU REGARD SUR LE PRÉSENT

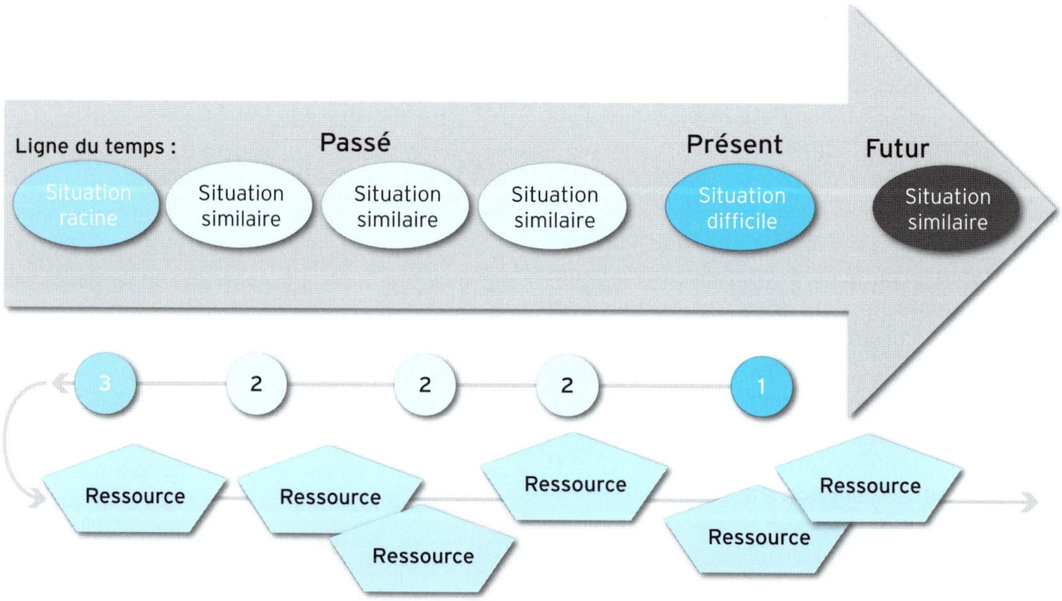

En résumé

Il arrive que nos réactions présentes signent la répétition de réactions du passé, et bien que l'on puisse l'identifier, il est souvent difficile d'agir autrement. La restructuration d'histoire de vie est un outil qui permet d'adresser une réaction comportementale insatisfaisante et répétitive, dont l'origine est ancienne. Le principe est simple : revisiter une série d'expériences similaires et insatisfaisantes, et profiter de ce « voyage » pour cueillir sur le chemin les ressources dont on aurait besoin pour y faire face de façon plus efficace et plus sereine. S'associer aux différentes situations identifiées en étant désormais muni de ressources appropriées permet de modifier son expérience et de prendre confiance dans de nouvelles façons d'aborder les choses, avec plus de légèreté et de mieux-être !

Insight

In certain cases, our current reactions merely repeat the way we reacted in the past. Even if we can identify such reactions, we often find it difficult to act otherwise. Restructuring one's life story is a tool that helps you deal with an unsatisfying, repetitive behavioral reaction that has origins in your distant past. The principle is simple: revisit a series of similar, unsatisfying experiences and use the "journey" along the way to collect the resources you need in order to confront them more efficiently and serenely. Now armed with appropriate resources, you can tackle the situations you have identified, modify your experience and gain confidence in a new way of dealing with situations: with a more relaxed attitude and improved well-being.

Pourquoi l'utiliser ?

Objectifs

Identifier les ressources nécessaires pour reconsidérer un événement insatisfaisant.
Modifier les comportements en changeant la « chaîne des évidences » servant de référence à la personne pour agir.

Contexte

Cet outil peut être utilisé pour transformer une expérience mal vécue dans le passé, à une période où l'on ne disposait ni des ressources ni du recul d'aujourd'hui. Par exemple, une personne systématiquement agressive lorsqu'elle reçoit une critique peut décider de gérer définitivement ce mode de réaction comportementale, de façon à y faire face plus sereinement à l'avenir.

Comment l'utiliser ?

Étapes

1. **Préciser le problème.** Identifier la réaction à changer, entrer en contact avec l'état interne insatisfaisant en s'associant à la situation et l'ancrer négativement (serrer le poing gauche).
2. **Mettre à jour les expériences antérieures similaires.** Remonter en arrière jusqu'à une autre situation similaire. Identifier la situation et l'ancrer négativement. Reproduire le mécanisme sur 3 à 4 situations similaires.
3. **Planifier le changement et accéder aux ressources.** Partir de la situation la plus ancienne, et de façon dissociée, se questionner de façon constructive : *Qu'est-ce que je veux et que je n'ai pas eu ? Quel est mon objectif pour cette situation ? De quoi aurai-je eu besoin pour que tout se passe bien ?* Formaliser par écrit les ressources nécessaires.
4. **Réorganiser les situations passées.** Cheminer de la situation la plus ancienne à la plus récente et revivre chacune avec les nouvelles ressources, de façon à ce que cela se déroule de la façon souhaitée. S'associer pleinement à chaque « nouvelle » situation et ancrer positivement (serrer le poing droit)
5. **Traiter la situation présente.** Revisiter la situation présente avec toutes les ressources trouvées au fil du chemin, et éventuellement de nouvelles ressources, jusqu'à ce qu'elle se déroule de façon à apporter sérénité et mieux-être. Ancrer positivement.
6. **Tester l'efficacité du processus.** Se remémorer les différentes expériences choisies en s'y associant, sans ancrage, pour vérifier que la façon de les percevoir a bien été changée.
7. **Se projeter dans l'avenir.** Envisager dans un futur proche une situation similaire à celle qui autrefois déclenchait la réaction indésirable. Vérifier si les choses se passent de façon satisfaisante.

Chacun dispose des ressources dont il a besoin dans le passé ou dans le présent. Il est possible d'aller les chercher pour les utiliser face à une situation qui le requiert.

Méthodologie et conseils

› Cette technique nécessite d'utiliser **deux ancrages : l'un pour ancrer la situation difficile et l'autre pour ancrer la situation ressource.**

› Effectuer l'exercice dans l'espace, sur la ligne du temps, facilite la mise en œuvre de cet outil. **Cheminer physiquement permet au corps de mémoriser les apprentissages** et est source de bien-être. ■

Avantages

- Cet outil permet d'utiliser les ressources acquises au travers de nos expériences et de nos relations, pour revisiter son passé, modifier son regard sur les situations vécues et ses propres réactions.

Précautions à prendre

- Le processus est dense et travailler sur des expériences particulièrement sensibles demande de la méthode, du savoir-faire et de la prudence.

Les croyances aidantes

CULTIVER CE QUI NOUS SÉCURISE DANS L'ACTION

Transformer une croyance limitante en croyance aidante : un exemple concret

Situation : Je n'ose pas poser de questions personnelles à mes interlocuteurs

Interprétation A : J'ai peur de déranger l'autre, d'être perçu comme trop curieux, trop intrusif, de ne pas savoir revenir à mon objectif, d'entrer dans un registre trop émotionnel.	**Interprétation B :** L'autre apprécie que je m'intéresse à lui et prend plaisir à échanger, mes questions sont pertinentes et l'aide à réfléchir et créent la confiance.
Réaction A : L'échange est superficiel et manque d'intérêt, je me sens frustré et seul, je rate des contrats par manque de « liant ».	**Réaction B :** La relation est dynamique et personnalisée, je connais bien mon interlocuteur, notre lien est solide et source de business.

En résumé

Une croyance est une affirmation personnelle que nous pensons vraie. Elle porte sur la perception que nous avons de nous-même, des autres et du monde en général. Les croyances se construisent et se renforcent à partir de nos expériences, par généralisation ou par relation de cause à effet, notamment à partir de l'attitude de personnes importantes dans notre vie. Telle la méthode Coué, nos croyances agissent comme des prophéties auto-réalisatrices.

Notre système de croyances est la base de notre vision du monde : il façonne nos pensées, nos décisions, nos sentiments et nos actions. Une croyance n'est ni bonne ni mauvaise. En revanche, elle peut être aidante ou limitante selon les situations. Adopter des croyances aidantes, c'est donc se donner les moyens de mobiliser nos ressources, avec plus d'aisance et d'efficacité, donc davantage de bien-être dans le travail à mener.

Insight

A belief is a personal assertion we believe to be true. It exerts considerable influence on the way we perceive ourselves, our fellow human beings and the world around us. Beliefs are built and reinforced on the basis of experience, via generalization or due to a cause-and-effect connection; they are notably influenced by the attitude of people who play an important role in our lives. Via autosuggestion, our beliefs inevitably have the effect of self-fulfilling prophecies.

Our system of beliefs is the foundation of our world view: it shapes our thoughts, our decisions, our feelings and our actions. A belief is neither good nor bad. But it can be helpful or limiting, depending on the situation. To adopt helpful beliefs is a way of mobilizing our resources, leading to more ease, well-being and efficiency.

Pourquoi l'utiliser ?

Objectifs

› Prendre conscience de ses filtres et les identifier.

› Tirer les leçons de nos expériences pour influencer nos stratégies d'adaptation individuelles et nos comportements au sein de notre environnement.

› Entretenir et prendre soin de ses croyances aidantes, pour agir positivement sur la confiance en soi, la force et l'estime de soi, le bien-être au travail.

Contexte

Adopter des croyances aidantes est particulièrement utile pour se mettre en confiance, mobiliser ses talents, son énergie et ses forces. Être convaincu que « *je vais réussir* », « *que j'ai toutes les ressources ou les capacités de les acquérir pour parvenir à mon but* », « *qu'il n'y a pas d'échec, il n'y a que des expériences* » contribue à mobiliser au quotidien ses pensées, ses émotions, ses actions dans cette direction.

Comment l'utiliser ?

Étapes

1. **Identifier ses croyances limitantes.** Pistes d'exploration possibles : « Je n'arriverai pas à... parce que... ; Si je réussis à..., j'ai peur de... ; Je ne suis pas capable de... parce que... ; Je ne mérite pas d'être... parce que... »

2. **« Ramollir » les croyances limitantes.** Il s'agit d'ouvrir le champ des possibles. Challenger les généralisations : « Toujours ? Jamais ? Personne ? ». Objectiver le coût de la croyance : « Que m'en a-t-il coûté d'agir ainsi ? Si je maintiens cette croyance, que risque-t-il se passer ? »

3. **Clarifier la situation :** Situation/Interprétation/Réaction. Décrire en quelques mots la situation actuelle, noter la réaction mise en œuvre, et entre les deux l'interprétation qui vous amène de l'une à l'autre : « Sur quoi je me base pour agir ainsi ? Quelles sont les histoires que je me raconte ? »

4. **Modifier l'interprétation de la croyance.** Il s'agit de changer de filtre. Écrire la réaction souhaitée, puis les interprétations possibles : « Qu'est-ce que je ferai mieux de me raconter ? Quelles seraient les autres interprétations plausibles que je pourrais faire ? »

5. **Faire vivre la croyance aidante.** Lister les situations dans lesquelles ces nouvelles interprétations seront une ressource et mettre en pratique !

« Telle est la faiblesse de notre raison : elle ne sert le plus souvent qu'à justifier nos croyances. »
Marcel Pagnol

Méthodologie et conseils

Construire et développer des croyances aidantes, c'est tirer parti de ses expériences, s'appuyer sur les relations qui font grandir, et associer suffisamment de bien-être à la croyance aidante à adopter pour créer la confiance nécessaire au changement. ■

Avantages

- Cultiver ses croyances aidantes est une opportunité de mieux se connaître et de prendre sa vie en main. Agir en ayant conscience de ses propres filtres libère une énergie constructive et positive et donne un pouvoir pour agir avec succès et réussite. Adopter une croyance aidante, c'est s'autoriser à saisir une opportunité, à tenter sa chance, à oser faire différemment.

Précautions à prendre

- Les croyances se protègent elles-mêmes de leur mise en lumière par tout un tas de ruses ! Travailler sur ses croyances demande de la méthode, du savoir-faire et de la prudence. Aussi, l'accompagnement par un professionnel du changement est recommandé.

OUTIL 41

Le Cercle des Objectifs

TRIER CE QUE L'ON NE SOUHAITE PLUS DE CE QUI CONSTITUE NOTRE OBJECTIF, POUR SE MOBILISER SEREINEMENT

Source : Louise Charbonneau, CQPNL (Centre Québécois de Programmation NeuroLinguistique)

En résumé

Malgré notre ferme intention d'avancer, nous peinons parfois à atteindre l'objectif que nous pensons pourtant viser, irrémédiablement attirés vers ce que nous souhaiterions pourtant éviter... Ainsi, il est souvent plus aisé de faire la liste de ce qui ne nous convient pas ou plus, plutôt que d'énoncer clairement ce que nous voulons obtenir. Et cette ambivalence est source de tensions intérieures, de rancœur et d'insatisfaction. Le Cercle des Objectifs propose un cadre méthodologique et visuel pour classer nos objectifs en privilégiant les formulations positives, celles qui expriment notre destination souhaitée : clarifier cette dernière renforce notre sentiment de cohérence personnelle et notre niveau de bien-être.

Insight

In spite of our firm intention to change, we occasionally experience great difficulty in accomplishing our goal, and remain hopelessly attracted to what we were actually trying to avoid. It is often easier to list things we don't like instead of clearly expressing what we actually want to obtain. Such ambivalence leads to underlying tension, bitterness and dissatisfaction. The Circle of Goals is a methodological, visual framework to help us sort through our goals, using positive wordings to express the one goal which motivates us above all others. Once that goal becomes evident, our reinforced inner consistency will improve our state of well-being.

http://goo.gl/uBtRPa

En savoir plus (en vidéo)

Pourquoi l'utiliser ?

Objectif

Le cercle des objectifs permet d'élever son niveau de conscience dans une situation que l'on souhaite modifier. Il constitue un outil de recentrage au service du but à atteindre : il permet de clarifier et d'affiner la formulation de son objectif, et d'atteindre un meilleur alignement intérieur pour gagner en sérénité et en efficacité dans l'action.

Contexte

En situation d'inconfort, lorsque nos pensées sont focalisées sur les obstacles, consciemment ou non. Ainsi, l'action est parasitée par les formulations négatives de notre objectif (« j'en ai assez de... », « je ne veux plus... »), qui paradoxalement agissent comme des aimants pour nous maintenir dans ce que nous ne voulons plus.

Comment l'utiliser ?

Étapes

1. Sur une feuille de papier, **dessiner un cercle** :

› Est inscrit à l'extérieur du cercle tout ce qu'on ne veut pas, plus ou que l'on veut changer dans sa vie, dans ses attitudes, dans sa situation.

Exemple : un manager constate qu'il n'obtient pas ce qu'il souhaite de la part d'un de ses collaborateurs. "C'est toujours la même chose, il me fait faux bond au dernier moment et je me retrouve à faire moi-même le travail".

› Pour chacun des éléments évoqués, on inscrit au centre du cercle ce qu'on veut à la place de façon précise.

Exemple : responsabiliser son collaborateur, que ce dernier rende son travail à temps.

2. Affiner ensuite les éléments situés à l'extérieur du cercle, et les reformuler pour élaborer à l'intérieur du cercle un objectif plus détaillé.

3. Découper l'extérieur du cercle pour ne garder que l'objectif. L'extérieur peut être détruit (découpé en confettis, brûlé symboliquement,...).

4. Pour une perception encore plus concrète, l'intérieur du cercle peut être enrichi au travers d'illustrations (photos, dessins,...), pour matérialiser et magnifier l'objectif (choix d'écriture, de couleurs, de textures), et le rendre encore plus cohérent.

Méthodologie et conseils

Le cercle des objectifs s'appuie sur la question centrale : "Que voulez-vous à la place de... ?". Or, notre inconscient ne connait pas la négation... Ainsi, la démarche proposée permet de passer inconsciemment d'un "état problème" à un "état solution", qui illustre nos aspirations et choix futurs. Ainsi, la formulation affinée de l'objectif se présente sous une forme affirmative et positive, porteuse de motivation, de cohérence personnelle et de bien-être.

Pour dépasser le dialogue interne, le Cercle des Objectifs gagne à être utilisé en échangeant avec un tiers (coach, conseiller), ce qui facilite la recherche de solutions, et le recentrage systématique sur la cible et la destination, et non ce que la personne souhaite éviter... ■

« La sagesse, c'est d'avoir des rêves suffisamment grands pour ne pas les perdre de vue lorsqu'on les poursuit ! »
Oscar Wilde

Avantages

- La clarification des objectifs est induite par la séparation des éléments qui ne font pas partie du projet d'avec ceux qui s'y inscrivent pleinement. C'est cette clarification qui est porteuse de bien-être, car elle renforce la focalisation sur la destination, et la confiance dans la capacité à réussir à atteindre son objectif.

Précautions à prendre

- Il est important de vérifier que l'objectif final inscrit au centre du cercle est effectivement sous le contrôle et à la portée de la personne qui utilise l'outil, et qu'il ne s'agit pas d'une construction mentale propice à auto-sabotage...

L'ancrage de ressources

MOBILISER DES ÉTATS INTERNES POSITIFS ET SEREINS

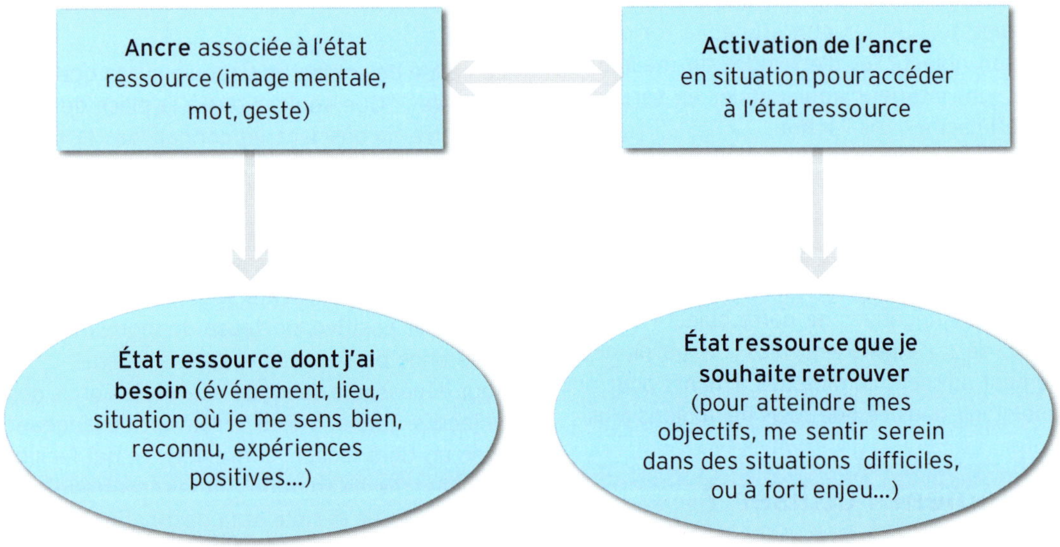

En résumé

Un ancrage est une association fait à un moment de notre vie, un déclencheur qui suscite une réaction automatique au niveau de nos pensées, de nos émotions et de nos comportements. Le principe est simple : il s'agit d'associer délibérément un état de bien-être et de stimulation positive à l'action que vous souhaitez mener. Réaliser un ancrage vise donc à se placer automatiquement dans un état ressource de bien-être, pour obtenir le changement souhaité et atteindre un objectif. C'est une technique privilégiée en PNL. L'ancre est ce qui va déclencher la réaction émotionnelle, ici le bien-être. Cela peut être un geste, comme le pincement des doigts, ou encore une représentation mentale, visuelle ou auditive. L'ancrage est ce que je vis et la façon dont je le vis. Plus on utilise un ancrage et mieux il fonctionne, alors ancrez !

Insight

An anchor is an association we make at a certain moment in our lives, a trigger that arouses an automatic reaction in our thoughts, our feelings and our behavior. The principle is simple: you can deliberately associate a positive stimulus with the task you want to achieve. By creating an anchor, you automatically place yourself in a state that produces well-being in order obtain the desired change and reach a certain goal. It is one of the most widely used techniques in NLP. The anchor is what activates an emotional reaction. It can be a gesture - such as snapping one's fingers - or a mental, visual or auditory image. Anchoring has to do with what you experience and the way you experience it. The more you use anchoring, the better it works - so go ahead and start anchoring!

Pourquoi l'utiliser ?

Objectif

› Se mettre rapidement en énergie sereine et positive et mobiliser plus facilement ses ressources.

› Disposer d'un déclencheur qui vous permettra d'accéder à un état ressource de bien-être à chaque fois que vous en aurez besoin ou envie.

› Mieux gérer ses émotions, pour soi-même et dans ses relations avec les autres.

Contexte

Mobiliser des états internes positifs est particulièrement utile pour se mettre en condition favorable lors de la réalisation d'une action donnée. Par exemple, être serein et dynamique lors d'une présentation en public ou être confiant et assertif lors d'une négociation commerciale sont autant d'ingrédients qui faciliteront l'atteinte de votre objectif, tant que le plan qualitatif que quantitatif.

Comment l'utiliser ?

Il s'agit d'associer une ancre à une évocation mentale donnée pour être à même de mobiliser l'état interne associé lorsque vous en aurez besoin.

Étapes

1. **Choisir un état ressource.** *Quel état émotionnel vous sera utile ? Quelles en sont les caractéristiques ? Dans quelles situations le mobiliserez-vous ?*
2. **Choisir une ancre.** Il s'agit d'une image, d'un mot ou d'un geste qui symbolise votre ressource. Par exemple, le mot « bonheur », l'image d'un repas entre amis, une pression entre le pouce et l'index... peuvent être utilisés comme des moyens d'ancrer un état interne.
3. **Entrer dans l'état ressource souhaité,** en retrouvant le souvenir d'un moment dans lequel vous étiez dans cet état. Faites une évocation mentale de cette situation, faites « comme si » vous y étiez. Veillez à être pleinement en contact avec l'état d'esprit, les sensations, les émotions qui caractérisent cet état.
4. **Ancrer l'état ressource** en activant l'ancre que vous avez choisie, lorsque vous êtes pleinement dans l'état ressource souhaité.
5. **Répéter l'expérience** au moins 3 fois pour renforcer l'association : vérifier que l'utilisation de l'ancre permet de mobiliser facilement l'état ressource. Sinon, répéter encore !
6. **Associer l'état ressource à l'objectif.** Se placer dans l'état ressource et en même temps, se transporter mentalement dans la situation choisie. Vivre cette situation par anticipation tout en restant dans l'état ressource.

Chacun peut agir sur ses émotions et choisir les états internes dans lesquels il souhaite se trouver pour faciliter la mise en mouvement, l'action et la performance.

Méthodologie et conseils

Réaliser un ancrage de ressources nécessite du temps pour dérouler le processus et « entrer » dans l'état ressource souhaité, le ressentir pleinement. ■

Avantages

■ Savoir mobiliser des états internes de bien-être permet de se doter des ressources dont on a besoin pour passer à l'action avec confort et efficacité. Piloter ses émotions permet d'associer délibérément un état positif à la tâche pour laquelle vous souhaitez vous motiver.

Précautions à prendre

■ À l'inverse, l'évocation mentale d'une situation négative peut entraîner un ancrage négatif, qui freinera l'action : J'ai eu un accident de voiture ici, à chaque fois que j'y repasse, j'ai le frisson qui revient.

SUITE OUTIL 42 →

L'ancrage de ressources

Comment être plus efficace ?

S'assurer de l'intensité et de la « pureté » de l'état ressource mobilisé

L'intensité dépend de la façon dont un état particulier a été ressenti. Il était par exemple plus facile pour Pavlov de conditionner à saliver des chiens affamés que des chiens rassasiés. Aussi, plus l'état ressource est vécu intensément, plus facilement il sera mémorisé et plus rapidement il sera associé à l'ancre choisie.

La « pureté » dépend des pensées, associations ou réactions hors sujet ou conflictuelles qui ont pu contaminer l'expérience que vous souhaitez utiliser pour réaliser l'ancrage. Il est possible d'expérimenter intensément l'état à ancrer tout en le mélangeant avec d'autres états et expériences. L'ancrage sera donc « pollué » et moins efficace. Il est donc essentiel de vérifier qu'en activant l'ancre, vous obtenez exactement l'état que vous avez ancré.

Favoriser l'aspect unique et spécifique du stimulus utilisé comme ancre

Cette notion fait référence au fait que nous sommes toujours en train de faire des associations entre les signaux du monde qui nous entoure, nos états internes et nos réactions. Certains stimuli sont si communs qu'ils constituent des ancres inefficaces, car ils sont déjà associés avec de nombreux contextes. Serrer la main ou toucher l'épaule sont des stimuli bien plus communs que de pincer le bout de l'auriculaire. **Des stimuli uniques font des ancres qui durent mieux et plus longtemps. L'ancre doit également symboliser votre ressource, elle doit faire sens pour vous avec l'état que vous souhaitez mobiliser.**

Mobiliser l'état ressource avec la technique du « comme si »

Pour William James, psychologue américain, l'émotion traduit une réponse aux modifications physiologiques : « *Nous nous sentons tristes parce que nous pleurons* ». Aussi, il estime que la façon la plus rapide d'accéder à un état interne est d'entrer dedans physiquement, en faisant « comme si ». Ceci est une manière d'entrer dans l'état ressource souhaité par le corps : *Si vous étiez dans cet état ressource, comment vous tiendriez-vous ? Quels seraient vos gestes, votre tonus musculaire, l'expression de votre visage, votre respiration, le ton de votre voix ? Adoptez tous ces éléments maintenant. Prenez un instant pour rester dans cet état et en faire l'expérience.*

Choisir le bon moment pour assembler le stimulus et la réponse

En PNL, la période optimale d'ancrage est fonction du pic d'intensité de l'état que l'on est en train d'ancrer. Le stimulus de l'ancre doit être installé juste avant que l'intensité de l'état émotionnel atteigne son pic. Une association efficace est ainsi créée entre l'état ressource et l'ancre.

Porter attention au contexte entourant l'expérience d'ancrage

Le contexte influence l'ancrage de façon importante et souvent ignorée, certains signaux de l'environnement pouvant être associés malgré eux et devenir ainsi des ancres. De ce fait, de nombreuses ancres sont dépendantes du contexte, c'est-à-dire qu'elles fonctionnent plus efficacement dans le contexte dans lequel elles ont été initialement établies. Soyez donc attentifs à votre environnement lorsque vous réalisez un ancrage.

CAS Savoir identifier, situer et mobiliser ses états internes

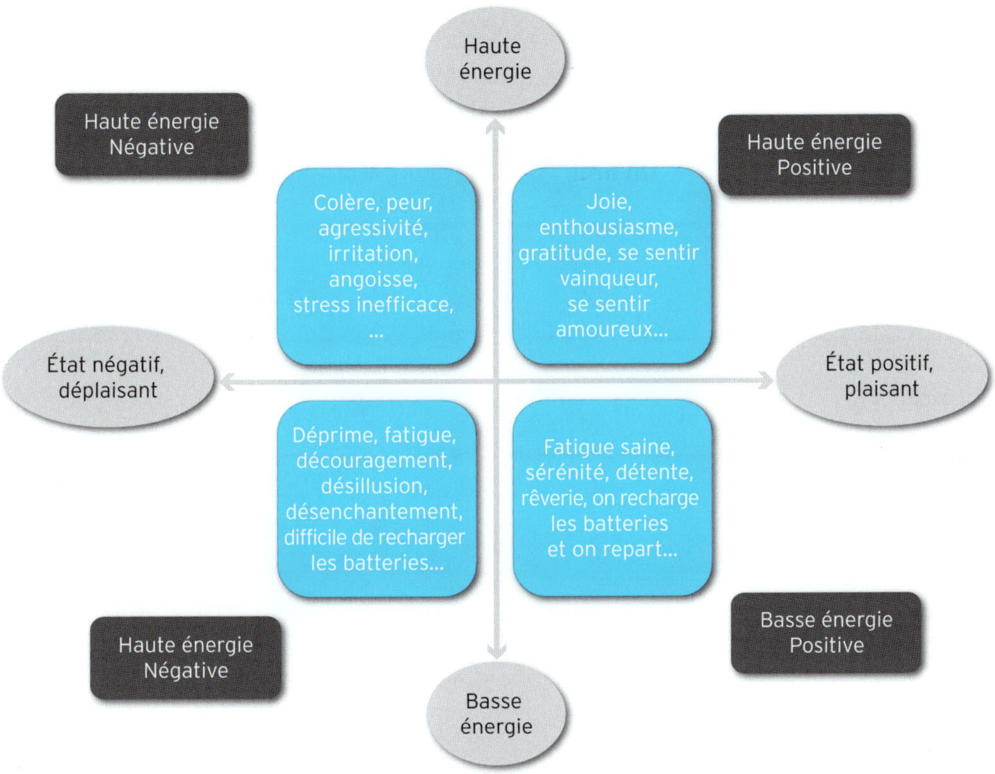

Source : Institut de Coaching International

Le modèle de la haute énergie est un outil utile pour prendre conscience des états internes dans lesquels on se situe le plus fréquemment. L'idée que l'émotion est une force irrépressible qui risque de « tout casser » est répandue. Un proverbe chinois dit que « *nos peurs ne sont que des tigres en papier* ». Identifier, nommer et socialiser ses émotions permet de dédramatiser, de diminuer la peur associée et de passer à l'action de façon constructive pour :

› Définir si l'état interne mobilisé dans telle ou telle situation est une réaction adaptée à une situation donnée, ou bien s'il s'agit plutôt d'une façon prédominante de réagir et de se comporter, quelque soient les situations.

› Choisir les états émotionnels que vous souhaitez mobiliser. Nous sommes équipés neurologiquement pour gérer nos états internes et agir sur nos émotions, sans se soumettre systématiquement aux attendus de l'environnement. Ce sont nos croyances limitantes qui nous empêchent d'être dans nos états internes ressources choisis !

› Ancrer des états internes positifs qui sont pour vous des ressources, en haute énergie et en basse énergie, afin de pouvoir agir sur votre tonus émotionnel et influencer ainsi votre motivation, ingrédient clé de votre performance actuelle et future !

OUTIL 43

Le carré magique

RENFORCER UNE CROYANCE AIDANTE ET ÉLARGIR SES RESSOURCES

	Un ami	Moi	Un Sage
FUTUR	8	7	9
PRÉSENT	1	2	3
PASSÉ	5	4	6

Source : Institut de Coaching International

En résumé

Le carré magique est un outil exploratoire qui permet de « voyager » agréablement et à son rythme dans le passé, le présent et le futur et d'y rencontrer un ami, un « sage » et soi-même pour solliciter avis, conseils et feedbacks constructifs, autour d'un objectif qui nous est cher. C'est une méthode qui amène à se déplacer dans l'espace et à être attentif à son corps et aux ressentis qui se présentent, dans l'instant présent. Elle permet d'élargir ses ressources et de renforcer la confiance en soi, ainsi que le confort dans la prise de décision et dans l'action. En s'appropriant les messages délivrés par le processus, la personne est prête à s'engager dans l'action avec plus de confort, de confiance et ainsi un mieux-être au travail.

Insight

The Magic Square is an exploration tool that invites you to embark at your own rhythm on a journey into the past, present and future, where you will encounter a "wise person", a friend, and yourself, to ask them for advice and constructive feedback about a goal you find important. This method requires that you move around and pay attention to bodily sensations in the present moment. It enables you to expand your resources while reinforcing your self-confidence and assurance in making decisions and getting into action. By accepting and interiorizing the messages that result from the procedure, you become better equipped to commit yourself to action with more assurance, confidence and well-being at the workplace.

Pourquoi l'utiliser ?

Objectif

› Renforcer une croyance aidante, élargir ses ressources pour accomplir une tâche.

› Enrichir la perception d'une situation pour ouvrir plus largement le champ des possibles.

Contexte

Issue de la PNL (Programmation Neuro-Linguistique), ce processus présuppose que **chacun dispose des ressources dont il a besoin pour avancer,** qu'elles soient dans le passé, dans le présent ou dans le futur.

Comment l'utiliser ?

Étapes

Il s'agit de se placer successivement sur chaque feuille chiffrée posée au sol, dans l'ordre croissant.

1. **Moi au présent :** Se placer sur l'espace 1 et énoncer clairement la ressource, la croyance à renforcer, ou l'objectif à atteindre. Par exemple : savoir lâcher-prise, ou postuler sur tel poste. Evaluer la situation actuelle et la situation souhaitée, sur une échelle de 1 à 10. S'accorder le temps d'explorer ses ressentis.
2. **Un allié au présent :** Choisir son allié, puis aller sur 2 et s'associer, laisser émerger le message qu'il pourrait délivrer et le formuler à haute voix. Retour en 1 pour recevoir le message de l'allié et prendre le temps de l'intégrer.
3. **Un « sage » au présent :** Choisir sa ressource intemporelle, puis aller sur 3 et s'associer, laisser émerger le message qu'il pourrait délivrer et le formuler à haute voix. Retour en 1 pour recevoir le message de l'allié et prendre le temps de l'intégrer.
4. **Utiliser le passé :** sur le même principe, explorer le passé à l'aide des espaces 4 (moi dans le passé), puis 5 (l'ami dans le passé) et enfin 6 (le sage dans le passé). Différencier un temps pour l'émergence des messages et un autre pour leur réception.
5. **Se projeter dans le futur :** même protocole, en naviguant sur les espaces 7 (moi dans le futur), puis 8 (l'ami dans le futur) et enfin 9 (l'ami dans le futur), et même point d'attention pour différencier émergence et réception des messages.
6. **Intégrer l'ensemble :** Revenir sur l'espace 1 (moi au présent) et parcourir mentalement (ou visuellement si vous avez pris des notes) l'ensemble des messages reçus. Se donner le temps de les accueillir à nouveau et de les intégrer en respirant profondément.

Méthodologie et conseils

Il est important de bien choisir ses « partenaires ». Pour l'ami, une personne de confiance à qui vous demanderiez volontiers conseil pour sa sincérité, sa compétence, sa pertinence. Pour la ressource intemporelle, une sorte de « sage » qui vous inspire profondément. Il peut d'agir d'un personnage historique (Nelson Mandela, Gandhi...) comme d'un symbole (un chêne centenaire, une étoile...).

L'ami et le « sage » peuvent être les mêmes dans les trois temps (passé, présent, futur). Il est également possible de choisir trois amis et trois « sages » différents. ■

« Votre vision ne devient claire que lorsque vous pouvez regarder dans votre cœur. Celui qui regarde à l'extérieur rêve. Celui qui regarde à l'intérieur s'éveille. »
Carl Gustav Jung

Avantages

■ Le carré magique fait s'exprimer différentes parties de nous-mêmes que l'on ne prend pas toujours suffisamment le temps d'écouter et qui sont pourtant aidantes pour accroître clairvoyance et bien-être.

Précautions à prendre

■ Cet outil nécessite méthode et rigueur dans son application. Noter les réponses et être guidé est particulièrement utile pour en faire le meilleur usage possible.

SUITE OUTIL 43 →

Le carré magique

Comment être plus efficace ?

Envisager l'exercice comme une promenade agréable

Se mouvoir, bouger, c'est déjà changer : de lieu, de position, de point de vue... **C'est une façon de se mettre en route vers son objectif !** Vous constatez peut-être déjà qu'il est plus efficace de trouver un début de solution en marchant... Réaliser l'exercice du carré magique en l'envisageant comme une promenade agréable, un cheminement en bonne compagnie, apporte beaucoup de puissance et de force à la démarche. Jouer le jeu en se déplacement physiquement « pour de vrai » est clé : Vous pouvez vous en tenir à passer d'une feuille à l'autre, mais il est aussi possible, si vous en ressentez le besoin, de faire quelques détours avant de prendre position sur l'étape suivante.

Pour gagner en efficacité lors de cet exercice, il est conseillé de **faire confiance à son corps. Votre corps est un allié indéniable dans le carré magique.** Vous allez, à neuf reprises, vous associez avec un personnage, puis entrez en contact avec vous-même dans le présent pour recevoir le message qui vous sera délivré. Respirez profondément et détendez-vous, soyez attentif à vos ressentis. **Prenez le temps dont vous avez besoin pour laisser émerger la matière, l'accueillir et l'intégrer.**

Noter les réponses par écrit ou utiliser un dictaphone

Il n'est pas évident, lorsqu'on est seul, d'assurer en même temps le déroulé du processus avec ses étapes, et d'être « dans » l'exercice, de se mettre pleinement « dans la peau » des personnages. Aussi, **pour préserver la qualité de l'expérience et permettre qu'elle soit pleinement vécue et ressentie à chaque étape**, il est conseillé de bien préparer son carré magique et de **s'organiser en amont.**

› Une option est de préparer une **feuille de papier** avec les neuf espaces à explorer (le schéma ci-contre peut être une source d'inspiration), en s'assurant que les espaces sont positionnés exactement dans le même sens que ceux qui vous aurez matérialisés au sol, pour éviter les confusions une fois dans l'exercice ! Vous disposerez ainsi d'un support pour **noter « en live » la matière qui émerge, sans avoir à sortir du carré magique.**

› Autre option : le **dictaphone** (l'application dictaphone de votre smartphone fait cela très bien aussi). Prononcer la ressource à renforcer ou l'objectif à atteindre, n'hésitez pas à répéter la phrase plusieurs fois, pour bien vous en imprégner. Puis, il suffit de laisser parler sa voie intérieure... à haute voix ! Par exemple, cela peut donner : « *[1] Moi, dans le présent [Silence] C'est un bel objectif, sois en fier. [Silence] Une amie, dans le présent : Lisa [2] [Silence] C'est un projet qui te ressemble, tu vas y arriver, c'est certain ! [1] [Silence] Un sage, au présent : un sage maori [3] [Silence] Tourne-toi vers le soleil et l'ombre sera derrière toi. [1] [Silence] Etc.* **Terminer en énonçant à nouveau à haute voix votre objectif.**

Dans les deux cas, vous gardez trace de la matière qui aura émergée et pourrez la relire ou la réécouter quand vous en ressentirez l'envie ou le besoin, pour entretenir le bien-être que cette expérience aura généré.

CAS Magalie « Gagner ma vie et m'épanouir en faisant un métier que j'aime »

Contexte

Magalie, 45 ans, vient de quitter son poste de *Human Resources Business Partner* au sein d'un grand groupe international, au sein duquel elle a travaillé pendant 15 ans. Elle souhaite ouvrir un cabinet en tant que psychologue clinicienne, sa formation initiale, et travailler auprès d'enfants et de familles. Elle s'accorde du temps pour affiner son projet et se donner les moyens de réussir cette transition professionnelle. Elle traverse des phases de grand enthousiasme ainsi que d'inévitables périodes de doutes. Dans le cadre de son coaching proposition est faite d'expérimenter le carré magique pour renforcer son vœu : « Gagner ma vie et m'épanouir pleinement en faisant un métier que j'aime ».

8 **Une amie (Pietra) dans le futur** *« Voir le formidable en chacun et en toute chose, c'est le secret de la réussite. »*	7 **Moi dans le futur** *« Toujours écouter son cœur et se faire confiance, tu vois bien ! »*	9 **Un « sage » (un bel olivier, près du pont du Gard)** *« Sois bien ancrée et apprécie le vent qui fait briller les reflets de tes feuilles. »*
2 **Une amie (Karine) au présent** *« Concentre-toi sur la relation aux autres. »*	1 **Moi au présent** *« Je suis en bonne voie. »*	3 **Un « sage » (mon grand-père) au présent** *« Fais, agis, travaille, partage avec autrui, et ensuite tu recevras. »*
5 **Un ami (Luc) dans le passé** *« Tu es intelligente et pleine d'idées, une vraie locomotive, vas-y, fonce ! »*	4 **Moi dans le passé (à 18 ans)** *« Exprime ta créativité et laisse parler ta force intérieure, ose ! »*	6 **Un « sage » (un de mes professeurs) dans le passé** *« Soyez vous-même et continuez comme ça, vous êtes parfaite ! »*

Résultats obtenus

Une motivation boostée, qui a permis à Magalie de renforcer la confiance en soi, en son projet et en sa faisabilité, et qui lui a permis d'envisager avec plus de confort et d'enthousiasme les actions concrètes à mener pour faire quelques pas en avant. Au cours de l'exercice, elle dit avoir ressenti « *de la chaleur, de la protection, de la bienveillance, du bien-être, du plaisir* ». Elle a régulièrement souri et parfois rougi l'évocation des signes de reconnaissance positifs qu'elle a reçus. S'appuyer sur ces encouragements bienveillants constitue une ressource précieuse et l'ai aidée à avancer et à « garder le cap ». Elle a ouvert son cabinet quatre mois après la fin du coaching et est aujourd'hui très heureuse dans son activité professionnelle, qui génère les revenus et la satisfaction attendue !

OUTIL 44

Le Core Process

CLARIFIER CE QUI NOUS ANIME LE PLUS FONDAMENTALEMENT, POUR CULTIVER ALIGNEMENT INTÉRIEUR ET BIEN-ÊTRE

Questionnement itératif du « Core Process » (à lire de bas en haut) :	• Valeurs mises au clair
4 - Et en quoi le fait de te sentir efficace te te permet-il d'accéder à **quelque chose d'encore plus essentiel ?** - Je me sens *bien physiquement, détendu,* juste à la bonne place et au bon moment...	• Bien-être
3 - Et en quoi ce respect du "texte" te permet-il d'accéder à **encore plus important ?** - Cela m'oblige à puiser dans toutes mes *ressources* techniques, à *diversifier* mes modes de jeux pour trouver à chaque instant *la solution la plus efficace et la plus simple aussi...*	• Efficacité technique, diversité, simplicité
2 - Qu'est-ce que ça te permet d'atteindre **d'encore plus important pour toi ?** - Je me sens *en accord* avec l'intention du compositeur, car je joue "*au plus près* du texte", en *respectant* ce qui est écrit sur la partition (le caractère, le tempo, les nuances ...)	• Respect, goût du détail, précision
1 - Lorsque tu joues et que tu es satisfait de ta prestation, qu'est-ce qui est **important pour toi ?** - Je réussis les passages *difficiles* et suis heureux de restituer le fruit de mon *travail...*	• Travail, effort

Démarche du Core process appliquée à un musicien : en l'occurrence, et contre toute attente, le cœur de ses valeurs ne réside ni dans l'esthétique musicale, la précision technique du geste, le partage avec son public, ni dans l'authenticité de l'émotion partagée..., mais plutôt dans la sensation de bien-être ressenti dans son jeu.

En résumé

La démarche du « Core process » est un processus psychologique qui vise à accéder à la source la plus profonde de notre « sagesse innée », et de ce qui fait sens pour nous. Des itérations successives permettent de cerner ce qui s'exprime souvent comme notre valeur fondamentale : la conscientiser plus finement permet de la déployer davantage. La dimension spirituelle de la démarche lui confère une réelle puissance, et ouvre des voies de transformation profonde vers davantage de bien-être.

Insight

Core Process is a psychological method designed to help us gain access to the deepest source of our "innate wisdom" – to that which makes sense for us. By repeating the process several times, we can pinpoint what turns out to be our fundamental value. By becoming more precisely aware of it, we can apply it more frequently. The method draws true power from its spiritual dimension, opening up profound paths of transformation that help us attain improved well-being.

Pourquoi l'utiliser ?

Objectif

Une valeur est une chose qui nous semble importante au point qu'il soit inutile d'argumenter pour s'en convaincre : elle est le fruit de notre éducation, de notre expérience. Respecter ses valeurs fondamentales contribue ainsi à nourrir notre sentiment de cohérence personnelle et à renforcer notre bien-être. Aussi, faire émerger ses valeurs et en particulier celles dissimulées sous le masque social et culturel, constitue un puissant levier d'accomplissement personnel et de de reconnexion à soi.

Contexte

Lorsqu'il est nécessaire de faire face à l'adversité, de se reconnecter à soi et à ses ressources pour traverser un événement difficile, et rester fidèle à soi-même pour dépasser les jugements dépréciatifs et déstabilisants.

Comment l'utiliser ?

Étapes

À partir d'une situation problématique (idéalement yeux fermés sur tout le processus) :

1. Repérer « l'intention positive » liée à la situation, l'objectif poursuivi par cette intention positive. « *Demande à la partie concernée, celle qui poursuit cet objectif, ce qu'elle vise pour toi à travers cette expérience...* »
2. Identifier l'objectif derrière l'objectif
« *Et quoi d'autre encore de plus important pour toi... ? Emplis-toi pleinement de cette expérience de la tête aux pieds...* »
3. Et ainsi de suite jusqu'à atteindre l'État Source, le « Core »...
Arrivé « en haut », la même idée revient, sous différentes formes : on tourne en boucle autour de ce qui est souvent une valeur. L'État source se suffit à lui-même, il porte sa propre finalité...
4. Redescendre les « étages successifs » et les revisiter fort de la conscience du « Core »
« *Vois en quoi cette expérience (appréhension du « Core ») éclaire ces autres expériences, et te permet de poser un nouveau regard... Prends le temps de vivre cette expérience et vois ce que ça change...* »
5. Tirer les enseignements du processus
« *Comment ce parcours te permet-il de voir les choses autrement maintenant, plus simplement, plus sereinement, plus confortablement... ? Quelles nouvelles options se dessinent ?* »

Méthodologie et conseils

Pour redonner un caractère concret à la démarche, il convient de repérer actions pragmatiques à mettre en place pour nourrir et honorer le « Core » au quotidien. Parmi les questions guidantes : « *Concrètement, quelle est la première petite action pour faire un premier pas vers cette intention ?* »...
Une autre technique, dite des « 5 Pourquoi », aborde la finalité de manière plus globale (*Pourquoi souhaites-tu atteindre cet objectif ? Et pourquoi ? Et pourquoi encore ? Et pourquoi d'autre ? Et pourquoi d'autre encore... ?!*). Ici encore, clarifier l'aspiration fondamentale et la valeur fondatrice autorise ensuite à se centrer sur elles, pour renforcer cohérence personnelle et sentiment de bien-être. ■

« Votre vision ne devient claire que lorsque vous pouvez regarder dans votre cœur. Celui qui regarde à l'extérieur rêve, celui qui regarde à l'intérieur s'éveille... »
Carl Jung

Avantages

- Il serait vain de tenter de nourrir simultanément toutes ses valeurs fondamentales. Se consacrer au cœur de ses valeurs (le « Core ») suffit à nourrir considérablement le sentiment de cohérence et de bien-être.

Précautions à prendre

- Parmi les sources à l'origine de nos valeurs se trouve en premier lieu notre héritage. Le Core Process permet d'accéder à un niveau de conscience plus profond de ce qui fait sens pour nous pour se reconnecter fondamentalement à soi.

Les niveaux logiques

RÉALIGNER SES NIVEAUX LOGIQUES POUR GAGNER EN COHÉRENCE PERSONNELLE ET CULTIVER BIEN-ÊTRE...

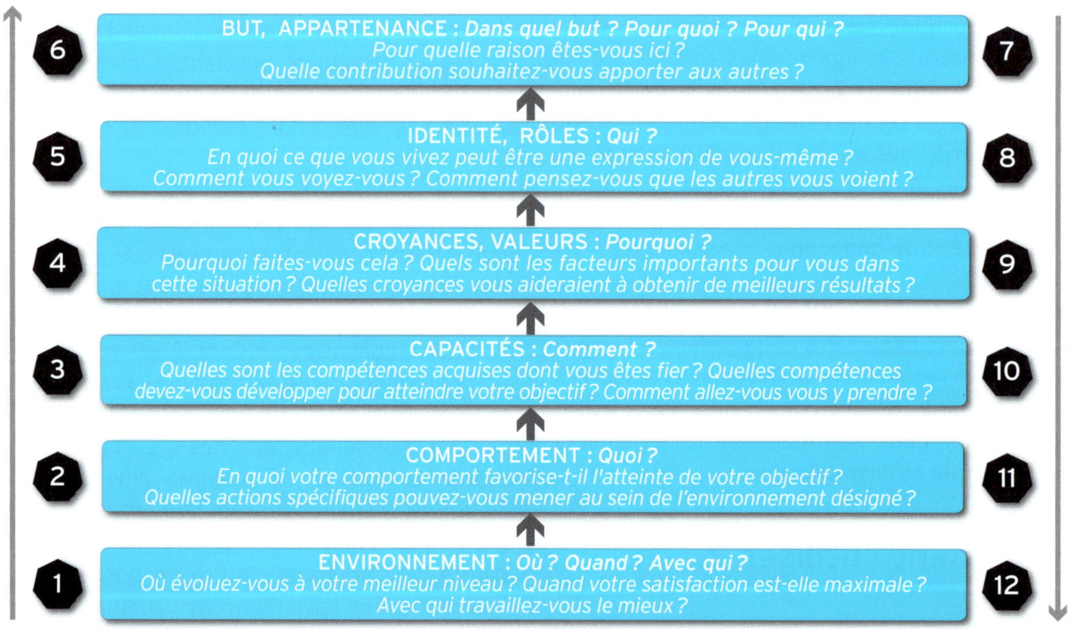

Résumé

Le modèle des « Niveaux Logiques » a été développé par Gregory Bateson, puis démocratisé par Robert Dilts. Il se compose de six niveaux successifs, hiérarchisés du plus concret (niveau inférieur) vers le plus fondamental (niveau supérieur). Parcourir successivement les différents niveaux permet de les « réaligner », pour gagner en cohérence personnelle et renforcer le sentiment de bien-être. Ainsi « rééquilibrée » intérieurement, la personne gagne en congruence, portée par le sentiment de puissance d'action et de réalisation personnelle qui nous habite lorsque nos actions sont en accord avec nos croyances et aspirations profondes. Elle gagne également en hauteur de vue : selon la formule d'Albert Einstein, c'est en envisageant la situation à un niveau supérieur qu'elle trouvera plus facilement sa solution...

Insight

Conceived by Gregory Bateson and popularized by Robert Dilts, the Logical Levels model is made up of six hierarchical levels that ascend from the concrete (lowest level) to the most essential (highest level). By ascending through them in succession, one can realign them to improve one's personal consistency and well-being. A person thus inwardly re-balanced becomes more coherent, since he/she is motivated by increased strength for action and by the realization of personal goals. Such feelings become part of us when our actions are in agreement with our profound aspirations and beliefs. The method also provides us with improved perspective: as Albert Einstein once remarked, it is easier to find a solution if one views the situation from a more elevated vantage point.

Pourquoi l'utiliser ?

Objectif

Renforcer congruence et sentiment d'alignement pour atteindre un objectif avec fluidité, en donnant à ce dernier un caractère à la fois pragmatique et fondamental. Gagner en efficacité et en cohérence personnelle en alignant comportements, valeurs et convictions profondes. Développer la conscience de son identité profonde et de son but fondamental, pour renforcer le sentiment d'accomplissement personnel et de bien-être.

Contexte

S'intéresser aux « niveaux logiques » pour les aligner est propice dans une situation à forts enjeux, où réussir est particulièrement important, et potentiellement générateur de doutes et de stress. L'outil est également utile pour se réapproprier une situation de changement non choisi, où retrouver la cohérence personnelle permettra de restaurer sa confiance à rebondir sereinement.
Enfin, d'une manière plus générale, réaligner les « niveaux logiques » aide à se mobiliser vers un objectif peu enthousiasmant, et permet de substituer au comportement « nécessaire » une forme d'action porteuse de sens et de cohérence personnelle.

Comment l'utiliser ?

Étapes

1. **Clarifier l'objectif** ou la situation que vous souhaitez approfondir au travers des « niveaux logiques », celui pour lequel vous souhaitez renforcer votre motivation à réussir, ou celle que vous souhaitez traverser plus sereinement.
2. **Parcourir les six « niveaux logiques » de manière ascendante**, en les visitant au travers des questions proposées sur le schéma en page de gauche. Chaque niveau s'enrichit au travers des précédents.
3. Une fois atteint le niveau supérieur (but, appartenance), prendre le temps de **développer une vision plus périphérique de la situation**, fort des éléments qui auront pu émerger à la montée.
4. **Revisiter les six « niveaux logiques » de manière descendante**, et tirer les enseignements de cet éclairage enrichi.

Méthodologie et conseils

Il est essentiel de cheminer niveau après niveau, et de respecter l'ordre de parcours du modèle : en effet, la progression matérialisée par les niveaux successifs amène l'utilisateur à « élever son niveau de conscience » de considérations pragmatiques (les lieux, ses attitudes et comportements) vers une dimension plus essentielle (son identité fondamentale, le sens qu'il souhaite donner à sa contribution professionnelle, la trace qu'il souhaite laisser,...).
Une fois parcourus les six niveaux dans le sens ascendant, descendre les étages dans l'autre sens permet d'enrichir chacun au travers des éléments fondamentaux émergés au niveau supérieur. ■

« Le bonheur, c'est lorsque vos actes sont en accord avec vos paroles. »
Gandhi

Avantages

- Traverser chaque étape du processus et visiter successivement chacun des « niveaux logiques » permet de développer la conscience de soi, en se reliant progressivement à des niveaux d'énergie personnelle de plus en plus élevés, favorisant une forme de connexion spirituelle. Chaque niveau vient nourrir le suivant en apportant un éclairage enrichi, propre à apaiser et à renforcer le sentiment de bien-être.

Précautions à prendre

- L'exercice s'applique à un objectif clairement formulé en amont, de manière à rester centré sur ce dernier. En effet, les niveaux supérieurs sont propices à la dispersion, tant ils peuvent donner accès à des considérations bien plus larges que le cadre initial de l'exercice.

DOSSIER

7 RÉGULER SON STRESS ET RENFORCER SA MOTIVATION

Dans la vie courante, nous fonctionnons principalement selon deux modes complémentaires : le mode Automatique pour les situations simples et connues, et le mode Adaptatif pour les situations complexes et inconnues. Mobiliser un mode mental inapproprié par rapport à une situation donnée peut être générateur de tensions et de stress. Parce qu'elle donne accès à des capacités d'ouverture et d'adaptation, la bascule, consciente et agile, d'un mode à l'autre, est source de bien-être.

Pour cela, comprendre ce qui différencie le mode Automatique du mode Adaptatif (outil 46) est une première étape pour pouvoir comprendre sa manière de fonctionner du point de vue de l'A.N.C. (Approche Neurocognitive et Comportementale)[1]. C'est ensuite l'échelle des modes mentaux (outil 47) qui présente les 6 niveaux sur lesquels agir pour basculer consciemment, de manière souple et efficace, d'un mode à l'autre. L'A.N.C. propose différents outils et méthode pour effectuer la bascule du mode Automatique vers le mode Adaptatif : des outils qui jouent sur le comportement comme le Martien (outil 48), sur le sensoriel ou encore sur le mental comme la multiplication des points de vue (outil 49) et les pensées alternatives (outil 50).

Il arrive aussi que le bien-être au travail soit mis à mal par un manque de discernement dû à une pression excessive face à la volonté de résultat. L'exercice de la pyramide Moyens / Exigences (outil 51) a pour but, en envisageant de manière objective et lucide les moyens à disposition, de ramener les exigences démesurées à un niveau d'objectifs réalistes.

Au-delà de la gestion des périodes de tensions et de stress, le bien-être au travail peut être stimulé et alimenté par la connaissance et la mobilisation de ses ressources. Le modèle de l'A.N.C. s'intéresse à deux structures de motivation (outil 52) principales : celle innée, stable, inconditionnelle et intrinsèque, la motivation primaire ; et celle acquise, fluctuante, conditionnelle et extrinsèque, la motivation secondaire. Les valeurs entrent dans le cadre des motivations secondaires. Si elles nous stimulent et nous portent la plupart du temps, il se peut aussi qu'elles engendrent rigidité et étroitesse de points de vue. Dans ces cas-là, les valeurs se transforment en freins et entravent l'action. Le Pack Aventure® (outil 53) propose un cheminement simple et efficace pour assouplir les rigidités et regagner en ouverture et en bien-être.

A également contribué à la relecture de ce dossier : Pierre Vandenheede, Directeur pédagogique de l'INC (Institute of NeuroCognitivism).

1. Dans ce dossier sont présentés des outils de l'Approche Neurocognitive et Comportementale (A.N.C.). L'A.N.C. est une approche innovante de l'être humain et des organisations au service du Mieux-être, Mieux vivre, Mieux travailler. Elle est le fruit des recherches scientifiques et de la pratique sur le terrain menées depuis 1987, sous la direction de Jacques Fradin, par l'Institut de Médecine Environnementale (IME, Paris) jusqu'en octobre 2016 puis par le Fonds de Recherche IME (FIME) depuis novembre 2016. L'INC (Institute of NeuroCognitivism) et le cabinet IME Conseil mettent à disposition, dans leur formations et actions de conseil, des méthodes et des outils concrets de l'A.N.C. www.neurocognitivisme.fr

LES OUTILS

46 Le mode mental Adaptatif 146
47 L'échelle des modes mentaux 148
48 Le Martien 152
49 La multiplication des points de vue 154
50 Les pensées alternatives 156
51 La pyramide Moyens / Exigences 158
52 Les structures de motivation® 162
53 Le Pack Aventure® 166

OUTIL 46

Le mode mental Adaptatif

MOBILISER LE MODE MENTAL ADAPTÉ À LA SITUATION ET RÉDUIRE LE NIVEAU DE STRESS

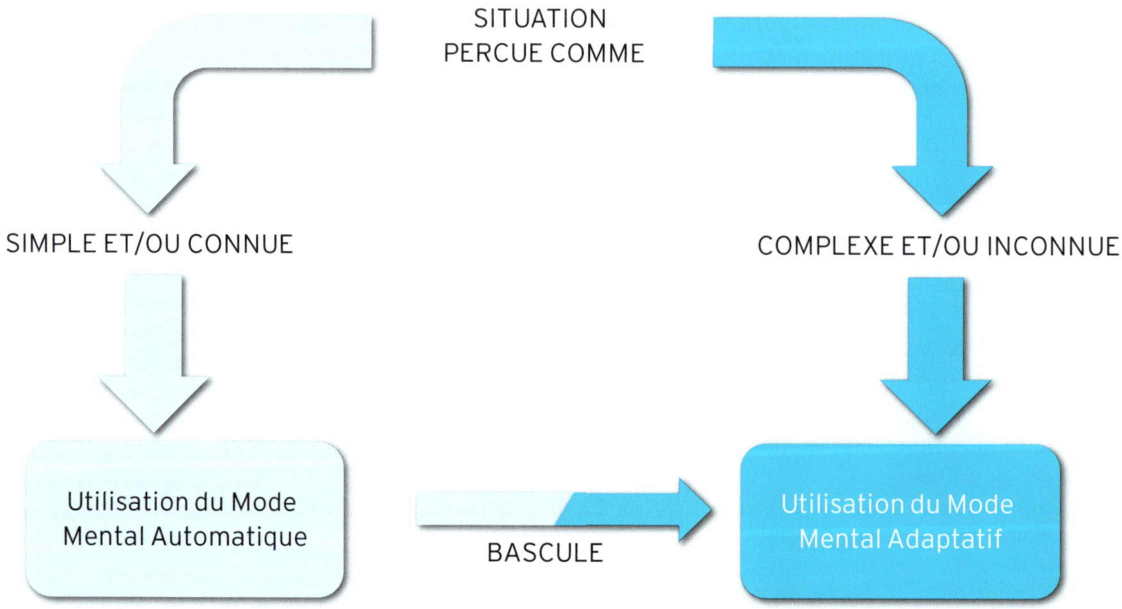

Source : INC (Institute of NeuroCognitivism)

En résumé

Face à une situation, nous réagissons, pour l'essentiel, de deux manières complémentaires : appliquer des schémas connus, maîtrisés et fonctionner sur un mode mental Automatique qui permet de mettre en œuvre ses acquis ; accueillir la situation pour ce qu'elle est, composer avec et fonctionner sur un mode Adaptatif qui permet de s'adapter. Face à une situation stressante, complexe ou nouvelle, la meilleure manière de réagir est le mode Adaptatif. Or, l'expérience montre que l'on mobilise plus spontanément le mode Automatique. Ce qui peut générer du stress. Basculer vers le mode Adaptatif permet de regagner en bien-être.

Insight

We tend to react to situations in one of two ways. Either we apply our acquired knowledge within familiar schemata which we master well - functioning in mental "Automatic mode" - or we are willing to accept the situation for what it is and deal with it in an "Adaptive mode". In the face of new, stressful or complex situations, the best mental mode to adopt is Adaptive. Experience unfortunately shows that we tend to activate the Automatic mode more readily. This can lead to stress. By switching to Adaptive mode, we can regain a state of well-being.

Pourquoi l'utiliser ?

Objectif

› Prendre du recul, de la hauteur et mieux s'adapter aux événements.

› Faire baisser le niveau de stress face à une situation complexe, nouvelle ou non maîtrisée qu'elle soit d'ordre personnelle, opérationnelle, organisationnelle ou relationnelle.

› Se (re)connecter à ses ressources pour prendre des décisions, se mettre en action, résoudre des problèmes.

Contexte

Pour l'Institut du NeuroCognitivisme, le stress est au mental ce que la douleur est au physique : un signal d'alarme. Lorsqu'on aborde une situation complexe, nouvelle ou non maitrisée, on peut avoir tendance à considérer que l'on est en terrain connu. Or, cette façon d'aborder ce type de situation est généralement inadaptée. Dès lors, nous recevons un signal d'alarme : le stress. Pour dépasser ce stress et basculer du mode Automatique au mode Adaptatif, il existe différentes méthodes de bascule qui activent des leviers d'ordre mental, émotionnel / sensoriel et comportemental. Le mode Adaptatif se caractérise par un état de calme, de sérénité et de bien-être, tant au niveau des pensées que du comportement et du ressenti.

Comment l'utiliser ?

Étapes

1. **Regarder la situation à laquelle je fais face :** est-elle simple et connue ou source de tension, complexe ou nouvelle ?

2. **Identifier mes réactions face à cette situation :** observer pensées, ressenti, comportement. Suis-je serein ou oppressé ? Puis-je considérer à la fois le problème et son contexte ou exclusivement l'un ou l'autre ? Mes pensées sont-elles stables, cohérentes ou partent-elles dans tous les sens ? Suis-je calme ou agité ? Selon les observations, nous sommes sereins ou stressés. La sérénité révèle une gestion adaptée de la situation. Le stress témoigne de la gestion de la situation avec un mode mental inadapté.

3. **Mobiliser le mode Adaptatif :** en faisant appel ou confiance à l'intuition, la logique, la subtilité d'analyse ; en se mettant à distance de la situation, mentalement ou physiquement.

« On ne va jamais aussi loin que lorsqu'on ne sait pas où l'on va. »
Christophe Colomb

Méthodologie et conseils

Pour mobiliser le mode Adaptatif, on peut aussi jouer sur le mental (énoncer des mots qui n'ont rien à voir les uns avec les autres) ; le sensoriel (fermer les yeux et se concentrer progressivement sur plusieurs sensations simultanément : sons, odeurs, sensation sur la peau...) ; le comportement (fermer les yeux et respirer par le ventre). ■

Avantages

- En donnant accès à la nuance, à la logique, à l'intuition, le mode Adaptatif permet de retrouver un état de calme et de bien-être. Il favorise la capacité d'adaptation et la performance en donnant accès à l'ensemble des ressources disponibles.

Précautions à prendre

- Pour réaliser des actions simples ou connues, le mode Adaptatif n'est pas le plus adapté ! On peut tout à fait gérer ces situations (conduire sa voiture, allumer son ordinateur...) avec le mode Adaptatif. Nous serons calmes, pas stressés mais nous mettrons aussi plus de temps à réaliser notre action et consommerons un peu plus d'énergie que si nous gérions ce type de situation en mode Automatique qui, lui, stocke et capitalise sur nos acquis.

OUTIL 47

L'échelle des modes mentaux

TRAVAILLER CHAQUE NIVEAU DE L'ÉCHELLE ET DÉVELOPPER SON AGILITÉ À « BASCULER » D'UN MODE À L'AUTRE

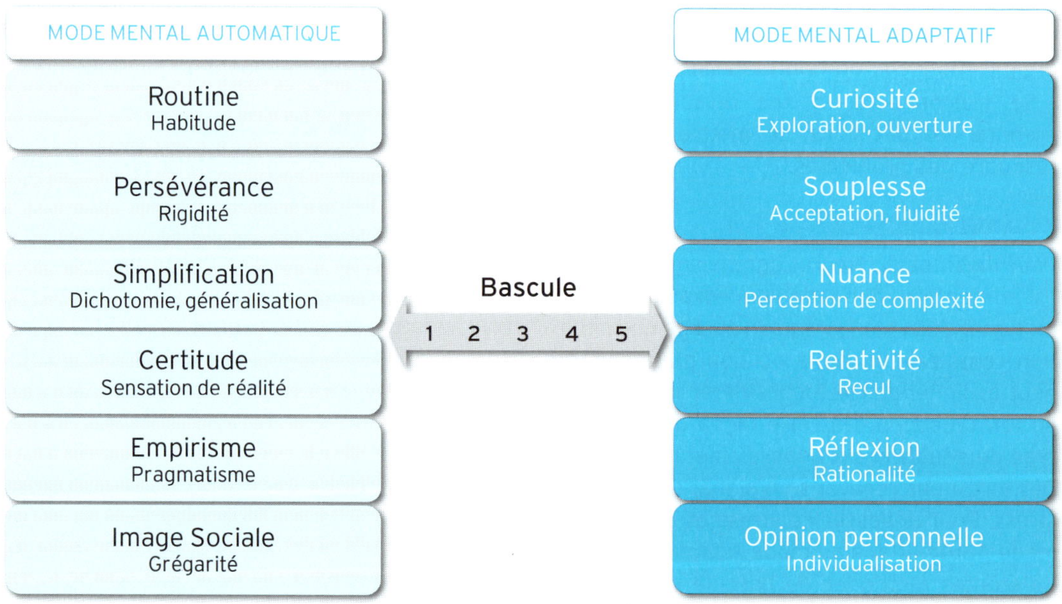

Source : Les 6 dimensions des modes mentaux®, EESA - Échelle Évaluative des Stratégies Adaptatives® INC (Institute of Neurocognitivism) - A.N.C. (Approche Neurocognitive et Comportementale)

En résumé

Au quotidien, nous fonctionnons sur deux modes principaux : le mode Automatique pour gérer les situations simples et connues, et le mode Adaptatif pour gérer les situations complexes et nouvelles. Ces modes sont complémentaires et sont mobilisés en fonction des circonstances. L'enjeu est de les faire cohabiter et de pouvoir passer de l'un à l'autre avec efficacité et souplesse. Chacun de ces modes se caractérise par 6 dimensions. Face à une situation, l'échelle des modes mentaux permet d'identifier à la fois les dimensions par lesquelles on aborde la situation et celles sur lesquelles on peut agir pour s'adapter au mieux à cette situation.

Insight

In our daily lives we function in two predominant modes: the Automatic mode to deal with simple, well-known situations, and the Adaptive mode to deal with complex, new ones. Both modes are complementary: we activate one or the other according to circumstances. The trick is to allow them to cohabitate, switching between them smoothly and efficiently. Each mode features six dimensions. When we are facing a new situation, the Scale of Mental Modes helps us identify which dimensions we tend to apply initially, and which ones we should rather use in order to better adapt to circumstances.

Pourquoi l'utiliser ?

Objectif

- Favoriser l'adaptation.
- Identifier les sources du stress et réduire sa capacité à stresser.
- Gérer les situations nouvelles, complexes et non maitrisées avec sérénité.

Contexte

Face à une situation, nous agissons par rapport à la perception que nous avons de cette situation. Cette perception est liée au mode mental qui est en action. Selon le modèle de l'A.N.C. (Approche Neurocognitive et Comportementale), il y a deux modes mentaux principaux ; chacun étant caractérisé par une échelle à 6 niveaux qui interagissent entre eux tant verticalement (d'un niveau à l'autre) qu'horizontalement (du mode Automatique au mode Adaptatif et réciproquement). Fluidifier la connexion entre ces niveaux permet de gagner en sérénité et en bien-être tant personnel que dans sa relation aux autres. Savoir mobiliser l'un ou l'autre mode mental de manière appropriée, en fonction des circonstances, est gage d'ouverture, d'efficacité et de performance. Quand nous abordons une situation de manière inappropriée, nous pouvons considérer le stress comme un signal d'alarme.

Comment l'utiliser ?

Étapes

1. **Identifier une situation :** choisir une situation peu ou moyennement stressante.
2. **Évaluer le niveau et les sources de stress :** à deux niveaux. D'une part, sur une échelle de 1 à 10, évaluer l'intensité du stress face à la situation. D'autre part, sur l'échelle des modes mentaux, pour chacune des 6 dimensions, évaluer si le curseur est plutôt du côté mode Automatique (cran 1) ou plutôt du côté mode Adaptatif (cran 5).
3. **Choisir une dimension du mode automatique sur laquelle travailler :** prendre une dimension qui fait envie ou qui semble facile, par exemple dont le curseur est proche du mode Adaptatif. Ceci permet d'avoir des résultats assez rapides et, ainsi, de nourrir la motivation de travailler les autres dimensions.
4. **Assouplir la dimension choisie :** en questionnant nos pensées, affirmations, en les remettant en cause (voir exemples page suivante).
5. **Mesurer le niveau de stress :** sur une échelle de 1 à 10, évaluer l'intensité du stress face à la situation après l'exercice. Ce niveau devrait normalement avoir baissé.

Méthodologie et conseils

L'échelle des modes mentaux donne des repères, permet d'apprendre à mieux se connaître et de gérer soi-même, dans des circonstances moyennement stressantes, son stress. Pour autant, il n'est pas toujours évident de « basculer » seul face à des situations récurrentes ou fortement stressantes. L'idéal est d'avoir quelques exercices de Gestion des Modes Mentaux (GMM) à disposition (outils 48, 49, 50, 51, 53) ou de se faire accompagner (coaching...). ■

« Ils ne savaient pas que c'était impossible, alors ils l'ont fait. »
Mark Twain

Avantages

- L'échelle des modes mentaux constitue une grille d'analyse simple et efficace des dimensions sur lesquelles agir pour s'adapter à un événement, une situation.

Précautions à prendre

- Identifier les sources de stress ou de blocage à l'action est une première étape. Pour « basculer » d'un mode vers l'autre, il est nécessaire d'identifier des exercices de GMM (Gestion des Modes Mentaux). Et de s'entraîner.

SUITE OUTIL 47 →

L'échelle des modes mentaux

Comment être plus efficace ?

Penser que nos lunettes ne sont pas celles des autres

Notre manière d'agir est liée à la perception de notre environnement. Nous regardons le monde avec une paire de lunettes qui est unique. Chacun possède sa propre paire de lunettes. Aucune n'est identique. Dès lors, lorsque je me sens bloqué par rapport à une situation, pour me redonner de la marge de manœuvre et me mettre en action, une option est de regarder la situation autrement. En développant curiosité, souplesse, nuance, relativité, réflexion, opinion personnelle, je cultive l'ouverture, l'innovation et génère une capacité d'adaptation qui pouvait précédemment faire défaut face à la situation.

Commencer par assouplir les niveaux qui font envie ou qui paraissent faciles

Pour accéder facilement à un bien-être, il est judicieux de commencer à travailler les niveaux de l'échelle qui attirent ou qui paraissent facilement accessibles (ceux dont le curseur est proche du mode Adaptatif). Ceci permet d'atteindre relativement aisément un résultat et devient gage de motivation pour aborder les autres niveaux de l'échelle.

Dans le souci de passer à l'action, il est recommandé de travailler les dimensions dans l'ordre, depuis la curiosité jusqu'à l'opinion personnelle. En effet, pour avoir une bonne opinion personnelle, il faut être curieux, souple, nuancé, savoir relativiser et prendre le temps de la réflexion.

Remettre en cause les pensées réflexes

L'enjeu est de remettre en cause les pensées réflexes. Une manière simple de le faire : à chaque affirmation générée par le mode Automatique, ajouter un point d'exclamation pour appuyer encore plus sur le caractère injonctif du propos. Puis reprendre la phrase et transformer le point d'exclamation en point d'interrogation pour y introduire un doute, une nuance, une possibilité d'envisager autrement la situation. Par exemple : « *Je n'y arriverai jamais* » ; « *Je n'y arriverai jamais !* » ; « *Je n'y arriverai jamais ?* ». Ou encore : « *J'ai raison* » ; « *J'ai raison !* » ; « *J'ai raison ?* ».

S'entraîner à identifier les niveaux en dehors des périodes de stress

En période de tension, nos capacités intellectuelles et physiques sont limitées tandis que nos émotions sont, elles, décuplées. S'il n'est pas présent avant la période de tension, le questionnement de nos pensées réflexes ne se produira pas spontanément. D'où l'idée de développer ce réflexe de questionnement en dehors des périodes de forte tension. À un moment de calme, penser à une situation peu ou moyennement stressante et regarder les niveaux qui bloquent le plus. Puis faire l'exercice de remettre en cause les pensées, les certitudes, les simplifications.

Complémentarité des deux modes mentaux

Il est important de toujours garder en tête que s'ils paraissent s'opposer, le mode mental Automatique et le mode mental Adaptatif sont avant tout complémentaires. Chacun a ses avantages et ses limites. Le mode mental Automatique est idéal pour gérer les situations simples et connues ; le mode mental Adaptatif est le meilleur pour gérer les situations complexes, nouvelles ou non maîtrisées.

EXEMPLE Dialogue entre mode Automatique et Adaptatif

Deux collègues se retrouvent pour la première réunion avec leur nouveau manager : comparons leur manière de penser...

Mode mental Automatique	Mode mental Adaptatif
Je reste dans ma routine *« Tu crois vraiment que la réunion va être intéressante ? Le manager n'est arrivé que depuis une semaine... »*	**Je suis curieux** *« C'est la première réunion avec notre nouveau manager, voyons comment ça va se passer et ce que l'on va en tirer... »*
Je suis rigide *« Tu as vu, il n'utilise pas de slide et il ne nous donne pas de support ! »*	**Je m'adapte** *« Oui, j'ai vu : je vais essayer de présenter mon sujet d'une autre manière en portant encore plus d'attention à mon discours. »*
Je généralise *« On m'a dit que tous les managers qui viennent de sa précédente société étaient tous pareils : pas de support, peu de directives... »* *« En termes de management, de toutes façons, soit tu laisses faire tes collaborateurs, soit tu les enfermes dans des procédures...»*	**Je nuance** *« J'en ai entendu parler : je ne sais pas si c'est vrai ou pas. Tu sais, j'ai entendu dire que le manager du département Finance, qui vient de la même société, pose un cadre très précis à chaque collaborateur »* *« Ces deux modes peuvent co-exister : notre nouveau manager nous a présenté son processus et il nous a demandés de co-construire avec lui les étapes de ce processus. »*
J'affiche des certitudes *« Je suis sûr qu'il va nous noter sur cette première réunion et se faire une opinion définitive sur chacun de nous ! »*	**Je sais que tout est relatif** *« C'est possible. Il est certain que cette réunion constitue une phase d'observation. Cela peut nous être défavorable... Ou au contraire favorable. On verra. »*
Je me base sur mon expérience et ses résultats *« Pour moi, une bonne réunion dure au moins 2 heures, on avance sérieusement et sans perdre de temps... »*	**Je réfléchis avec logique** *« Si j'en ressors avec les éléments pour bien conduire ma mission et faire avancer mes dossiers, je serai content. Et en plus, si on a passé un moment convivial, ce sera un plus. Tu ne trouves pas ? »*
Je suis attentif à l'image sociale *« Tu as vu comme il est habillé ? Il n'a pas mis de cravate ! »* *« Fais quand même attention : c'est pas très « corporate », cette façon de penser... »*	**J'ai une opinion personnelle** *« Tu sais, moi, ce qui m'importe c'est ce qu'il a dans la tête. Il peut bien venir en habit de clown ! »* *« Ce que les autres pensent, je m'en fiche. »*

S'ancrer sur ses certitudes, ses convictions, ses croyances empêche d'accueillir la situation (événement, protagonistes...) et de s'ouvrir à ses richesses. En entreprise, partir en réunion avec une idée arrêtée et rester campé dessus ne permet pas d'envisager une idée, une solution qui viendrait du groupe et qui serait peut-être meilleure. Cela bloque la créativité et la performance.

En revanche, se mettre en ouverture, à l'écoute, se questionner, se remettre en cause, cultiver la curiosité permet de générer créativité, innovation et richesse de solutions.

OUTIL 48

Le Martien

METTRE TOUS SES SENS EN ÉVEIL

En résumé

La Gestion des Modes Mentaux, mise au point par Jacques Fradin, co-fondateur de l'Institut du Neuro-Cognitivisme est un ensemble de techniques dont la mise en œuvre facilite la bascule du mode mental Automatique au mode mental Adaptatif. Le Martien est un exercice comportemental. Il propose de se glisser dans la peau d'un extra-terrestre qui découvrirait la Terre. L'idée est de se mettre en posture d'éveil par les 5 sens : la vue, le toucher, l'ouïe, l'odorat et le goût. Le bienfait de cet exercice ? Générer curiosité, imagination pour mieux s'ouvrir et accueillir sereinement la nouveauté et l'altérité dans leur richesse et leur différence.

Insight

Conceived by Jacques Fradin, the co-founder of the Institute of NeuroCognitivism (INC), the Management of Mental Modes is a series of techniques that enable us to switch more readily from the Automatic to the Adaptive mental mode. "The Martian" is a behavioral exercise. One should imagine oneself as an extraterrestrial who is discovering Earth. This leads us to alert all five senses. What is the exercise's benefit ? It generates curiosity and imagination, permitting us to open our minds and serenely welcome new, strange impressions in all their variety and otherness.

Pourquoi l'utiliser ?

Objectif

› Stimuler la curiosité et la réflexion pour permettre ouverture d'esprit et bien-être. Deux conditions d'efficacité et de performance au travail, tant en individuel qu'en collectif.

› Développer son esprit de découverte.

› Faire baisser le niveau de stress ou la capacité à stresser.

Contexte

Envisager son environnement avec un regard neuf, comme un enfant qui découvre le monde, et repérer des éléments que l'on n'avait pas remarqués jusqu'à présent. C'est à cela qu'invite l'exercice du Martien. Pour casser la routine, cultiver son esprit de découverte. Car ce qui semble familier renferme aussi des richesses. S'entraîner à porter un regard différent sur les choses, son environnement et aussi sur soi-même et sur les autres. Parce que la réalité est plus complexe, plus subtile et plus riche que ce qu'elle donne à voir de prime abord.

Comment l'utiliser ?

Étapes

1. **Évaluer l'état de stress :** sur une échelle de 1 à 10, mesurer son état de stress.
2. **Se glisser dans la peau d'un Martien :** debout, prendre un temps pour sentir son corps, faire un « scan » rapide en passant mentalement en revue toutes les parties du corps depuis le haut de la tête jusqu'aux pieds, et se laisser ressentir ce qui se passe.
3. **Partir à la découverte de son environnement :** marcher et circuler dans l'environnement dans lequel on se trouve. Mettre en éveil ses 5 sens. Regarder, écouter, toucher, sentir, goûter… comme si c'était la première fois.
4. **Réintégrer son enveloppe humaine :** debout, prendre un temps pour sentir son corps. Faire éventuellement un scan rapide de son corps.
5. **Évaluer l'état de stress :** sur une échelle de 1 à 10, mesurer son état de stress.
6. **Clôturer par une opinion personnelle :** sur l'exercice, sur son état…

Méthodologie et conseils

Cet exercice demande du temps (10 à 15 minutes) pour commencer à regarder vraiment. Il faut dépasser les phases d'interrogation, de scepticisme, de lassitude. Comme disait Gustave Flaubert : « *Pour qu'une chose soit intéressante, il suffit de la regarder longtemps* ».
Une alternative à cet exercice et de mettre un objet dans la main d'une personne. Cette personne a les yeux fermés ; elle essaye d'identifier l'objet par la découverte sensorielle.
Une alternative individuelle est de marcher pieds nus, lentement, en prenant conscience de la sensation de la plante du pied au contact du sol, des muscles qui entrent en action depuis le pied et dans tout le corps jusqu'au sommet de la tête. ■

« Toutes les grandes découvertes sont faites par ceux qui laissent leurs émotions devancer leurs idées. »
Charles Henry Parkhurst

Avantages

■ Le Martien est un exercice facile à mettre en œuvre logistiquement. Il peut se pratiquer individuellement comme collectivement.

Précautions à prendre

■ En tant qu'exercice comportemental, le Martien impacte l'image sociale des participants pour deux raisons essentielles : l'exercice invite à se remettre dans un état d'ignorance ou de méconnaissance ; les autres participants peuvent devenir partie intégrante de l'environnement à découvrir. C'est donc un exercice à recommander pour un groupe qui se connaît déjà un peu et au sein duquel il y a déjà une certaine confiance.

OUTIL 49

La multiplication des points de vue

RELATIVISER ET NUANCER POUR DÉSTRESSER ET REGAGNER EN BIEN-ÊTRE

Dans cette situation, s'il/elle était à ma place, qu'en penserait...

En résumé

La Gestion des Modes Mentaux (GMM), mise au point par Jacques Fradin, co-fondateur de l'Institut du Neuro-Cognitivisme (INC) est un ensemble de techniques dont la mise en œuvre facilite la bascule du mode mental Automatique au mode mental Adaptatif. La multiplication des points de vue est un exercice cognitif. Il fait appel à la réflexion pour se mettre à la place d'autres personnes et regarder la situation avec un autre œil. Cet exercice induit relativité, nuance et pousse à l'humour. Une bonne façon de se mettre à distance de ce qui préoccupe, stresse et de retrouver un bien-être propice à plus d'objectivité et de sérénité.

Insight

Conceived by Jacques Fradin, the co-founder of the Institute of NeuroCognitivism (INC), the Management of Mental Modes is a series of techniques that enable us to switch more readily from the Automatic to the Adaptive mental mode. One of the cognitive exercises he proposes is the Multiplication of Viewpoints. It asks us to imagine ourselves "in other people's skin" and view the situation from a different angle. The exercise leads us to relativize situations, take them more lightly and nuance our viewpoints. Those are recommended ways to gain some aloofness from what is worrying or stressing us, in order to regain objectivity and tranquility.

Pourquoi l'utiliser ?

Objectif

› Introduire de la relativité, de la nuance et de l'humour face aux situations complexes et éventuellement stressantes.

› Faire baisser le niveau de stress.

Contexte

Se mettre à la place de, inventer autant d'alternatives que nécessaires pour prendre du recul sur une situation. Exprimer tout ce qui vient que ce soit sérieux, drôle, improbable, vrai ou complètement farfelu, tout est accepté et n'a pas à être justifié. Donner libre court à son imagination pour sortir des pensées réflexes ; se servir d'un tiers (les personnages) pour s'autoriser à exprimer un ressenti ou une émotion que l'on s'interdit ou dont on n'a pas conscience. La multiplication des points de vue, développée par l'INC, invite à un lâcher prise mental et émotionnel pour engendrer apaisement et bien-être.

Comment l'utiliser ?

Étapes

› **Choisir une situation stressante :** choisir une situation peu ou moyennement stressante pour soi et la décrire.

› **Évaluer le niveau de stress :** sur une échelle de 1 à 10, mesurer son état de stress.

› **Multiplier les points de vue :** à partir d'une liste de personnages réels ou fictifs, se poser la question « qu'en dirait Untel s'il était à ma place ? ». Il s'agit ici de se demander ce que ferait, dirait, penserait chacun s'il était à notre place, dans la même situation et d'exprimer un point de vue rapide, même stéréotypé, caricatural ou farfelu pour chaque personnage.

› **Évaluer le niveau de stress :** sur une échelle de 1 à 10, mesurer son état de stress.

› **Noter ce que l'on constate :** noter les sensations et les pensées qui sont présentes.

› **Clôturer par une opinion personnelle :** sur l'exercice, sur son état...

Méthodologie et conseils

Ne pas hésiter à se constituer une liste d'une cinquantaine de personnages réels ou fictifs : le boulanger, Jules César, le chien, le Président de la République, la sage-femme, E.T....

L'exercice devient efficace, au sens où il conduit à un certain apaisement, à partir de 7 à 10 points de vue différents. Ne pas hésiter à aller au-delà pour générer un début de bien-être.

À noter, que pour chacun d'entre nous, un ou deux personnages en particulier vont être plus efficaces pour nous aider à basculer vers la détente, le bien-être. Ce sont des personnages ressources : dès lors, ne pas hésiter à y faire appel dans d'autres situations. Ils auront le même effet que celui ressenti dans l'exercice. ■

« Le véritable voyage de découverte ne consiste pas à chercher de nouveaux paysages, mais à avoir de nouveaux yeux. »
Marcel Proust

Avantages

- La méthode est facile tant dans son protocole que sa mise en œuvre. Elle peut se faire en individuel ou en binôme. Dans ce cas, c'est l'interlocuteur qui choisit les personnages. Ce qui peut être un plus pour la personne qui fait l'exercice : elle reste centrée sur son ressenti et connectée à son imagination.
- L'exercice convient à pratiquement tout type de situation.

Précautions à prendre

- Il est recommandé de bien mesurer son niveau de stress sur une échelle de 1 à 10 avant de faire l'exercice puis le mesurer après l'exercice, ceci pour donner du sens à l'exercice et en mesurer son efficacité.
- Si un personnage n'évoque rien, ne pas se juger sur la réponse que l'on fait.

OUTIL 50

Les pensées alternatives

DANS UNE SITUATION INCONFORTABLE OU NÉGATIVE, COMMENT RECOLORER LE VÉCU ASSOCIÉ ?

Situation perçue comme étant « stressante »	Pensées et commentaires associés…	Ressenti associé…	Pensées alternatives rationnelles	Ressenti
Décrire la situation le plus objectivement possible	… à la situation stressante	… à la situation stressante	• Que puis-je penser d'autre de la situation ? • Si je me mettais à la place d'un autre / de l'autre ? • De quelles ressources personnelles ai-je besoin pour gérer cette situation ? • Que puis-je changer à cette situation ? • Qu'est-ce qui n'est pas sous ma responsabilité ? • Si quelqu'un d'autre était dans ma situation, que lui dirais-je ?	Décrire comment on se sent après avoir rempli le tableau

Sources : INC (Institute of NeuroCognitivism) - Fondamentaux de l'Approche NeuroCognitive et Comportementale (A.N.C.) - GMM (Gestion des Modes Mentaux)

En résumé

La GMM (Gestion des Modes Mentaux), mise au point par Jacques Fradin, co-fondateur de l'Institut du Neuro-Cognitivisme (INC) est un ensemble de techniques dont la mise en œuvre facilite la bascule du mode mental Automatique au mode mental Adaptatif, pour s'adapter. L'exercice des pensées alternatives s'appuie sur les pensées et les ressentis éprouvés face à une situation. Il invite à envisager d'autres pensées, à poser un regard nouveau sur la situation, à teinter différemment le vécu associé à la situation et ainsi à générer un état plus apaisé, plus serein.

Insight

Conceived by Jacques Fradin, the co-founder of the Institute of NeuroCognitivism (INC), the Management of Mental Modes is a series of techniques that enable us to switch more readily from the Automatic to the Adaptive mental mode. The "Alternative Thoughts" exercise is based on the thoughts and feelings we develop in face of a certain situation. It invites us to contemplate other thoughts, to throw a different light on the situation, to deal with it from a different vantage point, and thereby generate a more serene, tranquil attitude.

Pourquoi l'utiliser ?

Objectif

- Relativiser, accepter et s'adapter à une situation.
- Faire baisser le niveau de stress.

Contexte

L'Approche Neurocognitive et Comportementale (A.N.C.) s'appuie sur les travaux d'Aaron Beck, père des Thérapies Cognitives et Comportementales, qui a montré l'interdépendance entre comportements, pensées et ressenti. Ces trois éléments définissent notre manière de réagir à une situation. Pour s'adapter, l'A.N.C. propose de modifier un ou plusieurs éléments, étant prouvé que l'action sur l'un des trois impacte nécessairement les deux autres. L'exercice des pensées alternatives invite à changer ses pensées et à influer sur ses émotions. Il travaille sur la relativité, la nuance et l'acceptation en poussant à trouver du gris dans le noir et à y injecter de nouvelles couleurs plus légères, sources de bien-être par le dégonflage du trop-plein émotionnel initial lié à la situation. Ce qui est généralement anxiogène, ce n'est pas tant la situation que l'idée que l'on s'en fait.

Comment l'utiliser ?

Étapes

- **Choisir une situation stressante :** choisir une situation considérée comme peu ou moyennement stressante et non douloureuse pour soi et la décrire le plus objectivement possible.
- **Évaluer le niveau de stress :** sur une échelle de 1 à 10, mesurer son état de tension.
- **Remplir le tableau des pensées alternatives :** décrire les pensées associées au vécu ou à l'idée de cette situation. Lister les ressentis associés. Se questionner et lister au moins 7 façons de voir la situation différemment. On peut questionner le point de vue sur la situation, les ressources à disposition ou nécessaires pour gérer la situation, la part des choses entre ce qui est sous contrôle ou pas, ce qui relève de la responsabilité ou pas...
- **Faire le point sur le ressenti généré :** décrire les émotions et sensations présentes.
- **Évaluer le niveau de stress :** sur une échelle de 1 à 10, mesurer son état de tension.
- **Clôturer par une opinion personnelle :** sur l'exercice, sur son état...

« La vie n'est que le reflet des couleurs qu'on lui donne. »
Abbé Pierre

Méthodologie et conseils

En exercice minute individuel ou à deux, une alternative à l'exercice des pensées alternatives est l'exercice des avantages de la situation : selon le même protocole, pour une situation perçue comme peu ou moyennement stressante, énumérer 3 avantages puis 2 supplémentaires liés à cette situation. Se laisser du temps. Toutes les réponses sont acceptables y compris les plus farfelues.

La GMM propose différents exercices cognitifs, sensoriels ou comportementaux. Il peut être intéressant de varier les exercices, de même nature ou pas, et d'identifier les plus pertinents. ■

Avantages

- Cet exercice s'applique à tout le monde. Il peut se pratiquer en individuel comme en groupe.

Précautions à prendre

- Il est opportun de choisir des situations qui ne sont pas douloureuses car pour celles-ci l'approche cognitive n'est pas forcément la plus efficace ; les émotions liées à ces situations se manifestent généralement avec une forte intensité et génèrent dans le mental une rumination intempestive.

OUTIL 51

La pyramide Moyens / Exigences

MULTIPLIER LES MOYENS, PASSER DE L'EXIGENCE À L'OBJECTIF ET SE REDONNER DE LA MARGE DE MANŒUVRE

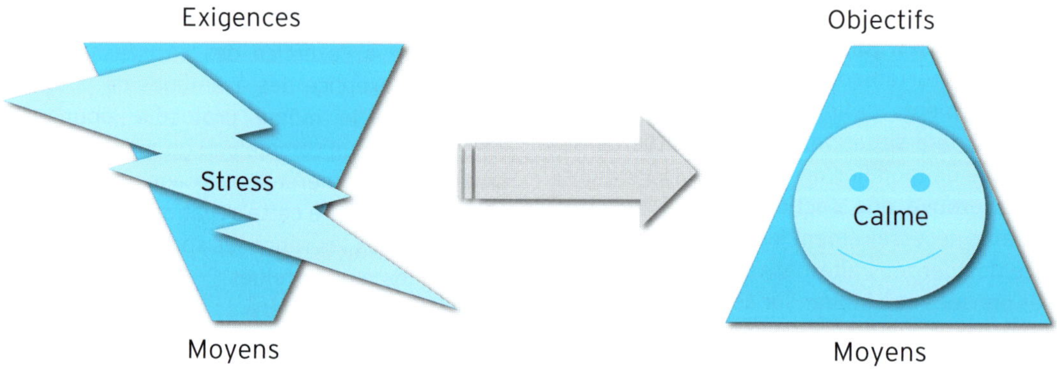

Sources : INC (Institute of NeuroCognitivism) - A.N.C. (Approche Neurocognitive et Comportementale) - GMM (Gestion des Modes Mentaux)

En résumé

Dans les situations stressantes, nous avons tendance à nous en demander énormément, voire trop, alors même que nous n'avons pas les moyens de répondre à ces exigences. S'active en nous une irrépressible obligation de résultat qui peut, dans le meilleur des cas, nous pousser à chercher ponctuellement des moyens supplémentaires. Cependant ce n'est pas suffisant pour faire baisser le niveau de stress face à l'exigence. L'enjeu est de transformer l'exigence en objectif avant de mettre en œuvre les moyens sur lesquels s'est construit cet objectif ; c'est cette dynamique qui permet de réduire le stress.

Insight

In stressful situations we tend to place enormous, even excessive demands on ourselves. Even if we do not have the means to fulfill those demands, we start to feel an irrepressible, result-oriented sense of obligation. In the best cases, this inspires us to search for extra resources. However, since expectations remain high, we still cannot reduce our stress level. The key lies in transforming the requirement into a goal before *we start to implement a series of useful means to reach it. That is the dynamic that allows us to reduce stress.*

Pourquoi l'utiliser ?

Objectif

- Mettre en phase les objectifs et les moyens.
- Se connecter aux ressources réelles et disponibles pour pouvoir agir.
- Accepter le risque de l'échec.
- Faire baisser le niveau de stress.

Contexte

Exiger, c'est, selon le Robert, « demander impérativement ce que l'on a, croît ou prétend avoir le droit, l'autorité ou la force d'obtenir ». L'exigence revêt donc un caractère absolu et engendre une charge émotionnelle très forte qui nous coupe de nos ressources et de nos capacités en nous donnant une perception subjective de la réalité. En situation d'exigence, le vécu est celui d'une montagne de demandes impératives avec, à disposition, un petit panier de moyens ; ce qui génère du stress. Pour réduire ce stress, il convient d'inverser le sens de la pyramide en augmentant le contenu du panier de moyens et en transformant les exigences en objectifs. Il s'agit d'ôter à l'exigence, l'obligation de résultat qu'elle lie inexorablement à l'objectif.

Comment l'utiliser ?

Étapes

1. **Choisir et décrire une situation stressante.**
2. **Définir l'exigence associée à la situation et le niveau de stress associé :** en quelques mots, décrire ce qu'il faut à tout prix atteindre et ce qu'il faut à tout prix éviter dans cette situation et attribuer un niveau de stress associé, sur une échelle de 1 à 10.
3. **Lister les moyens réels à disposition et leurs degrés de réussite :** les moyens sont ici entendus comme moyens personnels et disponibles immédiatement. Au moment où est ressenti le stress, identifier les moyens, qui sont instantanément présents à l'esprit, pour gérer la situation. Pour chaque moyen, quel est son pourcentage de réussite.
4. **Augmenter les moyens :** lister d'autres moyens réels, imaginés, farfelus.
5. **Sélectionner les moyens à mettre en œuvre :** faire le tri entre moyens réalistes et moyens farfelus.
6. **Évaluer le pourcentage de réussite et le degré de stress associé aux moyens sélectionnés.**
7. **Travailler sur l'exigence :** à partir des moyens réels et réalistes identifiés, reformuler un objectif à la fois réaliste et ambitieux, en intégrant le risque de l'échec.
8. **Définir un plan d'action :** à partir de l'objectif redéfini et des moyens identifiés, établir un plan d'action classique : classer les actions à mettre en œuvre pour atteindre l'objectif ; pour chaque action, mentionner les ressources associées et donner une échéance.
9. **Évaluer le niveau de stress :** sur une échelle de 1 à 10.

« La meilleure façon de ne pas avancer est de suivre une idée fixe. »
Jacques Prévert

Méthodologie et conseils

- Dans la recherche de moyens supplémentaires, laisser libre cours à la créativité, à l'intuition...
- Prendre le temps de bien creuser chaque étape, tant ce qui se cache derrière l'exigence que la collecte de moyens possibles. ■

Avantages

- La pyramide Moyens / Exigences est un exercice puissant que l'on peut réaliser en individuel ou en collectif.

Précautions à prendre

- Pour une personne très sensible aux résultats, à la réussite, le temps alloué à la recherche de moyens peut être longue avant d'accepter de réduire son exigence. Il convient de travailler en parallèle l'acceptation de l'échec.

SUITE OUTIL 51 →

La pyramide Moyens / Exigences

Comment être plus efficace ?

Comprendre le stress lié à l'exigence

Selon l'Agence Européenne de la Santé au Travail, « *il y a stress lorsque nous avons la perception que les contraintes qui nous sont imposées est supérieure à la perception des ressources nous permettant d'atteindre les contraintes* ».

Lorsqu'une exigence apparaît, elle englobe un objectif et une obligation de résultat. C'est ce dernier paramètre qui va focaliser toute notre attention. « *Il faut que j'obtienne ce résultat* », « *Je dois absolument réussir* », « *Je ne peux pas échouer* »... Nous sommes tellement obnubilés par le résultat que nous ne voyons pas les moyens à notre disposition. Notre perception de la réalité et de nos ressources est faussée. Nous ne voyons que le problème et l'obligation de le résoudre.

Chercher ce qui se cache vraiment derrière l'exigence

Souvent derrière l'exigence se dissimulent des éléments de l'ordre de l'image sociale, c'est-à-dire que nous donnons la priorité au regard des autres avant notre propre regard. Nos pensées tournent en rond autour de « *Que va en penser... mon patron, mon client, mon enfant, mon compagnon... ?* » « *De quoi vais-je avoir l'air par rapport aux autres ?* »...

Un moyen de travailler sur l'exigence – et d'en réduire le stress associé - est de creuser les injonctions qui s'imposent de prime abord et qui bloquent notre gouvernail sur « *Il faut...* ». En questionnant ces injonctions, nous allons probablement tomber sur la peur de ce que les autres vont penser de nous. La prise de conscience de ce point capital permet de réduire la pression de l'obligation de résultat et de se réapproprier la responsabilité et la marge de manœuvre nécessaires pour pouvoir ramener l'exigence à un niveau d'objectif et se mettre en action.

Il se peut également que l'on réalise qu'une part de l'exigence est donnée par un autre (le manager en entreprise, par exemple). Dans ce cas, ne pas hésiter à évaluer en début et en fin d'exercice, si l'exigence vient plus de moi ou de l'extérieur.

Considérer tous les moyens, les plus sérieux comme les plus farfelus

Toutes les idées sont à priori à considérer. Dans la phase de collecte de moyens, ne pas brimer la créativité. Ensuite, au moment du tri, ne pas hésiter à prendre du temps pour creuser les idées qui paraissent décalées pour voir si ne se cacherait pas derrière un moyen pertinent.

Prendre en compte le risque d'échec

L'échec fait partie de la réalité. L'occulter n'est ni souhaitable ni réaliste. Pour tester la peur de l'échec, se poser la question « *Et si j'échoue, comment je me sens ?* ». Au début de l'exercice, la réponse serait « *Je ne peux pas échouer !* ». Il est probable qu'après avoir travaillé sur les moyens et l'exigence, la réponse sera « *Je n'ai pas envie d'échouer mais si ça arrive, je me sentirais mal* ». Evidemment, l'échec n'est pas souhaitable, mais le rapport à l'échec a évolué avec l'exercice car nous sommes partis de moyens réels pour construire des objectifs au lieu de chercher des moyens pour atteindre des objectifs.

EXEMPLE Prise de parole en public

Madame Pro doit, dans un mois et pour la première fois, prendre la parole dans un congrès professionnel international. Bien qu'elle soit experte dans son domaine et qu'elle maitrise bien l'anglais, elle est très stressée à la perspective de cette échéance. Elle est anxieuse mais la perspective de sa prise de parole ne lui est pas douloureuse. Elle décide de faire l'exercice de la pyramide Moyens / Exigences.

Pyramide Moyens / Exigences	
Évaluation du niveau de stress	Par rapport à la prise de parole en public, Madame Pro estime son niveau de stress à 8/10
Exigence liée à la situation	Ce que Madame Pro recherche à tout prix : paraître professionnelle ; faire la meilleure prestation qu'elle ait jamais faite car le Président de l'entreprise dans laquelle elle est salariée sera présent au Congrès ;... Ce que Madame Pro cherche à éviter à tout prix : se décrédibiliser ; perdre la reconnaissance qu'elle a eu égard à son statut d'experte ; réaliser que son niveau d'anglais n'est pas bon par rapport à celui des autres intervenants...
Liste des moyens à disposition et degré de réussite associée	a. Préparer son intervention et la répéter devant ses collègues ou son mari - degré de réussite : 8/10 b. Reprendre ses précédentes interventions même si elles n'étaient pas en anglais - degré de réussite : 3/10
Augmentation du nombre de moyens	c. Faire des exercices de diction et de respiration pour réduire le stress avec son professeur de yoga d. Partir une semaine dans un pays anglo-saxon e. Prendre contact avec les organisateurs pour : Demander des images de la salle pour se familiariser avec le lieu, Demander les CV des autres intervenants et faire des recherches sur internet pour voir des vidéos de leurs interventions, Consulter la liste des participants pour identifier des alliés.
Sélection des moyens à mettre en œuvre	Madame Pro décide de sélectionner les moyens : a, c, d et e.
Evaluation du degré de réussite et niveau de stress associés aux moyens sélectionnés	Moyen a - degré de réussite : 8/10 / niveau de stress : 3/10 Moyen c - degré de réussite : 8/10 / niveau de stress : 2/10 Moyen d - degré de réussite : 7/10 / niveau de stress : 3/10 Moyen e - degré de réussite : 8/10 / niveau de stress : 4/10
Travail sur l'exigence	À partir des moyens sélectionnés, Madame Pro redéfinit son objectif : « Présenter de la façon la plus pro son sujet, en se faisant plaisir ». Et si Madame Pro rate sa prise de parole, comment se sentira-t-elle ? « Ce sera difficile mais ce ne sera pas grave »
Plan d'action	Madame Pro construit son plan d'actions. Pour chaque moyen, elle définit des actions, un timing, les ressources nécessaires et les modalités.
Évaluation du niveau de stress	À la fin de l'exercice Madame Pro estime son niveau global de stress par rapport à sa future prise de parole en public à 3/10.

OUTIL 52

Les structures de motivation®

IDENTIFIER LES SOURCES PROFONDES DE MOTIVATION ET LES MOBILISER

		Motivations primaires *Intrinsèques*	Motivations secondaires *Extrinsèques*
Caractéristiques générales		Pérennes, solides, inépuisables, inconditionnelles, ressources	Rigides, réversibles, conditionnelles
Caractéristiques A.N.C.	*Je ressens*	Du plaisir indépendamment du résultat Ça me ressource quand je suis fatigué / démoralisé Ça me donne envie de me lever le matin	De la motivation quand j'obtiens du résultat De la démotivation quand j'échoue
	Je pense	... pas, je fais ! J'aime	Il faut ! Je dois ! Je n'aime pas
	Je fais	Spontanément, depuis toujours et même face à l'échec	Si je vois que le résultat sera au rendez-vous Sinon, j'évite de faire le plus possible
Force de la motivation		Très solide et durable	Fragile et éphémère

Source : Structures de motivation
A.N.C. (Approche Neurocognitive et Comportementale) / INC (Institute of NeuroCognitivism)

En résumé

Le modèle de l'A.N.C. (Approche Neurocognitive et Comportementale), développé par Jacques Fradin, s'intéresse à deux sources de motivations principales : celle qui semble innée, qui est stable, inépuisable, inconditionnelle et intrinsèque ; et celle acquise, fluctuante, conditionnée au résultat et extrinsèque. Les deux types de motivations se combinent de manière spécifique chez chacun. Elles sont à l'origine d'une grande partie de nos goûts et de nos choix. Elles sont à la fois différentes et complémentaires et peuvent être distinguées assez facilement, grâce au modèle de l'A.N.C.

Insight

Jacques Fradin's Neurocognitive/Behavioral Approach (ANC) points out that we tend to draw on two main sources of motivation. One of them seems innate: it is stable, inexhaustible, unconditional, and intrinsic. The other one is acquired, fluctuating, conditioned by the result, and extrinsic. Both types of motivation are combined differently in each one of us. They lie at the root of most of our choices and inclinations. They are distinct and complementary at the same time, and Fradin's ANC model helps us distinguish them with ease.

Pourquoi l'utiliser ?

Objectif

› Identifier ses ressources durables de motivation et les mobiliser.

› Identifier ses limites et ses freins et regagner de la marge de manœuvre.

› Gérer au mieux son énergie, donc son bien-être.

Contexte

Il y a des tâches que l'on fait sans effort, naturellement, avec plaisir, et pour lesquelles les obstacles ou les échecs n'empêchent pas de les poursuivre ou de les recommencer. Pour ces tâches-là, ce sont nos motivations profondes, intrinsèques, qui sont aux commandes. Pour d'autres tâches, l'action est moins naturelle, elle répond à des incitations cognitives : « *Je pense qu'il faut le faire* », « *C'est bien si je le fais* », « *C'est quelque chose qui se fait* ». Pour d'autres tâches encore, l'action peut être complètement empêchée répondant à « *Je ne supporte pas ça !* », « *Ça ne marchera pas* », « *Je n'en ai aucune envie* ». Pour ces autres catégories de tâches, ce sont nos peurs, nos préjugés, nos intolérances, nos motivations extrinsèques qui sont aux commandes. Elles sont sources de démotivation car leur résistance à l'échec est faible.
Selon qu'elles sont primaires ou secondaires, les motivations vont générer plus ou moins d'énergie, voire en consommer. Identifier ses sources profondes de motivation permet de gérer au mieux son écologie énergétique personnelle.

Comment l'utiliser ?

Étapes

Pour identifier les motivations profondes liées au tempérament :

1. **Identifier une activité qui fait plaisir** : qu'est-ce qu'on aime faire spontanément ? Qu'est-ce qui ressource ?

2. **Explorer ce qui fait plaisir** :

› En quoi aime-ton faire cette activité ?

› Depuis quand la fait-on ?

› Pourquoi la fait-on ?

3. **Valider la durabilité de la motivation** :

› Et dans un autre contexte, comment est le plaisir lié à cette activité ?

› Face à l'échec, comment réagit-on ?

› Combien de temps met-on pour rebondir ?

4. **Dresser le bilan du questionnement** : à l'aide du tableau ci-contre, s'assurer que les critères de la motivation primaire sont validés.

Méthodologie et conseils

Pour réaliser une première distinction motivations intrinsèques/motivations extrinsèques, lister dans trois colonnes : les tâches pour lesquelles on a envie de se lever le matin ; ce qui ressource en état de fatigue ; ce qui fatigue. Les deux premières colonnes relèvent de la motivation primaire ; la dernière, de la motivation secondaire. ■

« Je n'ai pas échoué, j'ai eu dix mille idées qui n'ont pas marché. »
Benjamin Franklin

Avantages

■ Se positionner sur ses motivations primaires génère de l'énergie et permet d'agir et d'interagir avec efficacité et sérénité.

Précautions à prendre

■ Comme pour les autres outils, ne pas s'arrêter aux premières réponses qui sont souvent automatiques et ne correspondent pas aux sources profondes de motivation… et de démotivation.

■ Les motivations profondes sont de puissants moteurs d'action. Cependant, elles manquent parfois de pondération voire nous empêchent de comprendre les différences entre personnes. Pour dépasser ces obstacles, il est nécessaire de faire appel à la capacité de recul du mode mental Adaptatif (outil 46).

SUITE OUTIL 52 →

Les structures de motivation®

Comment être plus efficace ?

Gérer son écologie énergétique personnelle

L'écologie énergétique correspond au bilan d'énergie générée et consommée durant la semaine. L'idée étant de gérer son énergie pour en avoir encore après la semaine de travail. Cela nécessite d'avoir été suffisamment (environ 20 % du temps) mû par des motivations génératrices d'énergie, les motivations primaires, et d'avoir minimisé l'impact des motivations peu génératrices, voire consommatrices, d'énergie, les motivations secondaires. Pour agir sur cet impact négatif, l'idéal est de mettre dans son quotidien autant d'activités ou de tâches qui correspondent à ses motivations profondes c'est-à-dire primaires.

Introduire le plaisir là où il y en a peu ou pas

Pour toutes les activités qui sont pénibles et qui doivent pourtant être réalisées, comment faire pour les rendre moins fatigantes ?

1. Réaliser ces tâches à la manière des motivations primaires pour mettre du plaisir là où il n'y en a pas. Par exemple, une personne n'aime pas faire la cuisine… et elle a un dîner à préparer.

Si elle a dans son tempérament, l'épicurisme, le calme, alors en faisant la cuisine, elle pourra s'organiser pour prendre son temps, savourer les étapes et les aliments ; si cette personne est créative, elle pourra tenter un repas innovant, surprenant, avec une décoration de table insolite ; si cette personne est très organisée, elle pourra choisir d'appliquer une méthodologie et une recette claires et précises, préparées en amont…

2. S'appuyer sur le Pack Aventure® (outil 53) pour se redonner un peu de marge de manœuvre sur nos intolérances.

Ressources et limites des motivations primaires

Les motivations primaires sont, pour une grande part, à l'origine des vocations, des idéaux, de l'énergie, de l'épanouissement, du bien-être de chacun, et ce, de façon durable. Elles constituent des repères, des points d'ancrage et de stabilité naturelle en dépit des tempêtes. Elles sont donc à cultiver précieusement et à intégrer autant que possible dans les différentes dimensions du quotidien, personnelles comme professionnelles.

Si l'idéalisation de ces motivations est bénéfique en termes d'énergie et de motivation durable, cette idéalisation peut aussi parfois être limitante car inadaptée dans certaines situations. L'idéalisation peut alors faire apparaître ces motivations primaires comme naïves, optimistes ou obstinées, décalées par rapport à l'environnement.

Ressources et limites des motivations secondaires

Les motivations secondaires permettent l'appropriation des savoirs, savoir-faire, savoir-être, apprentissages, expériences, cultures… L'empreinte gardée par chacun est constitutive des valeurs, croyances et opinions.

De même, l'empreinte négative gardée par chacun est, pour partie, à l'origine des peurs, préjugés, intolérances et démotivations. Ces motivations secondaires peuvent alors être sources de rigidité, de manque de discernement, d'immobilisme.

EXEMPLE De questionnement pour distinguer motivations primaires et secondaires

Une question clé permet un tri rapide et efficace entre les motivations primaires et les motivations secondaires. Il convient de questionner la réaction face à l'échec. Si la personne ne s'arrête pas, rebondit et poursuit son activité, sa motivation est primaire et durable ; si, au contraire, elle s'arrête et ne persévère pas : sa motivation est secondaire et conditionnelle.

Dans le tableau ci-dessous sont présentées les principales questions permettant de faire la différence entre motivations intrinsèques, primaires, et motivations extrinsèques, secondaires.

	MOTIVATIONS PRIMAIRES	MOTIVATIONS SECONDAIRES	
	Durablement génératrices d'énergie	Temporairement génératrices d'énergie *Valeurs / Obligations*	Consommatrices d'énergie *Intolérances*
Exploration	1. Qu'aimez-vous faire ? 2. Qu'est-ce qui vous ressource même lorsque vous êtes fatigué ? 3. Que faites-vous de façon spontanée sans avoir à vous demander pourquoi vous le faites ? 4. *ex. : J'aime ranger (pour l'action de ranger)* *ex. : J'aime faire des efforts pour performer (pour le plaisir de l'effort)*	1. Qu'est-ce qui est important pour vous ? 2. Quelles sont vos valeurs ? *ex. : J'aime que ce soit rangé, (pour le résultat du rangement)* *ex. : Il faut, c'est bien d'être performant (pour le résultat des efforts)*	1. Qu'est-ce qui vous est pénible à faire ? 2. Qu'est-ce que vous ne supportez pas ? *ex. : Je n'aime pas quand ce n'est pas rangé* *ex. : Je ne supporte pas l'absence de performance (la médiocrité)*
Validation par la réaction à l'échec	Comment vous sentez-vous lorsque vous échouez ou que vous n'obtenez pas de résultat ? Recommencez-vous ?		
	Si OUI, combien de temps vous faut-il pour rebondir ?		NON
	Peu de temps	*Longtemps*	*Jamais*

OUTIL 53

Le Pack Aventure®

NUANCER CE QUI DÉRANGE ET ASSOUPLIR LES RÉSISTANCES INTÉRIEURES

Ce que je recherche		Ce que je rejette	
Avantages	Inconvénients	Avantages	Inconvénients
②	③	④	①

Source : Pack Aventure® INC (Institute of NeuroCognitivism) / A.N.C. (Approche Neurocognitive et Comportementale)

En résumé

Pour l'Approche Neurocognitive et Comportementale, la personnalité se compose notamment des valeurs et des antivaleurs. Celles-ci se sont construites au cours de l'existence d'une personne, sont nourries de son milieu familial, culturel, de son expérience, son vécu… et visent à « l'obtention d'un résultat, une reconnaissance et/ou l'évitement d'un inconfort ». Autant d'obligations et d'intolérances qui motivent les actions et les réactions de la personne et peuvent entraîner rigidité et tension dans les relations. En introduisant la nuance, le Pack Aventure® permet de retrouver souplesse et bien-être.

Insight

According to Jacques Fradin's Neurocognitive/Behavioral Approach, the human personality is based on values and anti-values. They emerge during our lives, are nourished by our family environment, our culture, our hopes, and our experiences. They aim "to obtain a result, a recognition or to avoid discomfort". These are the obligations and aversions that motivate our actions and reactions, and which can make personal relationships become rigid and tense. By re-introducing a more nuanced approach, the Adventure Pack® helps us regain a state of serenity and well-being.

Pourquoi l'utiliser ?

Objectif

› Apporter de la nuance dans la perception d'une situation, d'un environnement...

› Assouplir les rigidités ou les résistances liées à nos croyances, nos valeurs, nos préjugés, nos intolérances, nos peurs...

› Gagner en bien-être dans la relation.

Contexte

Une valeur est quelque chose que l'on a appris, qui est important pour soi et que l'on pense universel. Les valeurs conditionnent le regard que nous portons sur le monde et l'action que nous y engageons. Elles nous « obligent » et sont à la base de nos motivations dites secondaires (outil 52). Les antivaleurs conditionnement elles aussi notre perception du monde mais en y attribuant un filtre de jugement négatif. Elles correspondent à nos intolérances, à ce que nous ne supportons pas et que nous voulons éviter. Les antivaleurs sont également à la base de nos démotivations. L'enjeu est donc d'assouplir ces intolérances, en introduisant de la nuance, pour pouvoir regagner en motivation, en bien-être pour soi et dans sa relation aux autres.

Comment l'utiliser ?

Étapes

› **Identifier une intolérance / une antivaleur :** par rapport à une situation choisie, identifier ce que l'on rejette, ce que l'on ne supporte pas : le formuler le plus précisément possible.

› **Évaluer le niveau de stress lié à cette intolérance :** sur une échelle de 1 à 10.

› **Définir la valeur associée :** celle-ci peut se définir par ce que l'on recherche en opposition à ce que l'on rejette ; ce à quoi l'on tient.

› **Remplir le Pack Aventure® : lister** au moins 5 items pour chaque colonne en suivant l'ordre indiqué dans le tableau de 1 à 4.

› **Identifier les apprentissages :** que retire-t-on de l'exercice ?

› **Évaluer le niveau de stress :** sur une échelle de 1 à 10.

› **Clôturer par une opinion personnelle :** sur l'exercice, sur son état...

Méthodologie et conseils

La clé de l'exercice réside dans la bonne formulation de ce que l'on rejette comme ce que l'on recherche : ne pas hésiter à préciser, contextualiser. Car les mots revêtent une signification subtile et nuancée pour chacun. Il est important de partir d'une définition précise pour bien définir ensuite la valeur ou l'antivaleur correspondante.

Prendre le temps de remplir chaque colonne et de lister au moins 5 à 7 items par colonne : les pensées qui arrivent en premier ne sont pas celles qui reflètent avec justesse et profondeur ce que l'on pense. C'est pourquoi il est opportun de chercher à aller au-delà de ces pensées-réflexes.

Si l'exercice est guidé par un manager ou un coach, il est essentiel que ce dernier n'interrompe pas la réflexion du salarié/coaché pendant l'exercice. Il est même conseillé qu'il se taise pour les colonnes 1 et 2 et, également, dans un premier temps, pour les colonnes 3 et 4 (« l'aventure ») pour ensuite mieux questionner, faire réfléchir, approfondir. ■

« Colère et intolérance sont les ennemis d'une bonne compréhension. » Ghandi

Avantages

■ Le Pack Aventure® permet de faire évoluer nos apprentissages (valeurs, antivaleurs).

Précautions à prendre

■ Face à des peurs ou préjugés profonds, ne pas hésiter à allonger la liste des avantages / inconvénients dans le tableau du Pack Aventure®.

DOSSIER

8 FAVORISER LA COOPÉRATION ET CULTIVER L'INTELLIGENCE COLLABORATIVE

« Tout seul on va plus vite, ensemble on va plus loin. »
Proverbe africain

Dans l'entreprise, pouvoir s'appuyer sur la force du collectif est un atout majeur pour être efficace et performant. C'est surtout un gage de bien-être : non seulement on n'est plus seul face à une problématique ou une difficulté ; mais, surtout, la richesse et la variété des échanges permet d'accéder à un niveau de solutions plus créatives, inédites et souvent plus pertinentes pour le groupe.
Il existe différents niveaux de coopération en entreprise. Coopérer c'est, par exemple, prendre en compte les compétences et la motivation de chaque membre d'une équipe et adapter son mode de management à chacun. Les 4 niveaux d'autonomie (outil 54) donne

des clés pour apprécier l'autonomie d'une personne dans une situation donnée afin de lui apporter l'aide appropriée. Coopérer, ce peut être ensuite proposer de nouvelles manières d'animer les réunions dans le but de favoriser le développement de l'équipe et améliorer la communication en son sein. L'animation déléguée (outil 55) propose une méthode d'animation des réunions qui responsabilise les participants et les invite à collaborer au niveau du contenu de la réunion comme au niveau de la conduite de celle-ci.

Au-delà de la coopération, l'Investigation Appréciative (outil 56) est destinée à renforcer la cohésion d'équipe et le bien-être de chacun en se concentrant sur les solutions plutôt que sur les problèmes et en cherchant à déceler les caractères positifs d'une organisation, pour construire à partir de ses réussites.

Favoriser la coopération peut également prendre la forme d'une communauté de pratique qui se met au service d'une personne. Le Codéveloppement professionnel (outil 57) a pour vocation d'élargir les capacités de réflexion et d'action, d'une personne et aussi du groupe impliqué dans cet exercice, par rapport à un projet, une préoccupation ou une problématique.

Cultiver l'intelligence collaborative en entreprise c'est encore, par exemple, pratiquer le décloisonnement et faire travailler ensemble des personnes qui ne seraient pas spontanément amenées à le faire du fait de la nature de leur fonction, de leur place dans la hiérarchie ou de leur localisation géographique. C'est ce que mettent en pratique, sur des modalités différentes et propres à chacun, le Shadow Meeting (outil 58), le World Café (outil 59) et le Forum Ouvert (outil 60).

L'intelligence collective peut être, enfin, mobilisée pour appréhender le futur et déployer, pour un groupe, les potentialités d'avenir les plus élevées. C'est dans cette optique que s'inscrit le processus de la Théorie U® (outil 61).

A également contribué à la rédaction de ce dossier : Suzel Harauchamps (outil 61), facilitatrice en intelligence collective et coach.

LES OUTILS

54 Les 4 niveaux d'autonomie 170
55 L'animation déléguée 172
56 L'Investigation Appréciative 174
57 Le Codéveloppement professionnel 178
58 Le « shadow meeting » 180
59 Le World Café 182
60 Le Forum Ouvert 184
61 La Théorie U® 186

OUTIL 54

Les 4 niveaux d'autonomie

ADAPTER SON ACTION SELON LE NIVEAU D'AUTONOMIE DE SES INTERLOCUTEURS

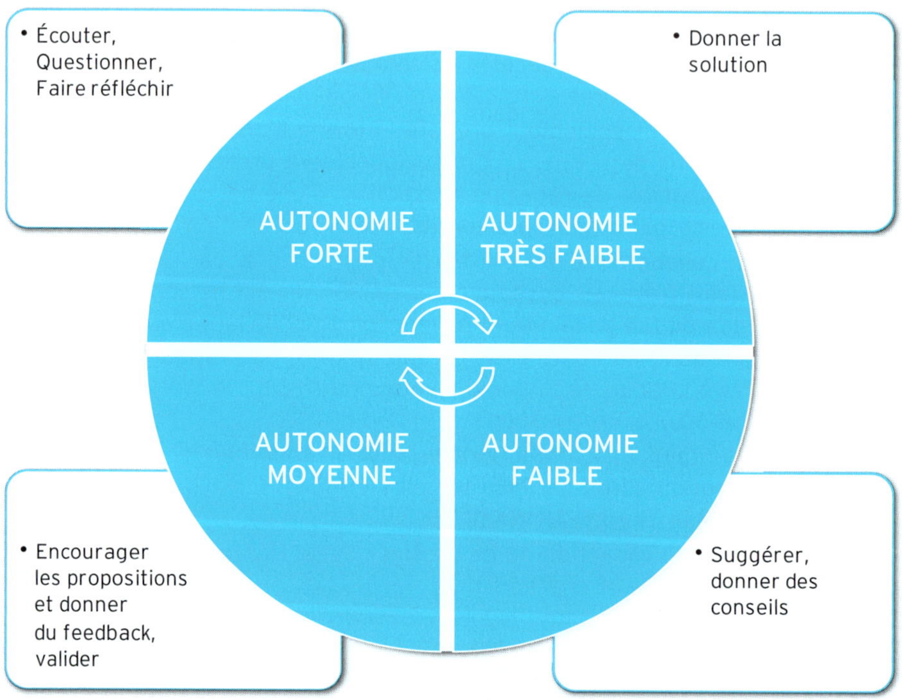

En résumé

Le modèle des 4 niveaux d'autonomie est un outil qui permet de guider chacun dans l'appréciation de l'autonomie d'une personne à un moment donné et dans une situation donnée, afin de lui apporter l'aide appropriée. Le niveau d'autonomie dépend de la combinaison de la compétence et de la motivation d'une personne face à la mission qui lui est confiée. Utilisé comme une boussole, cet outil sera particulièrement utile en management d'équipe ou de projet, pour adapter les modalités d'action à chacun des coéquipiers, et ainsi favoriser la coopération et un climat constructif et propice à l'initiative, à l'efficacité et au bien-être.

Insight

The Four Levels of Autonomy Model is a tool designed to guide each one of us in his/her appreciation of a person's autonomy at a certain moment and in a certain situation, in order to provide them with appropriate assistance. A person's level of autonomy depends on his/her combined skill and motivation for the mission that has been assigned to him/her. Used as a compass guide, this tool is of particular use in managing teams and projects, adapting action approaches to different co-workers, and thus encouraging cooperation and a constructive climate that fosters initiative, efficacy and well-being.

Pourquoi l'utiliser ?

Objectifs

› Choisir le type d'actions à mobiliser, en fonction de son niveau d'autonomie

› S'adapter pour favoriser la mise en mouvement d'autrui dans un climat de confiance

Contexte

Cet outil s'utilise comme une boussole, dans une relation d'aide plutôt individuelle. Il est un véritable levier pour favoriser la coopération de chacun, dans le respect de là où il en est.

Comment l'utiliser ?

Étapes

1. **Écouter le besoin exprimé par la personne.** Au sein d'une même équipe, il est probable qu'un nouveau collaborateur n'exprime pas le même besoin qu'une personne plus ancienne. Il s'agit de personnaliser son écoute !

2. **Questionner à bon escient :** « *Où en êtes-vous ?* », « *De quoi avez-vous besoin pour pouvoir avancer sur ce dossier ?* », « *Avez-vous déjà rencontré des situations similaires ?* », « *Comment l'avez-vous réglée ?* »

3. **Diagnostiquer le degré d'autonomie de la personne** par rapport à la situation spécifique, selon votre appréciation de son degré de compétence et de motivation.

4. **Ajuster ses propres modalités d'action** et apporter l'aide appropriée

Méthodologie et conseils

On distingue 4 niveaux d'autonomie :

› **Autonomie très faible :** La personne ne sait pas faire ou ne se sent pas compétente. Elle manifeste peu d'intérêt pour ce qu'on lui demande de faire ou ne sait pas comment s'y prendre. Il s'agit de la sécuriser, en structurant et organisant son environnement de travail : consignes précises, objectifs découpés en étapes, évaluation régulière de l'avancement et des progrès, valorisation des résultats obtenus.

› **Autonomie faible :** La personne ne sait pas encore bien faire ou a des doutes sur ses compétences pour faire. Elle est motivée, mais se sent insuffisamment soutenue. Il s'agit d'encourager, d'expliquer et de mobiliser : donner du sens, faire preuve de pédagogie, échanger, soutenir la montée en compétences, valoriser les réussites.

› **Autonomie moyenne :** La personne sait faire et souhaite faire à sa façon. Il s'agit de s'associer à l'action : écouter, répondre aux questions, multiplier les occasions de travailler en commun, négocier les objectifs et laisser choisir les méthodes de travail, proposer des points réguliers.

› **Autonomie forte :** La personne sait très bien faire et est motivée pour s'engager dans l'action. Il s'agit de responsabiliser : confier des missions en laissant la latitude sur le choix des moyens et des méthodes pour parvenir au résultat, favoriser l'intégration d'autres méthodes de travail, suivre les résultats. ■

« Tu me dis, j'oublie ; tu m'enseignes, je me souviens ; tu m'impliques, j'apprends. »
Benjamin Franklin

Avantages

■ Cet outil permet d'adopter une attitude aidante pour que chacun progresse. Ainsi, il accroît la confiance en soi et favorise un bien-être professionnel.

Précautions à prendre

■ Une même personne n'a pas le même niveau d'autonomie sur tous les sujets. De plus, elle peut progresser en autonomie, mais aussi régresser dans le temps (fatigue, découragement, oubli peuvent provoquer une baisse d'autonomie ponctuelle ou durable). Il convient donc de faire un repérage différencié selon les activités et d'être attentif aux variations dans le temps.

OUTIL 55

L'animation déléguée

ASSURER COLLECTIVEMENT L'EFFICACITÉ D'UNE RÉUNION PAR UN MODÈLE APPRENANT

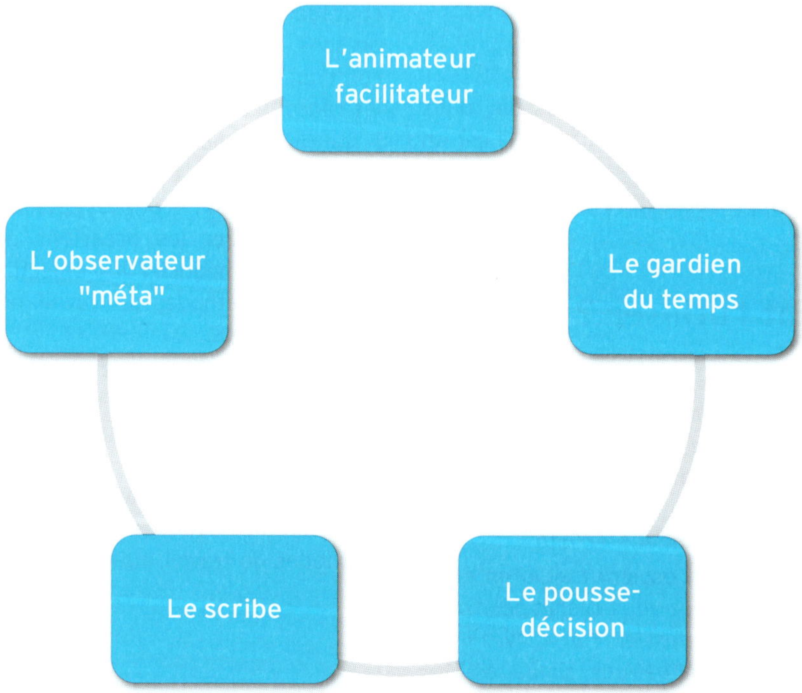

En résumé

Simple, rapide à mettre en œuvre et facile à expérimenter, l'animation déléguée est un outil de développement des organisations et d'amélioration de la communication au sein d'une équipe. Cette méthode d'animation favorise la coopération entre les participants et initie un fonctionnement collaboratif, générateur de lien et de bien-être. Le leader de la réunion (manager, chef de projet…) conserve la fonction de décisionnaire, il délègue à l'équipe les autres rôles (facilitateur, gardien du temps, pousse-décision, scribe et observateur), ce qui lui offre l'occasion d'une prise de recul et d'une observation du fonctionnement de l'équipe.

Insight

"Delegated meeting leadership" is a simple, rapid, easy tool to encourage development within organizations and improve communication quality within a team. It encourages cooperation among participants and introduces a collaborative functioning mode, thereby creating new bonds and a sense of well-being. The person in charge of the meeting (team manager, project manager, etc.) retains his/her decisional sway but delegates all other roles to other members of the team (facilitator, timekeeper, decision booster, secretary, observer). In so doing, the manager can take a step back and observe how the team functions.

Pourquoi l'utiliser ?

Objectifs

› Développer la participation et l'initiative au sein d'une équipe.

› Orienter les comportements collectifs vers une plus grande coopération.

› Développer les apprentissages communs et la maturité de l'équipe.

Contexte

L'animation déléguée est particulièrement pertinente pour instaurer une dynamique au sein d'une équipe lorsque l'effet « réunionite » devient pesant.

Comment l'utiliser ?

Étapes

La pratique étant le principal vecteur d'apprentissage, la mise en place se fait rapidement.

1. **Observer et diagnostiquer le fonctionnement de l'équipe** : maturité, prise de recul, qualité des échanges, valeurs et éléments culturels dans l'organisation du travail.

2. **Former le collectif à l'animation déléguée :** expliquer le cadre, les règles du jeu, les différents rôles et les bénéfices attendus.

› L'animateur ou facilitateur : prépare l'ordre du jour avec le leader, régule la prise de parole et l'expression de chacun pendant la réunion.

› Le gardien du temps : est le garant du temps alloué aux séquences par l'animateur. Il cadence le temps tout au long de la réunion.

› Le pousse-décision : invite à formuler les décisions en vue d'optimiser la production du groupe.

› Le scribe : rédige le compte-rendu et formalise clairement le relevé de décisions, en précisant qui est responsable du suivi de chaque décision et dans quel délai.

› L'observateur-méta : Un temps lui est réservé en fin de réunion pour restituer à l'équipe l'observation qu'il a fait des processus à l'œuvre pendant la réunion (circulation de la parole, alliances…) et du respect des rôles. Il souligne les forces de l'équipe et suggère des axes d'amélioration et d'apprentissage.

3. **Expérimenter au cours de 2 à 3 réunions « pilotes »,** pendant lesquelles le temps de débriefing et de feedback sera centré sur les ressentis de chacun, les leviers d'efficacité et de bien-être mis en œuvre, les difficultés du groupe et les points de progrès.

4. **Ancrer dans les bonnes pratiques,** dans une logique d'amélioration continue, sans oublier de faire tourner les rôles à chaque réunion de l'équipe.

Méthodologie et conseils

L'animation déléguée est également appréciable en périodes de changement d'organisation et lorsqu'il y a intégration d'équipes ou de nouveaux collaborateurs, car elle accélère le développement de la connaissance mutuelle, facilite l'émergence du sentiment d'appartenance et d'une culture commune. ■

« L'une des meilleure façons d'aider quelqu'un est de lui donner une responsabilité et de lui faire savoir que vous lui faites confiance. »
Booker T. Washington

Avantages

- L'animation déléguée renforce l'efficacité des équipes et la cohésion de l'équipe. C'est un format qui favorise la prise de décision et le passage à l'action.

Précautions à prendre

- Cette technique d'animation nécessite une certaine maturité de l'équipe et de ses membres, pour accepter le feedback et s'en emparer comme d'un outil constructif et générateur de bien-être au travail.

OUTIL 56

L'Investigation Appréciative

MOBILISER LES FORCES DU COLLECTIF POUR RENFORCER LA COHÉSION ET NOURRIR LE BIEN-ÊTRE

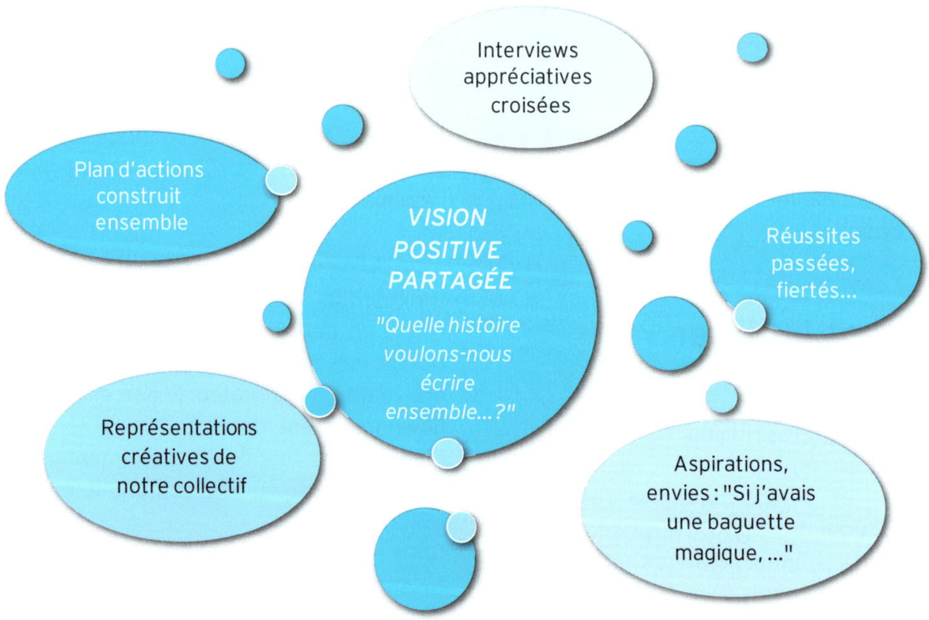

Source : Institut de Coaching International

En résumé

L'Investigation Appréciative *(« Appreciative Inquiry »)* est une démarche positive destinée à renforcer la cohésion d'équipe et le bien-être de chacun. Centrée sur les solutions plutôt que sur les problèmes, elle vise à déceler les caractères positifs d'une organisation, pour construire à partir de ses réussites. Dans la perspective d'un fonctionnement efficace et harmonieux, les organisations qui font appel à cette méthode abordent le thème du changement de manière positive, et mobilisent les énergies positives des individus pour créer l'avenir autour d'une vision partagée, combinant la souplesse des comportements individuels et l'adhésion aux valeurs de l'organisation.

Insight

Appreciative Inquiry is an affirmative method designed to reinforce team cohesion and the well-being of each team member. Focusing on solutions instead of problems, it attempts to pinpoint an organization's positive traits, and to start building on the basis of its successes. Certain organizations use it when they are seeking to function more efficiently and harmoniously. They learn to approach the subject of change from an affirmative angle, mobilizing the positive energies of individual co-workers to create a shared vision, while harnessing their behavioral adaptability and their commitment to the organization's core values.

Pourquoi l'utiliser ?

Objectif

› Renforcer la cohésion entre les acteurs d'un collectif (équipe, service, entreprise ou institution,...), renforcer la qualité, la fluidité et l'efficacité des relations

› Dans la perspective d'un projet partagé, renforcer la posture de partenaires mutuels pour co-construire les ingrédients d'un fonctionnement collaboratif et harmonieux

› Développer un sentiment de mieux-être et de sécurité, tant en termes d'interactions relationnelles que de perspectives.

Contexte

Pour poser les bases collaboratives d'un nouveau projet, redonner un nouvel élan à un collectif ou apaiser les esprits en ouvrant un espace d'échange bienveillant et positif, l'Investigation Appréciative permet de construire ensemble la réponse à la question : « Quelle histoire voulons-nous construire ensemble ? ». Elle consiste à rassembler les parties prenantes du collectif pour leur permettre de partager leurs fiertés et leurs aspirations partagées, et ce autour de questions formulées de manière positive et impliquante.

Comment l'utiliser ?

Étapes

La démarche se décline en cinq étapes successives, concrètement illustrées dans le cas proposé en page suivante :

› **« Orientation »** : formalisation de l'objectif du projet et de la démarche en termes positifs.

› **« Découverte »** : interviews appréciatives croisées entre acteurs du collectif, centrées sur les talents, les ressources, les bonnes pratiques, les souhaits...

› **« Ambition »** : synthèse des entretiens pour identifier le « noyau positif », le cœur du projet, ainsi que les leviers d'actions et de transformation. Représentation créative du collectif, qui constitue la référence partagée et le socle sur lequel bâtir ensemble.

› **« Décision »** : élaboration d'un plan d'actions, mettant en lumière les actions suggérées par les participants, ainsi que rôles, responsabilités et engagements de chacun.

› **« Devenir »** : suivi opérationnel après 5 à 6 mois.

Méthodologie et conseils

Le cœur de la démarche d'Investigation Appréciative réside dans un temps fort partagé (journée de séminaire). Le projet sera judicieusement cadré en appui sur un comité de pilotage, en amont (clarification de l'objectif poursuivi), puis en aval (suivi opérationnel de la mise en œuvre des actions proposées par les participants lors du séminaire). Le comité de pilotage rassemble utilement le commanditaire de l'action ainsi que d'autres acteurs directement concernés par la réussite du séminaire, tant en termes d'orientations stratégiques que de mieux-être à cultiver au sein de l'équipe. ■

« La vie n'est pas un problème, mais une solution... ! »
Marcel Pagnol

Avantages

- Les interviews appréciatives croisées, première étape du processus, constituent la pierre angulaire de la démarche : en plaçant les participants en énergie haute positive, elles les mettent dans des dispositions enthousiastes porteuses de bien-être, et propres à favoriser le partage de leurs idées de manière positive et bienveillante. Réalisées en binômes, elles permettent de décloisonner le collectif, créant ainsi un espace d'échange et de partage qui ouvre de nouveaux espaces de communication.

Précautions à prendre

- Pour être constructive, l'Investigation Appréciative suppose une démarche sincère : elle sert à faire émerger des solutions, à construire ensemble et non à décréter, ce qui à l'inverse s'avèrerait peu favorable au bien-être des participants.

SUITE OUTIL 56 →

OUTIL 56

L'Investigation Appréciative

Comment être plus efficace ?

Transformer les problèmes en forces

L'investigation appréciative, développée au début des années '90 par David Cooperrider à la Case Western Reserve University, prend à contrepied l'approche classique orientée problème. Elle se focalise en effet sur les réussites et fiertés d'un collectif (entreprise, service, groupe,...) plutôt que sur ses problèmes. L'Investigation Appréciative est une démarche qui identifie « le meilleur de ce qui est » pour se diriger vers « le meilleur de ce qui pourrait être ».

Transformer une organisation par l'Investigation Appréciative

L'accompagnement d'une équipe grâce à l'Investigation Appréciative permet aux participants d'aborder le changement de manière positive et confiante de développer un fonctionnement plus efficace et harmonieux. Le processus permet ainsi de poser les bases sur lesquelles peut être construite une stratégie partagée.

Bien plus, en plaçant les participants dans une disposition d'esprit positive et bienveillante (à la fois curieuse de l'autre et impliquante pour soi-même), il contribue à renforcer les liens au sein du collectif, et par là-même le sentiment de soutien mutuel et de sécurité. Il nourrit par ailleurs la cohérence personnelle et d'alignement intérieur. Autant d'ingrédients favorables au mieux-être de chacun.

Les 5 questions clé de l'Investigation Appréciative

L'approche appréciative implique une investigation collaborative, basée sur des interviews croisées (en binômes ou petits groupes), structurées autour de cinq questions clé visant à reconnaitre les meilleures pratiques de la communauté, celles qui mettent en avant son identité culturelle :

- **La meilleure expérience vécue au sein du collectif :**
  « Parle-moi d'un des meilleurs moments au sein de notre collectif, un moment où tu t'es senti serein, la bonne personne à la bonne place... »
- **Les points forts du collectif :**
  « Quels sont les points forts que tu possèdes, toi spécifiquement, les talents qu'il te semble mettre au service de notre collectif ? Et les talents du collectif qui en découlent... ? »
- **Le noyau dur :**
  « De ton point de vue, où se situe le cœur positif de notre collectif, ce qui le rend unique ? »
- **Les trois vœux :**
  « Si tu avais trois souhaits que tu souhaites formuler pour le collectif, lesquels serait-ce ? Si tu avais une baguette magique pour changer ce que tu veux, qu'en ferais-tu ? »
- **La prochaine étape :**
  « Quelle serait d'après toi la prochaine étape, la plus petite action qui produirait le plus grand effet ? »

Une démarche créative et provocatrice...

Pour construire la vision de « ce qui pourrait être », la démarche incite les participants à mobiliser successivement leurs aptitudes rationnelles et analytiques (« cerveau gauche »), puis leurs aptitudes créatives et imaginatives (« cerveau droit »). Pour élargir l'espace de réflexion et ouvrir le champ des possibles, chacun est invité à penser « à l'extérieur du cadre » : dessin ou réalisation graphique, chanson dont les paroles réinventées illustrent les valeurs partagées par le collectif, bande dessinée ou saynète théâtrale incarnant les aspirations du collectif, jeu de l'oie dont chaque case évoque les étapes réussies du projet,..., les formes les plus créatives sont les bienvenues... !

CAS Restaurer confiance et enthousiasme au sein du service Action Sociale d'une collectivité :

Au sein de cette collectivité, le service Action Sociale rassemble une cinquantaine d'encadrants, chacun responsable du pilotage de « son » entité (crèche municipale, foyer logement pour personnes âgées,...). En dépit des fortes valeurs humaines qui fondent l'action de chacun, la charge de travail quotidienne et la difficulté à préserver des temps d'échange ont peu à peu conduit à une détérioration du sentiment d'appartenance à l'organisation : moindre motivation, qualité des relations humaines dégradée, sentiment d'isolement et perte du sens partagé, contribuent à un mal-être tangible au sein des équipes.

Le schéma ci-dessous résume les différentes étapes du processus proposé, ainsi que leurs retombées concrètes.

Spécifiquement, à l'étape « Ambition », parmi les propositions créatives de représentation du collectif tel que l'imaginent et le rêvent les participants :

- *une réalisation graphique (type « loisirs créatifs »)*, mettant en lumière les valeurs partagées au sein du collectif et les ressources mobilisables pour faire face à l'adversité
- *une bande dessinée mise en scène*, pour illustrer comment cultiver le bien-être et faire face au stress
- *un jeu télévisé* (« Qui veut gagner des millions ? ») pour suggérer aux commanditaires un large spectre de solutions alternatives aux problématiques partagées
- un *Jeu de Marelle matérialisé sur le sol*, proposant un parcours de consolidation du collectif pas à pas, au travers d'étapes progressives (thèmes de formation plébiscités par tous, ateliers thématiques optionnels, projet de finalisation d'une charte des valeurs,...), jusqu'à atteindre le « Paradis »... !

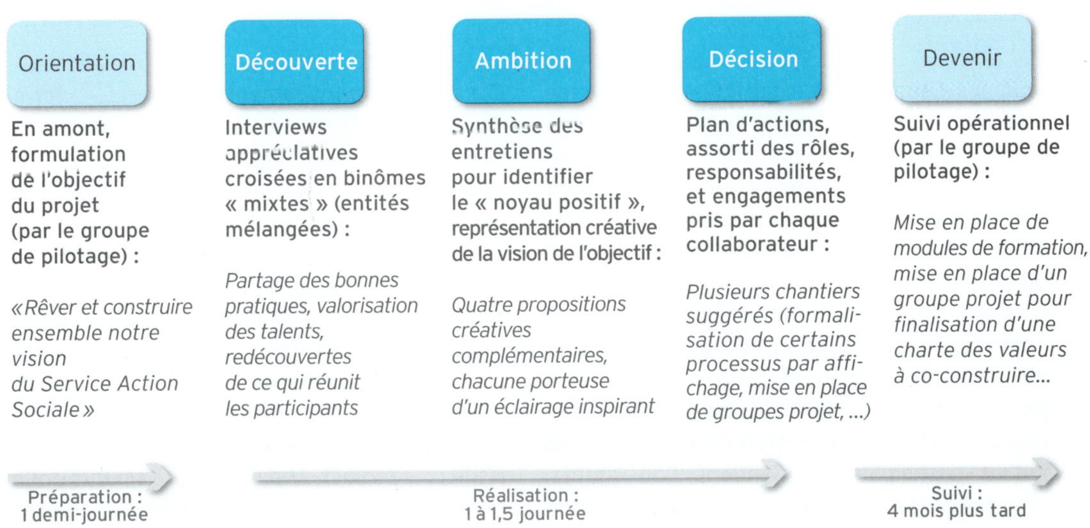

OUTIL 57

Le Codéveloppement professionnel

ÉLARGIR LES CAPACITÉS DE RÉFLEXION ET D'ACTION PAR RAPPORT À UN PROBLÈME, UNE PRÉOCCUPATION

Les 6 étapes d'une séance de Codéveloppement professionnel :

1. Exposé	• Le Client : expose son projet, son problème, sa préoccupation • Les Consultants écoutent, prennent des notes
2. Clarification	• Les Consultants posent des questions factuelles pour clarifier la situation du client (situation, comportement adopté, ressenti, pensées..) • Le Client répond aux questions et précise
3. Contrat	• Le Client formule sa demande • Les Consultants formulent leur version de la demande du client • Client et Consultants se mettent d'accord sur le contrat
4. Consultation	• Les Consultants produisent, formulent librement impressions, idées, effets miroirs, expériences, suggestions, interprétations, cadres de référence, questionnent • Le Client écoute, note, faite préciser s'il y a lieu
5. Synthèse et plan d'action	• Le Client synthétise l'information reçue et expose son plan d'action • Les Consultants préparent la phase 6 pendant que le Client rédige sa synthèse. Ensuite, ils écoutent le Client
6. Apprentissages et évaluation	• Client et Consultants expriment leur vécu de la séance, leurs apprentissages, font des suggestions tant par rapport au contenu que par rapport au processus

Sources : D'après la méthode d'Adrien Payette et Claude Champagne - Centre Européen du Codéveloppement Professionnel et Managérial - Association Française de Codéveloppement Professionnel - AQUEDUC, association des certifié(e)s de l'Académie du Coaching

En résumé

Pour les Canadiens Adrien Payette et Claude Champagne, « le groupe de Codéveloppement professionnel est une approche de développement pour des personnes qui croient pouvoir apprendre les unes des autres afin d'améliorer leur pratique ». La démarche consiste à réunir un groupe de 6 à 8 personnes mensuellement pendant 6 à 12 mois autour d'un animateur, garant de la qualité du processus et de la bienveillance du groupe. A chaque séance, une personne devient Client et expose une problématique, une préoccupation ou un projet. Les autres participants deviennent Consultants. La séance de consultation se déroule en 6 étapes.

Insight

Canadian management experts Adrien Payette and Claude Champagne describe the Professional Codevelopment Group as "an approach for people who are convinced they can learn from one another in order to improve their practical approach". The method consists in gathering a group of 6 to 8 people on a monthly basis for 6 to 12 months. A group moderator guarantees the meeting's quality and ensures that exchanges remain friendly and affirmative. At each meeting, one person plays the role of Client and presents a problematic issue or a project. The other participants act as Consultants, and each session follows an order of six stages.

Pourquoi l'utiliser ?

Objectif

› Favoriser la coopération et la transversalité et cultiver un esprit d'ouverture.

› S'appuyer sur les ressources et la puissance de l'intelligence collective.

› Se redonner de la marge de manœuvre et développer son bien-être.

Contexte

Réflexion, interaction et action sont les leviers de la dynamique de Codéveloppement. L'objectif est de développer sa pratique professionnelle. La démarche peut aussi favoriser la résolution d'un problème particulier. Pour autant, l'enjeu d'une Consultation n'est pas de résoudre systématiquement un problème mais bien d'élargir le champ de conscience tant sur la problématique que sur la pratique professionnelle et sur le professionnel lui-même.

Comment l'utiliser ?

Étapes

Dans les séances de Codéveloppement professionnel, les trois rôles essentiels de la Consultation sont :

› **Le Client :** porteur d'une problématique, d'une préoccupation ou d'un projet, il souhaite être aidé à réfléchir, explorer, trouver des pistes, des regards différents. Le client change à chaque Consultation.

› **Les Consultants :** au service du Client, ils apportent leurs expériences, leurs regards, leurs suggestions, leurs pistes d'actions, leurs ressentis par rapport à la demande du Client. Ils ne cherchent pas à imposer une orientation ou une solution ; ils aident le Client à élargir sa perception de la situation et de lui-même dans cette situation, pour ainsi, envisager des options de solution, d'action, de cheminement...

› **L'Animateur :** il guide le groupe tout au long des 6 étapes de la Consultation. Formé à l'approche du Codéveloppement, il est attentif tant au processus qu'au contenu de la Consultation. Il stimule les interactions entre les participants et garantit la sécurité, l'autonomie et le confort de chacun.

Méthodologie et conseils

En début de séance, le groupe revient sur la Consultation de la séance précédente ; ceci afin de permettre au Client de partager son retour d'expérience sur les actions engagées.

Une séance de Codéveloppement dure en général 4 heures. Au cours de cette séance, on peut conduire 1 à 2 Consultations ou une seule Consultation et prendre le temps restant pour échanger librement sur des thèmes définis par les participants en lien avec leurs activités professionnelles, des connaissances théoriques ou des retours d'expérience. ■

« L'important n'est pas de convaincre, mais de donner à réfléchir. »
Bernard Werber

Avantages

- Le Codéveloppement est une méthode d'apprentissage par l'expérience et le partage. C'est une démarche qui part de l'individu et du terrain.
- La démarche favorise un double développement : individuel (prise de conscience de ses croyances limitantes ou facilitantes, de son cadre de référence, de son mode de fonctionnement par l'effet miroir renvoyé par le groupe...) et collectif (observation et expérience d'un fonctionnement coopératif où chacun est l'égal des autres).

Précautions à prendre

- Le rôle d'Animateur repose sur un apprentissage et une pratique qui vont permettre de développer une subtilité et une puissance d'intervention respectueuses du groupe. Ce rôle ne s'improvise pas.

OUTIL 58

Le « shadow meeting »

SE CONFRONTER PAR LA COMPLÉMENTARITÉ POUR ÉLARGIR COLLECTIVEMENT LE CHAMP DE VISION

Source : FlickR, image libre de droit

En résumé

Dans une réunion « classique », le groupe ne peut apporter que ce qui est dans son champ de conscience. Le shadow meeting est une réunion basée sur le principe d'un travail en complémentarité pour élargir collectivement le champ de vision. Cette technique favorise l'essaimage et la fertilisation croisée des points de vue et des solutions et renforce la légitimité et la reconnaissance entre les participants, en invitant chacun à valoriser l'éclairage complémentaire de l'autre. Il pourra être riche d'enseignements d'interroger une équipe responsable des approvisionnements sur les thématiques clés de l'équipe d'acheteurs, ou un groupement de managers sur le sujet des relations sociales.

Insight

In a traditional meeting, the members of a group can only contribute what lies within their field of competence. A shadow meeting, however, is based on the principle of working in complementary groups that enlarge the collective field of vision. This technique encourages a "hive mentality", the cross-pollination of different viewpoints and solutions. It also generates greater respect and acknowledgment among participants, inviting them to value the complementary angle others may have on the subject. The procurement team may have something to say about issues faced by the purchase department, or a group of managers might offer some input on the subject of social relations.

Pourquoi l'utiliser ?

Objectifs

› Faciliter l'émergence de complémentarités en confrontant intentionnellement des points de vue différents sur une même thématique.

› Élargir collectivement le champ de vision et la palette des réponses possibles pour agir.

› Stimuler les relations de travail en valorisant la légitimité de chacun dans sa spécificité et sa différence.

Contexte

Le shadow meeting est une modalité de réunion qui consiste à interroger des groupes de professionnels plus éloignés du sujet traité, pour bénéficier de leur regard neuf, de leur rapport d'étonnement et de leurs idées différentes.

Comment l'utiliser ?

Étapes

1. **Clarifier l'objectif de la réunion avec les participants,** de façon à ce que le message soit le même pour tous et que chacun se sente invité à contribuer à un objectif commun.

2. **Choisir le « shadow group » :** identifier quelles pourraient être les personnes à même de challenger le sujet de façon pertinente et d'y apporter un regard différent. Par exemple : solliciter des ingénieurs R&D sur un sujet comptable ou RH, ou encore, solliciter un groupe de jeunes diplômés sur une thématique stratégique. À ce stade, l'important est d'accepter de se laisser surprendre et d'aller jusqu'à faire appel à des logiques contre-naturelles.

3. **Animer les deux réunions de façon distincte :** en séparant les groupes pour que chacun puisse poser son propre regard et proposer des réflexions et des solutions qui lui paraissent de nature à faire avancer le sujet. L'animateur intervient peu sur le contenu et favorise l'expression du groupe, il prend des notes sur l'intervention et la systémique pour pouvoir faire un retour constructif.

4. **Formaliser le débriefing du processus :** L'animateur va débriefer son équipe du regard et des productions du « *shadow group* » et utiliser cette matière pour faire réagir le collectif de travail avec un regard élargi. Il partagera également ses observations sur le processus. Ce débriefing peut se faire en présence des deux groupes, pour poursuivre la démarche d'intelligence collective plus en avant.

5. **Tirer les enseignements** de la méthode et du contenu : Il est constructif de s'accorder un temps de prise de recul pour nommer ce que cette expérience a appris à l'équipe. Enfin, prévoir un temps d'échange sur les circonstances dans lesquelles il sera pertinent de faire appel à nouveau à un « *shadow meeting* »

« La clarté, c'est une juste répartition d'ombres et de lumière. » Goethe

Méthodologie et conseils

Cet outil peut être utilisé comme outil de créativité, d'innovation et de résolution de problèmes. C'est également une démarche intéressante dans le cadre d'une réflexion prospective ou de l'établissement d'une vision.
Le choix du « shadow group » est clé dans le processus, ainsi que la façon dont vous déciderez de mener le débriefing.

Avantages

- Un « shadow meeting » est une façon originale de renforcer le lien dans les organisations et de favoriser un regard plus global et intégré sur un sujet donné. Il met en valeur la créativité et permet d'accueillir les contributions « out of the box ».

Précautions à prendre

- Doubler une réunion par une autre prend du temps, aussi il est essentiel de cibler cette pratique sur certaines thématiques ou à certains moments clés de la réflexion d'une équipe sur un sujet donné.

Le World Café

ENSEMBLE, DÉCLOISONNER, PARTAGER DES CONNAISSANCES ET GÉNÉRER DES IDÉES POUR PASSER À L'ACTION

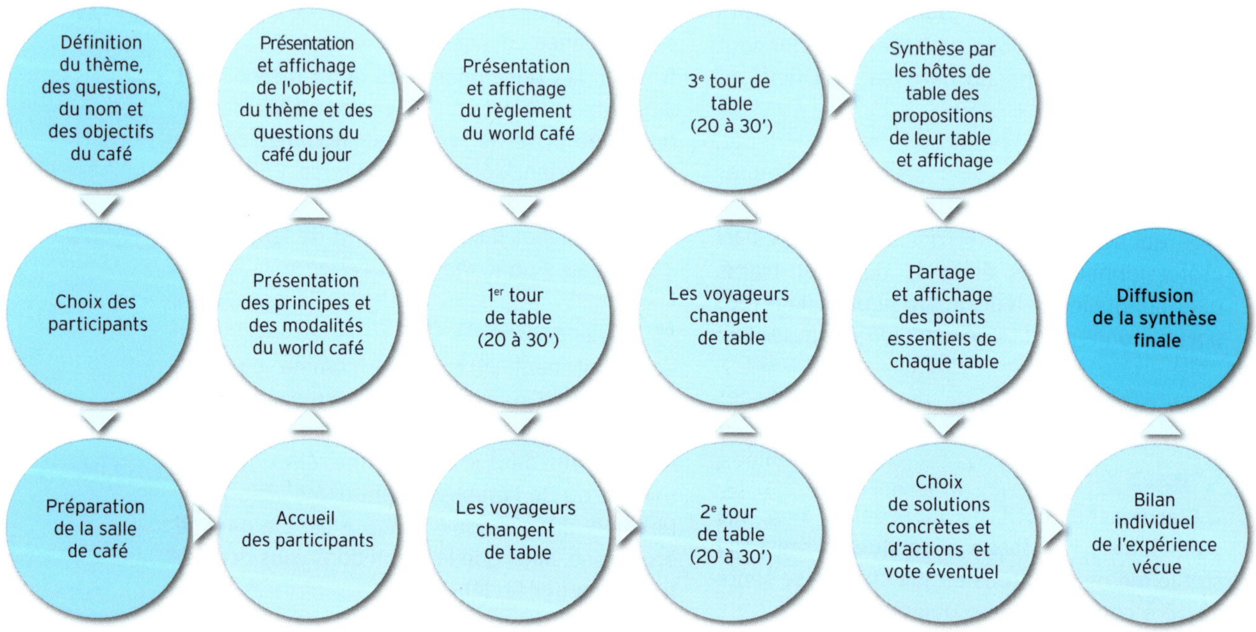

Source : d'après Fondation Baudouin/VIWTA

En résumé

La méthode et le processus du World Café ont été formalisés en 2005 par Juanita Brown et David Isaacs. Le World Café est une méthode d'intelligence collective. Le principe est de réunir des personnes, de tous horizons, pour partager des idées et des connaissances autour d'un thème défini et au moyen d'échanges constructifs. L'objectif : créer du lien et faire émerger des idées et des actions concrètes. Le tout dans une ambiance conviviale et chaleureuse, comme au café ! C'est une méthode simple qui permet de rassembler un grand nombre de personnes en un temps relativement réduit pour un résultat optimum.

Insight

In 2005, Juanita Brown and David Isaacs described the World Café approach, a method of collective intelligence. The principle is to gather people from all sorts of horizons in order to share ideas and knowledge regarding a certain subject, leading to constructive interchange. The goal is to foster new bonds, encourage innovative ideas and concrete actions. The gathering should take place in a convivial, friendly atmosphere – as in a café. This simple method shows a way one can assemble a large number of people within a relatively limited time span in order to achieve an optimal result.

Pourquoi l'utiliser ?

Objectif

› Créer du lien et décloisonner en s'appuyant sur la richesse et la variété des équipes.

› Partager des connaissances et générer des idées ; innover.

› Mobiliser vers l'action dans un esprit positif d'ouverture et de construction.

Contexte

Sur un thème défini qui fait sens et débat, les participants discutent en petits groupes d'un sujet ou d'une question autour d'une table. Au bout de 20 à 30 minutes, les participants changent de table. Une personne, l'Hôte de table, reste et synthétise les idées du groupe pour les présenter au groupe suivant. Les idées sont ainsi « pollinisées », « fécondées », par les idées des groupes qui se succèdent. Après 3 rondes de débats, les idées de chaque table sont rassemblées, synthétisées dans le but de faire émerger les propositions les plus pertinentes. L'ensemble des conclusions de chaque table est partagé en assemblée plénière.

Comment l'utiliser ?

Trois rôles interviennent dans le World Café. Il y a généralement un Facilitateur, autant d'Hôtes de tables que de tables. Tous les autres participants sont des Voyageurs.

Étapes

1. **Le Facilitateur :** il pilote l'équipe d'organisation du Café, accueille les participants, pose le cadre et garantit le bon déroulement du Café jusqu'à la diffusion du rapport final.
2. **L'Hôte de table ou rapporteur** : il est volontaire pour rester à la même table tout au long du Café, accueille les participants, leur présente les propositions de la conversation précédente, anime chaque conversation et synthétise l'ensemble des propositions.
3. **Le Voyageur ou Ambassadeur de sens :** il évolue de table en table pour apporter ses idées, réflexions, convictions et questions clés par rapport au thème du Café. Son interaction avec les autres Voyageurs repose sur le respect, la curiosité, l'écoute, l'égalité, la créativité, l'échange.

Méthodologie et conseils

Un Café se déroule a minima en 3 heures et peut durer toute une journée en fonction du nombre de participants ou de questions adressées.

Les tables regroupent un Hôte et 4 à 5 Voyageurs maximum pour laisser la possibilité à chacun de s'exprimer.

Le choix du thème abordé et des questions, la variété des participants (fonction, statut, âge, sexe...) et la convivialité du lieu sont autant de facteurs-clés de la réussite d'un Café.

L'objectif doit être clair, précis et stimulant ; il donnera son nom au Café : « Café de la découverte », « Café de l'innovation ». S'il y a plusieurs questions pendant le Café, celles-ci s'enchaineront de manière logique en vue d'approfondir la réflexion. ■

« Nos meilleures idées viennent des autres. »
Ralph Waldo Emerson

Avantages

- Focalisé sur l'essence de la problématique traitée, réalisé dans un esprit d'ouverture, de respect et d'amusement, faisant appel autant à la tête qu'au cœur des participants, le World Café favorise l'authenticité et la créativité au service d'un objectif concret et opérationnel.

Précautions à prendre

- Pour que chacun se sente libre et en confiance, insister sur la qualité d'écoute et l'ouverture d'esprit.

OUTIL 60

Le Forum Ouvert

BUTINER LES IDÉES DES AUTRES ET LES POLLINISER AVEC SES PROPRES IDÉES POUR ENRICHIR LA RÉFLEXION DU COLLECTIF

En résumé

Le Forum Ouvert (« Open Space Technology »), méthode de travail collaborative, permet de structurer les échanges au sein d'un collectif de taille importante (jusqu'à plusieurs milliers de participants), tout en privilégiant la fluidité des interactions en dépit de sujets complexes et exigeant de valoriser l'expertise de chacun. Autour de règles structurantes, l'organisation des échanges vise à rendre les participants mobiles physiquement autant que mentalement. Elle se veut impliquante, et permet à chacun d'apporter une contribution opérationnelle valorisable de manière partagée dès la fin de la séquence.

Insight

Open Space Technology – a collaborative work method – makes it possible to organize interchanges within a relatively large group of up to several thousand participants. It encourages smooth, fluid interaction despite the complexity of certain subjects, and ensures that each participant's expertise is appropriately valued. The sessions follow a series of guidelines: the participants exchange ideas by moving around both spatially and mentally. OST is designed to inspire active commitment. Each participant can provide operational input that can be appreciated, shared and implemented as soon as the meeting is finished.

Pourquoi l'utiliser ?

Objectif

Il s'agit de valoriser les compétences individuelles pour enrichir une réflexion collective. Le Forum Ouvert vise ainsi à produire en temps contraint des propositions concrètes et pragmatiques.

Contexte

Le Forum Ouvert s'avère particulièrement approprié pour résoudre une question dont la complexité est telle qu'une seule personne ou un petit groupe de personnes ne peuvent pleinement l'appréhender individuellement. Ainsi, la réponse à la question exige des compétences diverses, et c'est la complémentarité des expertises qui ouvre la possibilité de construire ensemble la meilleure solution.

Comment l'utiliser ?

Étapes

› Définition de l'ordre du jour ou des problématiques traitées

1. Autour d'une problématique centrale, les participants soumettent les thèmes porteurs de sens à leurs yeux. L'organisation se structure autour de plusieurs axes clarifiés ensemble au démarrage du Forum Ouvert.

› Mise en place de groupes de travail, un autour de chaque thème

2. Chaque groupe dispose d'un espace spécifique, et d'un support sur lequel seront consignées les propositions et considérations associées au thème.

3. Idéalement, un animateur est désigné pour chaque thème. Ses compétences de « facilitateur graphique » seront appréciées dans la prise de notes.

› Lancement du Forum Ouvert

4. Les participants circulent entre chaque atelier, écoutent et apportent leur contribution, puis se déplacent à nouveau selon leur inspiration…

5. Le compte-rendu se dessine au fil des échange directement sous les yeux des participants.

› Clôture du Forum Ouvert

6. Chaque animateur prépare sa restitution en organisant le matériau récolté de manière à le rendre plus digeste (certains éléments regroupés, d'autres mis en évidence…)

› Partage des éléments émergés

7. Chaque thème est balayé pour valoriser le fruit des échanges et définir le cas échéant les axes du plan d'actions associé à chaque thème.

Méthodologie et conseils

Le succès d'un Forum Ouvert repose sur le respect de la « loi de la mobilité » : « *Si vous n'êtes ni en train d'apprendre, ni de contribuer, alors passez à autre chose !* ». Ce cadre à la fois structurant et flexible invite chacun au mouvement et à l'ouverture à ce qui se présente.

Le Forum Ouvert s'appuie symboliquement sur la métaphore de deux animaux totem, illustratifs des comportements habituellement constatés lors d'un forum ouvert, et qui en font toute la richesse : l'abeille (qui fait circuler les idées d'atelier en ateliers), et le papillon (qui se pose pour approfondir sa réflexion). ■

« Les personnes qui se présentent sont les bonnes. Et ce qui arrive est la seule chose qui pouvait arriver ! »
Harrison Owen (à l'origine de la méthode du Forum Ouvert)

Avantages

- C'est bien l'absence d'entité « contrôlante », qui est la clé de la richesse produite grâce à la magie imprévisible de l'intelligence collective alors à l'œuvre…

Précautions à prendre

- Il est important que les participants disposent d'une réelle liberté de mouvement dans la réalisation de l'exercice, non seulement matériellement mais également en termes d'autorisation « sociale » et collective.
- S'il est essentiel que les participants témoignent un intérêt sincère pour la question creusée ensemble leurs possibles divergences de points de vue peuvent générer des conflits, partie intégrante du processus qu'il convient d'accueillir comme un ingrédient constructif.

OUTIL 61

La Théorie U®

TRANSFORMER LES ORGANISATIONS, LA SOCIÉTÉ ET SOI

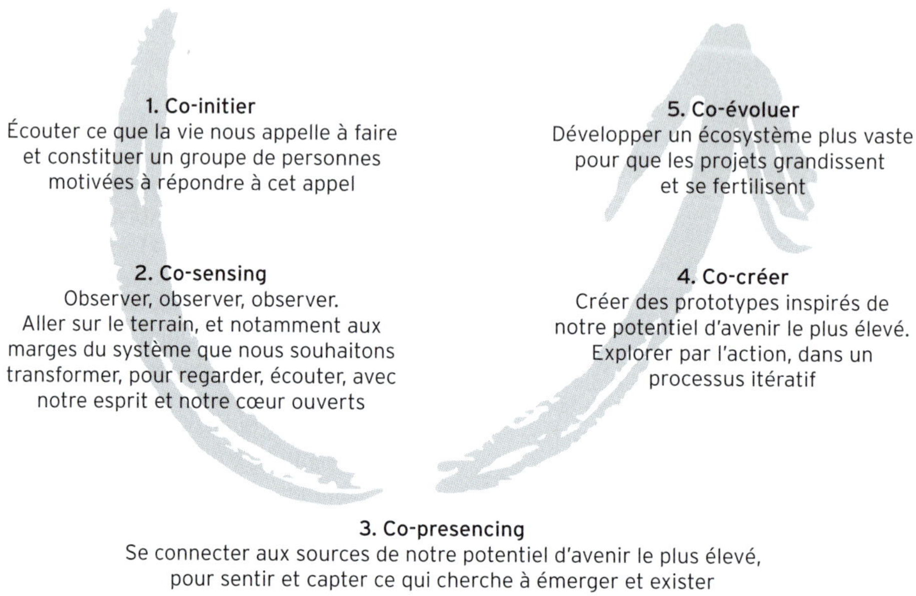

En résumé

Comment être collectivement à la hauteur des immenses enjeux auxquels nous sommes confrontés ? Comment faire advenir notre meilleur futur, alors que ce sont nos modes de pensée qui créent les dysfonctionnements majeurs actuels ?

La Théorie U®, conçue par Otto Scharmer (MIT University), est une démarche radicalement novatrice qui permet de déployer nos potentialités d'avenir les plus élevées. Il s'agit d'apprendre à sortir collectivement de ce qui restreint nos perceptions, notre conscience, pour co-créer et agir à partir du « futur émergent », ce meilleur futur à l'état de germe que nous ne savons pas voir et qui dépend de nous.

Insight

As a collective, how can we tackle and overcome immense challenges? How can we work toward a better future if our very modes of thinking are what has led to the current profoundly dysfunctional situation?

Conceived by Otto Scharmer (MIT), Theory U® is a radically innovative approach that enables us to deploy our noblest potential to create a brighter future. It encourages us to collectively discard all elements that limit our perception in order to act together on the basis of an "emergent future" which we cannot yet clearly discern, but which depends on our initiative.

Pourquoi l'utiliser ?

Objectif

› Développer un leadership inspiré, personnel et collectif, à la hauteur des enjeux actuels.

› Co-créer, à l'intérieur des organisations, des voies innovantes pour générer des nouveaux modèles de croissance, agiles, solides, porteurs de sens.

› Générer des synergies entre parties prenantes d'un système, au service à la fois des parties et de l'ensemble, dans une boucle vertueuse.

› Réveiller la vitalité des organisations, en mobilisant profondément leurs forces vives.

Contexte

La crise « *c'est quand le vieux monde est en train de mourir, et que le nouveau monde tarde à naître* » (Antonio Gramsci).

Au sein de nos organisations l'enjeu majeur consiste à trouver les leviers, les appuis, pour réussir collectivement la traversée de cet espace incertain entre l'ancien et le nouveau à faire advenir.

La Théorie U® est comme un guide de haute montagne, un cadre sécurisant, clair, puissant, pour apprendre à fonctionner collectivement à des niveaux d'intention et d'attention qui nous donnent accès à nos sources profondes de connaissance et d'inspiration.

Ce qui permettra de revitaliser nos organisations est déjà là en germe. Il s'agit « seulement » d'apprendre à le sentir collectivement et le traduire en solutions concrètes.

Comment l'utiliser ?

Étapes

La Théorie U® se décline en cinq étapes.

› **Co-initier :** faire émerger une intention profonde et puissante partagée par un groupe de personnes engagées. Sentir collectivement un appel auquel nous ne pouvons pas ne pas répondre.

› **Co-sentir :** développer la capacité à voir collectivement la réalité, de la manière la plus complète et profonde possible, non seulement avec la tête, mais aussi avec tous nos sens notamment nos tripes et notre cœur. Ce n'est pas prendre du recul, ni mettre du sens, c'est être en contact avec la réalité, s'y immerger. C'est le lieu de l'émergence du futur et l'un des fondements du U.

› **Co-presencing :** se placer dans une qualité profonde de présence et de créativité où nous nous ouvrons aux meilleures potentialités futures, en acceptant de lâcher l'ancien.

› **Co-créer :** rester avec la vision du futur qui a émergé, créer et tester rapidement des prototypes, dans un processus itératif d'amélioration.

› **Co-évoluer :** créer les conditions pour que les graines semées avec les prototypes, grandissent au sein du système.

Méthodologie et conseils

La Théorie U® est un méta-contenant à l'intérieur duquel nous pouvons déployer une diversité d'outils. Ce qui est essentiel c'est de veiller à la qualité de ce contenant par la mise en place d'une écoute et d'un dialogue profonds entre les participants, condition indispensable pour quitter ce que l'on connaît et qui n'est plus utile, et aller vers un futur à découvrir. ■

« Les défis actuels nous demandent de prendre conscience du lieu intérieur à partir duquel nous opérons et de le transformer. »
Otto Scharmer

Avantages

- La Théorie U® est un guide sûr, dont les étapes sont claires tout en permettant une grande marge de manœuvre et de créativité.

Précautions à prendre

- Toutes les étapes comptent, surtout les 2,3,4, ne pas les vivre affaiblit grandement le processus.

SUITE OUTIL 61 →

OUTIL 61

La Théorie U®

Comment être plus efficace ?

Le modèle de l'iceberg

90 % du volume d'un iceberg sont sous la surface de l'eau, seuls 10 % sont visibles.

Il en est de même pour les situations que nous vivons, nous n'en voyons pas 90 % qui correspondent aux dynamiques agissantes profondes : nos conditionnements, nos croyances, notre niveau de conscience, qui sont les sources véritables de nos décisions et de nos actions. Si nous les ignorons, nous restons séparés de nous-mêmes, des autres et des environnements dans lesquels nous opérons, et nous restons coincés dans des schémas qui se répètent. Si nous voulons réussir nos transformations, et relever nos multiples défis, nous devons agir sur les 90 %, et passer d'un égo-système à un éco-système où nous nous sentons co-responsables et co-partenaires du système dont nous faisons partie.

Deux sources d'apprentissage et de création

Nous pouvons apprendre et créer de deux manières :

- Depuis le passé, à partir de nos expériences et vécus, ce qui crée de la reproduction.
- Depuis le futur, en se mettant à l'écoute de ce qui cherche à émerger. Il ne s'agit pas de prévoir ce que sera le futur, il s'agit de s'ouvrir, d'être présent et de faire de la place à ce qui cherche à naître à partir de la situation présente, telle qu'elle est, complètement.

La puissance de l'intention

« *Ne doutez jamais qu'un petit groupe de personnes puissent changer le monde. En fait c'est toujours ainsi que le monde a changé.* » Margaret Mead.

Cultiver les conditions intérieures

La qualité de nos décisions et de nos actions dépend de la qualité de notre attention, de notre présence.

Dans la Théorie U®, cette qualité de présence se caractérise par une triple ouverture : cœur ouvert (capacité à se mettre à la place de l'autre), volonté ouverte (capacité à laisser partir et laisser venir), esprit ouvert (capacité au non-jugement). Versus « l'Absencing » : jugement, peur et cynisme.

L'enjeu est de parvenir à cette qualité de présence collectivement.

Développer deux capacités fondamentales : l'écoute et le dialogue profonds

- Sortir des écoutes limitées où nous n'entendons que ce qui correspond à ce que nous croyons vrai, pour aller vers une capacité à entendre ce qui est différent, puis à se mettre à la place de l'autre (écoute empathique) et à s'ouvrir à quelque chose de neuf qui émerge de l'écoute réciproque (écoute générative).
- Passer de conversations où nous n'osons pas dire ce que nous pensons ou bien nous nous affrontons, pour aller vers du **dialogue où nous sommes curieux du point de vue de l'autre et où nous pouvons aller jusqu'à tisser ensemble de nouvelles idées** sans même savoir à qui elles appartiennent (dialogue génératif).

Développer la capacité d'un système à se voir

La tâche principale d'un leader consiste à renforcer la capacité individuelle et systémique à voir pleinement et entièrement la réalité d'une situation et les impacts de nos actions et décisions individuelles et collectives. C'est le dialogue qui permet de développer cette capacité. Beaucoup d'échecs proviennent d'une perte de contact avec la réalité, alors qu'en la regardant, vraiment, les solutions apparaissent.

EXEMPLE des 5 étapes du U

La Théorie U® permet de mobiliser l'intelligence collective d'un groupe pour imaginer des transformations puissantes, au service de son meilleur futur.

Le U peut se dérouler selon des formats de temps très variés : une demi-journée, une journée, deux journées pleines, incluant en amont la co-initiation et une partie du co-sensing ; ou bien une série de journées ou de demi-journées espacées dans le temps, pendant la durée nécessaire à la transformation.

Plus le U est pratiqué, plus il devient une manière puissante de manager et de fonctionner ensemble au quotidien, en développant une grande expression individuelle et collective de créativité, d'inspiration, de vitalité, d'engagement.

Imaginons que vous souhaitiez mobiliser vos équipes pour que, de l'intelligence collective, émergent les plus hauts potentiels d'avenir de votre organisation, voici quelques repères concrets pour dérouler votre U :

Co-initier	Identifier les acteurs clés de votre système et les réunir pour partager une intention forte : à quel appel est-il essentiel, vital, que nous répondions ? Constituer une équipe noyau engagée qui accompagnera l'ensemble du processus.
Co-sentir	Observer le système entier, par exemple par des entretiens dialogués, individuels ou collectifs, ou bien des explorations sur le terrain ; pour regarder, écouter, sentir, la réalité entière et complète de la situation, avec l'esprit et le cœur ouverts. Penser à se rendre aux marges du système. Lors d'ateliers collectifs avec l'ensemble des parties prenantes (le système entier, ou sa représentation) regarder la matière collectée, sentir ce qui se joue, ce qui se vit, ce qui se dit, au travers de la diversité des vécus, des points de vue, des perceptions, des ressentis. Suspendre le jugement, se mettre à la place de l'autre, pour voir collectivement ce que l'on ne voit pas habituellement. C'est un moment où surgissent des prises de conscience fondamentales.
Co-presencing	Laisser reposer ce qui a été perçu collectivement, dans des temps de présence à soi : moments de silence, de pleine conscience, marche dans la nature, marche dialoguée, temps d'écriture (journal),... Sans rien chercher et sans analyser, laisser partir les certitudes, les habitudes de pensée, et s'ouvrir à ce qui vient sous forme d'associations d'idées, d'intuitions, d'images, de ressentis... Autant de modes d'expression d'une part de nous libre des conditionnements divers, et qui sait nous orienter vers du neuf.
Co-créer	Cristalliser une vision partagée de notre futur et la prototyper, en laissant faire nos mains (fresque, construction, sculpture,...). Décliner cette vision en solutions concrètes, en actions, qui seront testées dans la foulée sur le terrain, et ajustées, améliorées, dans un processus itératif.
Co-évoluer	Réunir les conditions (management, organisation,...) pour que les prototypes se déploient, dans une boucle vertueuse de progrès et d'apprentissage continus.

Bibliographie et webographie

Alberti Robert E., Emmons Michael L., *S'affirmer. Savoir prendre sa place*, Le jour Éditeur, 2008

Andre Christophe, *Méditer, jour après jour : 25 leçons pour vivre en pleine conscience*, Éditions L'iconoclaste, 2011

Andre Christophe, *Et n'oublie pas d'être heureux : Abécédaire de la psychologie positive*, Odile Jacob, 2009

Bandler Richard, Grinder John, *Les secrets de la communication : les techniques de la PNL*, Éditions de l'Homme, février 2005

Ben Shahar Tal, *L'apprentissage du bonheur*, Pocket, 2011

Bielande Pierre, *Cerveau : soyez malin... basculez !*, n'GO, mars 2013

Boniwell, Ilona Dr., *Introduction à la psychologie positive, science de l'expérience optimale*, Éditions Payot & Rivages, Paris, 2012.

Cayrol Alain, de Saint Paul Josiane, *Derrière la magie*, Dunod, Paris, 2012

Cirillo Francesco, *The Pomodoro Technique®. Do More and Have Fun with Time management*, Juin 2007

Collignon Patrick, *La puissance du mental : hyperinvestissement, stress, épuisement, comment se remotiver ?*, Eyrolles, 2014

Cooperrider David, *L'Appreciative Inquiry - Une révolution positive*, InterÉditions, 2016

D'Asembourg Thomas, *Cessez d'être gentil soyez vrai !*, Éditions de l'Homme, Montréal, 2001.

Emmons Robert, *Merci !*, Belfond, 2008

Fradin Jacques, *L'intelligence du stress*, Eyrolles, 2008

Gabilliet Philippe, *Éloge de la chance*, Éditions Saint-Simon, 2012

Jaoui G., Gourdin M.-C., *Transactions*, InterÉditions, 2001

Kabat-Zinn Jon, *Au coeur de la tourmente, la pleine conscience : MBSR, la réduction du stress basée sur le mindfulness*, J'ai Lu, 2011

Kabat-Zinn Jon, *Où tu vas, tu es*, J'ai Lu, 2013

Karpman Stephen D., M.D., *Fairy tales and script drama analysis*, Transactional Analysis Bulletin, 7(26), 39-43., 1968

Keller Françoise, *Pratiquer la CNV au travail*, InterÉditions, Paris, 2013

Launet Martine-Éva, Peres-Court Céline, *La boîte outils de l'intelligence émotionnelle*, Dunod, Paris, 2014

Le Bihan Frédéric, Ambrosini Anne, Eichenlaub Valérie, de Lardemelle Aysseline, Pailleau Isabelle, *Organiser vos formations avec le Mind Mapping*, Dunod, Paris

Lebreton Philippe, du Sorbier Patricia, *50 exercices pour développer son empathie*, Eyrolles, Oaris 2014.

Noye Didier, *Manager les personnes*, Éditions Julhiet, Paris, 2012

O'Hare David, *Cohérence cardiaque 365 : Guide de cohérence cardiaque jour après jour*, Éditions Thierry Souccar, 2012

Pages Jean, *Le coaching collectif avec la méthode appréciative inquiry : Conduire le changement en s'appuyant sur les réussites*, Eyrolles, 2014

Payette Adrien, Champagne Claude, *Le groupe de Codéveloppement professionnel*, Éditions Broché PUQ, 2005

Porter Elias.H., *An introduction of Therapeutic Counseling*, Houghton Mifflin, Boston, 1950

Raquin Bernard, *Sortir du triangle dramatique*, Éditions Jouvence, 2007

Rogers Carl, *Le développement de la personne*, InterEditions, Paris, 2005.

Sarazin Marion, *S'initier à la PNL*, ESF Editeur, 2010

Scharmer Otto, *Theory U. Leading from the Future as it emerges*, Pearson Education France, 2009

Seligman Martin, *Vivre la psychologie positive, comment être heureux au quotidien*, InterEditions Pocket, Paris, 2011.

Servan-Schreiber Florence, *Trois kifs par jours et autres rituels recommandés par la science pour cultiver le bonheur*, Marabout, 2014

Steiner Claude, *L'A.B.C. des émotions*, InterEditions, Paris, 2011

Steiner Claude, *Des scénarios et des hommes - Analyse transactionnelle des scénarios de vie*, Éditions Desclée de Brouwer, 2006

Thomas Laurence, *Réenchantez votre job ! Réussir sa transformation professionnelle*, Dunod, 2014

Ouvrage collectif CSP Formation, *Les 5 clés pour cultiver son intelligence émotionnelle*, Dunod, Paris 2013.

Webographie

Bardon Delphine, *La méthode Gordon*, site web www.delphine bardon.com/methode-gordon

Gordon Thomas, *Les origines de la Méthode Gordon*, site web L'Atelier Gordon www.ateliergordon.com/les-origines-de-la-methode-gordon

Guellec Chantal, *Comment démarrent les conflits selon le triangle de Karpman ? site web* www.relationsvraies.com / Comment-demarrent-les-conflits/

Lieb Storebjerg Pauline, *REC attitudes et réaction, attitudes et techniques de l'entretien non directif*, 2008 : http://www.univ-montp3.fr/infocom/wp-content/REC-attitudes-et-reactions4.pdf

Sarazin Marion, *Nouvel éclairage sur les positions de perception PNL*, article www.institut-repere.com, 2005

Méthodes participatives. Un guide pour l'utilisateur Co-édition de la Fondation Roi Baudouin et du VIWTA, mars 2006

Institut de Médecine Environnementale (IME) : www.ime.fr

Institute of NeuroCognitivism (INC) : www.neurocognitivisme.fr

TWC, www.theworldcafe.com

Association Française du Codéveloppement professionnel, www.afcodev.com

75846 - (I) - CSB 100 - 3115 - BLP - BTT
Imprimé en France par Loire Offset Titoulet
Dépôt légal : Avril 2017